내일로부터 80킬로미터

FIFTY MILES FROM TOMORROW: A Memoir of Alaska and the Real People by William L. Iggiagruk Hensley

Copyright © 2009 by William L. Iggiagruk Hensley
"Inupiaq Writing and Pronunciation" Copyright © 2009 by Lawrence Kaplan
All rights reserved.

This Korean edition was published by The Forest of Literature, an imprint of God's Win Publisher's, Inc. in 2009 by arrangement with Sarah Crichton Books, an imprint of Farrar, Straus and Giroux, LLC, New York through KCC(Korea Copyright Center Inc.), Seoul.

이 책은 ㈜한국저작권센터(KCC)를 통한 저작권자와의 독점계약으로 문학의숲에서
출간되었습니다. 저작권법에 의해 한국 내에서 보호를 받는 저작물이므로
무단 전재와 복제를 금합니다.

앞표지 그림 © Polar exhibit at the Milwaukee Public Museum
 촬영 © Christopher A. Zaborsky
뒤표지와 본문 그림 © Jessie Oonark
 Used with permission of Public Trustee for Nunavet,
 Estate of Jessie Oonark

내일로부터 80킬로미터

알래스카와 참사람들에 대한 기억

이레이그루크
김 훈 옮김

문학의숲

김 훈

고려대학교 사학과를 졸업하고 1981년 〈동아일보〉 신춘문예 희곡 부문에 당선된 뒤 한동안 극작활동과 번역작업을 병행했다. 근래에는 대안교육에 관심이 많아져 영성대안학교인 '내일학교' 교사로 일하다 요즘은 제주도 위미에서 번역을 하면서 명상과 영성에 관한 책도 쓰고 있다. 옮긴 책으로는 〈아메리카 인디언의 가르침〉 〈패디 클라크 하하하〉 〈희박한 공기 속으로〉 〈매디슨 카운티의 추억〉 〈피아니스트〉 〈바람이 너를 지나가게 하라〉 외 100여 권이 있다.

내일로부터 80킬로미터

1판 1쇄 발행 2009년 12월 10일
1판 4쇄 발행 2009년 12월 13일

지은이   이레이그루크
옮긴이   김 훈
기 획   류시화

발행처   문학의숲
발행인   고세규

신고번호   제300-2005-176호
신고일자   2005년 10월 14일

주소   서울시 마포구 동교동 200-19번지 202호(121-819)
전화   02-325-5676
팩스   02-333-5980

값은 표지에 있습니다.
ISBN 978-89-93838-06-0   03840

나를 양자로 받아들여 사랑해주시고,
우리 민족이 살아가는 방식을 내게 가르쳐주신
아크파유크와 노운라레이크께 이 책을 바친다.
나는 그분들을 통해 이누피아트 정신의 근본을 배웠다.

쿠에이깁시 아페이(대단히 감사합니다)!

차 례

머리말 나의 이야기, 우리의 이야기   8

1   코우그리룽가 _ 최초의 기억들   18

2   이카투크 _ 야영지에서   42

3   아치캉! _ 아, 무서워!   64

4   퀴티크토우크투구트 _ 우리의 놀이   80

5   우메이크파크 _ 북극성 호   106

6   오우사크퉁가 _ 외지로 나가다   127

7   누나부트 티구미이웅! _ 우리 땅을 지키자!   153

8	티굴루구! _ 권리를 요구하자!	182
9	사쿠우크퉁가 _ 열심히 일하다	202
10	나니카크투구트! _ 우리에게는 빛이 있다!	224
11	이리츠이소우트 _ 산의 끝자락	244
12	푸투크스리룽가 _ 놈에서 찾아온 계시	274
13	퀴에이나크! 시부트문! _ 울지 말고 나아가라!	291
맺는말	이누피아트 일리트쿠세이트 _ 이누피아트 정신	312
감사의말	아토우치쿠오우크 _ 하나가 되어	328
옮긴이의말	툰드라에서의 서정적 삶과 전투적 서사	330

머리말
나의 이야기, 우리의 이야기

　1971년 12월 18일 토요일, 모든 게 변했다. 그 무렵 앵커리지(알래스카 주의 최대 도시)의 날씨는 평소보다 더 따뜻해서 영하를 조금 웃돌았다. 하지만 북극에 가까운 그 지역의 기나긴 겨울철이 늘 그렇듯이 낮 시간은 고통스럽다 할 만큼 짧았다. 해는 오전 아홉 시가 지나서야 겨우 떠서 하루 중의 중요한 일들이 막 일어나기 시작하는 시각인 오후 세 시 훨씬 전에 져버린다. 하늘이 어둑해질 즈음, 오늘날에는 알래스카 퍼시픽 대학교로 이름이 바뀐 알래스카 감리교 대학교를 향해 사람들이 줄줄이 몰려가기 시작했다. 이누피아트(북부 알래스카의 이누이트 족)와 유피아트(서남 알래스카의 이누이트 족) 사람들, 알류트(알래스카와 캄차카 반도 사이 알류산 열도에 사는 민족)와 아타파스카(알래스카와 캐나다 북서부에 사는 민족) 사람들, 틀링기트(알래스카 남동부의 이누이트 족)와 하이다(북미 북서부 연안의 대표적 종족) 사람들, 학생들과 노인들, 부족 지도자들과 마을 지도자들, 정치가들, 사업가들, 일반 시민들이. 그들은 하나의 역사가 이루어지는 광경을 지켜보기 위해 몰려가고 있었다.

드디어 알래스카를 진정한 주로 거듭나게 하는 기나긴 격동의 과정이 이제 막 끝을 맺으려 하고 있었다. 석유회사의 거물들은 삼 년 전에 프루도 만에서 발견된 백 억 배럴의 원유를 금방이라도 뽑아낼 수 있는 채비를 갖췄다. 그 검은 금을 시장으로 보내려면 80억 달러를 들여 장장 1,300킬로미터나 되는 송유관을 부설해야 했기에 노동조합 사람들은 하루빨리 그 작업이 시작되기만을 고대하고 있었다. 환경보호론자들은 정부에서 보호해주겠다고 약속한 60만 제곱킬로미터에 달하는 야생환경 지역들, 자연공원들, 어류와 야생생물 보호 구역들에 관심을 기울이고 있었다.

그러나 나는 알래스카 원주민들만큼 이날이 오기를 간절히 고대한 사람들은 없었을 것이라고 생각한다. 실내에는 팽팽한 긴장감이 어려 있었다. 결국 일 세기에 걸친 전쟁, 반역, 인종차별, 배신, 절망의 대서사시가 공식적인 종언을 고하려 하고 있었으니까. 알래스카 원주민들은 미국 정부가 자기네의 옛 땅에 대한 권리를 공식적으로 선언해주기를 백 년 이상이나 기다려왔다. 그리고 많은 의견 충돌 과정을 거친 끝에 드디어 하나의 해결책이 공표되려 하고 있었다. 미국 의회는 17만 8천 제곱킬로미터의 땅을 알래스카 원주민들에게 돌려주고 그들을 위한 자금으로 근 십억 달러에 달하는 거액을 책정하는 데 동의했다.

그날 밤의 이벤트가 막 시작되려 할 즈음 그 방에 모인 수백 명은 숨을 죽인 채 서 있었다. 곧이어 워싱턴 D. C.에서 전송된 친숙한 목소리가 그 방에 메아리쳤다. 닉슨 대통령은 이렇게 말했다.

"제가 방금 전에 알래스카 원주민 토지청구권 타결 법안에 서명했다는 사실을 맨 먼저 여러분에게 알려드리고 싶습니다."

그는 그 새로운 법이 "알래스카의 역사에서, 그리고 우리 정부가 알래스카 원주민들 및 인디언들과 교섭하는 방식에서 새로운 이정표가 되었다."고 선언했다.

나는 그 현장에 있었다. 나는 대대로 우리 땅이었던 곳을 확보하기 위해 오 년간 투쟁해왔다. 이름 없는 대학원 학생이었던 나는 내 말에 귀 기울여주는 사람들만 있으면 우리가 과거 몇천 년 동안 우리 선조들을 부양해주었던 땅을 잃을 절박한 위기에 처해 있다고 설명하면서 알래스카 원주민들을 조직화하는 일을 거들었다. 나는 주 하원 선거에 출마해서 당선되었고, 그때부터 내 고향 주와 워싱턴 D. C.를 오가느라 북미 대륙을 백 번도 넘게 횡단했다. 워싱턴 D. C.에는 알래스카 원주민들이 갖고 있는 권리의 운명을 좌우할 연방의회가 자리 잡고 있었기 때문이다. 그리고 나는 그런 권리들을 짓밟고 싶어 하는 관리들이나 사업가들의 성난 태도들과 맞닥뜨려왔다.

'우리 땅을 되찾고 우리 삶을 되찾자.'

그것이 우리의 구호였다. 나는 주의회에서 발언을 할 때마다, 각종 집회장에서나 교회 모임에서 로비를 할 때마다 이 구호를 거듭 외쳤다. 나는 우리의 요구가 합리적이고 정당하니 좋은 뜻을 가진 이들은 우리가 공정한 권리를 인정받을 자격이 있다는 사실을 받아들여야 한다고 주장했다.

알래스카는 빙하로 뒤덮인 광막한 자연환경으로 사람들을 감싸 안아준다. 일부 사람들은 그곳에 펼쳐진 원초의 청정한 강들과 호수, 삼림, 빙하, 그리고 상상을 초월하는 광활한 대지에 매료된다. 그 땅덩어리의 넓이는 3억 6천5백만 에이커(약 150만 제곱킬로미터)로 텍사스 주 넓이의 두 배가 넘는다. 또 어떤 이들은 그곳의 엄청난 자원들, 곧 믿을 수 없으리만치 풍부한 아연, 금, 목재, 야생동물, 어류, 석유 같은 것들에 끌린다. 하지만 내게 알래스카는 내 본질이자 본향이요, 삶의 이유이자 목적에 해당하는 곳이다.

결국 나는 사향뒤쥐와 늑대 가죽들로 만든 모피 파카 대신에 고어텍스가, 물범가죽 장화 대신에 스노부츠가, 우리가 물고기를 낚기 위해 1.5미터 두께의 얼음장을 뚫을 때 사용했던 재래식 투우크 대신에 휘발유 동력 드릴이 등장하기 전 시대에 그곳에서 살았다. 나는 스노머신이 등장하기 전, 에스키모개들이 썰매를 끌고 싶어 안달이 나서 허공을 향해 길게 울부짖곤 하던 시절에 그곳에서 살았다. 나는 보트 외부에 장착하는 외장 엔진이 등장하기 전에 카약과 우미아크(가죽배)가 수면 위를 고요히 미끄러져 가곤 하던 시대에, 양초와 콜맨랜턴이 우리가 필요로 하는 모든 빛을 제공해주던 시절에 그곳에서 살았다. 나는 사람들이 겨울철이면 매서운 추위와 강풍을 막아주는 60센티미터 두께의 뗏장과 흙바닥으로 이루어진 뗏집에서, 여름철이면 우리를 나른한 잠의 유혹으로 끌어들이는 단조로운 파도 소리와 아비(물새의 일종)나 갈매기 울음소리가 얇은 벽을 타고 자유로이 넘나드는 텐트 속에서 지내곤 했을 때 그곳에서 살았다. 나는 전화기가 등장하기 전이라 사람들이 직접 만나고서야 비로소 자기네의 삶과 꿈을 이야기할 수 있었던 시절에, 텔레비전이란 게 생겨나 사람들이 가족들의 연대기와 전설들을 두고두고 이야기하는 걸 방해하기 전 시절에 그곳에서 살았다.

그러나 내가 세상에 태어날 즈음 우리 문화는 이미, 우리가 '바깥세상'이라 불렀던 곳에서 알래스카의 매력과 흡인력에 이끌린 사람들이 몰고 온 파괴적인 영향력을 목격하고 있었다. 우리 입장에서는 우리 선조들이 만여 년간 수렵 어로 생활을 하던 땅 너머 지역들은 다 바깥세상이었다.

처음에 그 외지 사람들이 들어오면서 여러 가지 전염병도 따라 들어왔고 그 때문에 우리 지역 사람들은 떼죽음을 당했다. 그들이 대규모로 펼친 고래 사냥은 고래들 덕에 먹고살았던 우리를 아주 어려운 처지로 내몰았다. 1899년 초봄, 실업계의 거물이요 철도회사 중역이었던 에드워드 해리먼은 알래스카 해안 지방을 답사한 뒤 다음과 같이 기록했다.

통제되지 않은 데다 통제할 수도 없는 백인들이 이미 알래스카에 떼로 몰려들어 에스키모 사람들을 짓누르고 있다. 백인들은 에스키모 여자들을 차지했고, 술로 에스키모 남자들을 타락시켰다. 백인들은 과거 그 지역에 없었던 이상한 질병들을 들여왔다. 그 때문에 우리가 목격했던 그 건전하고 친절하고 활달한 사람들은 조만간 파멸의 운명에 처하거나 존재가 희미해지고 말 것이다. 그러나 문명과 야만의 충돌은 불가피하고, 그 두 세력이 접촉하는 곳마다 약자들은 도태되고 말 것이다.

알래스카에 이주해 온 외지 사람들은 우리 땅과 자원을 장악하면서 또 다른 혹심한 부담도 함께 들여왔다. 우리 삶에 대한 정부의 과중한 통제라는 부담을. 외지 사람들의 지배와 더불어 외지 사람들의 강제적 요구도 따라 들어온 것이다. 우리 식구들과 나는 새로운 언어를 배우고 사유재산에 대한 아주 색다른 개념들을 받아들여야 하는 처지가 되었다. 그리고 우리는 우리의 공동체 사회를 자본주의와 개인적 이익 추구, 개인의 선택에 기반을 둔 사회에 맞춰나가야만 했다.

알래스카가 주가 되기 이전에도 이미 기독교 선교사들과 미국 정부는 알래스카 원주민들을 올바른 '미국인'들로 변화시키기 위해 합심해서 노력했다. 열다섯 살 때 나는 타의에 의해 에스키모의 때를 깨끗이 씻어내고 테네시에 있는 기숙학교로 가야 했다. 거기서 나는 우리 민족과 역사를 뺀 나머지 모든 걸 공부했다. 나는 눈물을 머금은 채 슬픔을 꾹 참고 우리 식구들 곁을 떠나 머나먼 방랑의 여정에 올랐다.

내가 태어나고 자랐던 세계와 어렸을 때 내가 영위했던 삶 같은 것들은 결코 다시 존재하지 않을 것이다. 하지만 에드워드 해리먼이 예견했던 것과는 달리 우리는 여전히 이 땅에 존재하고 있다.

우리의 정신도 맥맥이 살아 숨 쉬고 있다. 우리 역사는 글로 제대로 기록이 되지 않은 데다 완벽하게 구전되지도 못한 탓에 서서히 희미해져가고 있다. 나는 이누이트나 알래스카에 관한 자료라면 뭐든 가리지 않고 닥치는 대로 모아들이고 있으며 수많은 옛 책들을 열심히 뒤져왔다.

그런데 그때마다 나는 깜짝깜짝 놀라곤 한다. 알래스카에 관해서 쓴 대다수 책의 저자들은 그저 자신이 알래스카가 지닌 놀라운 매력을 얼마나 근사하게 표현했는지를 과시하는 데만 관심이 있었다. 그들 대부분은 교사나 선교사, 관리들로서 알래스카 원주민들과 평생을 함께 보내다시피 한 사람들인데도 우리에 관해서는 아는 게 거의 없었다. 많은 이들이 우리 삶을 수박 겉핥기식으로만 스쳐 지났을 뿐 우리의 깊은 속내는 결코 이해하지 못했다. 어떤 이들은 우리의 이색적인 면들이나 모순된 면들, 곧 우리의 문신, 식습관, 코를 비비는 인사 방식, 우리의 냄새, 우리의 샤먼 등에만 초점을 맞췄다. 대체로 그들은 우리말을 알아듣지 못했다. 그들이 쓴 이야기들에는 우리가 고통스러운 변화와 맞닥뜨려 우리의 생활 방식과 가치관들을 백인 이주자들의 그것들에 맞추기 위해 무진 애를 써왔다는 사실이 빠져 있었다.

그리고 나는 앞으로 언제 어느 곳에서고 누군가가 내 이야기를 서술하려 할 것이며, 그 이야기를 통해서 우리 민족의 이야기를 하려 할 것이라는 것을 깨닫기 시작했다. 내가 직접 내 이야기를 하는 게 좋겠다고 결정한 것은 바로 그 때문이었다.

우리 이누피아트(백인들이 흔히 에스키모라고도 부르는 이누이트가 극북지역에 사는 모든 이를 총칭하는 말인 반면, '참된 사람들'을 뜻하는 이누피아트는 알래스카 북부의 이누이트 사람들을 뜻한다. 이누피아크는 주로 이누피아트어나 이누피아트와 관련된 것들을 형용할 때 쓰는 말)의 예의상 자기 자랑을 늘어놓는 것은 절대로 해서는 안 되는 일들 중의 하나이다. 나는 우리 고향 사람들이 내가 자신의 위상을 높이기 위해 책을 쓰려 한다고 생각하기를 원치 않았다. 인생에서 뭔가를 성공시키려면 많은 이의 도움이 필요하다는 사실은 우리 모두가 잘 알고 있는 사실이니까. 그래서 북극권 지역에, 그리고 대부분의 미국인들이 거의 알지 못하고 있는 이들에게 조금의 빛이나마 비추도록 하는 일에 최선을 다하기로 결심했을 때 나는 주저하지 않고 다음 행동으로 넘어갔다. 나는 앞으로 내 친지들이 놀라는 일이 없게끔 즉각 그들에게 전화를 걸어서 내가 어떤 일을 하려고 하는지 자세히 알렸다. 그들은 하나같이 나를 격려해주었다.

책을 쓰는 작업은 그 자체가 하나의 오디세이, 곧 파란만장한 모험의 여정이나 다름없었다. 그 여정을 밟아나가는 과정에서 나는 나 자신과 우리 가족, 우리 민족에 관해 많은 걸 새롭게 깨닫고 배웠다. 책의 내용을 구상하는 동안 나는 인디애나폴리스 시에서 이루어질 경매에 나올 물건들 중 하나가 '1915-1918, 알래스카 코체부에 출신의 에스키모들이 써 보낸' 편지 묶음이며, 그 편지들 중에서 여섯 통은 바로 우리 외할아버지인 이레이그루크, 즉 윌리엄 헨슬리가 쓴 편지들이라는 소식을 전해 들었다!

그분은 인디애나 주 앨크하트에 사는 이사벨 리드와 당시의 생활에 관해서 쓴 편지를 주고받았다. 그분은 당신이 사는 고장에서 여러 사람이 독감으로 죽었고, 당신이 육 년 동안 유라시아순록 떼를 방목하고 여우와 스라소니를 사냥하며 지내는 얘기 등을 썼다. 그분은 이사벨에게 당시 한참 격화되고 있던 세계대전에 관해 물었다. 나는 마치 우리 외할아버지의 영혼이 느닷없이 살아나 내게 말을 거는 것 같은 기분이었다. 나는 그분을 생전 만나본 적도 없고 또 아는 바도 거의 없는 터라 그 일이 기적 같기만 했다.

책을 쓰기 시작했을 때 나는 글 쓰는 법에 관해 아는 게 전혀 없어서 모든 이누피아트가 본래 타고나는 재능, 곧 이야기하는 기술을 총동원해서 썼다. 나는 작은 떳장 이글루 안에 앉아서 평생 겪은 다양한 에피소드들을 기억나는 대로 다른 이들에게 이야기하는 내 모습을 상상해가며 썼다.

우리 민족 사람들에게 정직성은 으뜸가는 미덕이다. 그리고 나는 내 이야기를 해나가는 과정에서 필연코 고통스러운 주제들과 맞닥뜨리게 될 것이라는 걸 잘 알고 있었는데, 우리 이누피아트 남자들로서는 그런 일들을 상세히 이야기한다는 게 결코 쉬운 일이 아니다. 우리 민족은 남자들이 강하고 과묵한 사람이 되기를, 그리고 고통스러운 일이 있어도 침묵 속에서 혼자 조용히 삭이기를 바랐으니까. 하지만 나는 혼혈인 사람이라 우리네 남자들이 대체로 무덤까지 갖고 가는 이야기들을 털어놓는다 해도 아마 용서받을 수 있을 것이다.

글을 쓰는 과정에서 나는 내 이야기가 알래스카 모든 부족의 몇 세대에 걸친 수십만 명의 이야기가 되리라는 걸 깨닫기 시작했다. 여러 가족의 이야기, 변화와 질병과 문화적 대격변에 의해 망각의 늪에 빠져버릴 위기에 처한 여러 문화의 이야기라는 것을. 글의 진도가 나가면 나갈수록 나는 이 글이 그보다 더 넓은 범위의 사람들을 포괄하는 것이라는 사실을 점점 더 확연히 깨달았다. 우리의 이야기는 전 세계의 극지에 사는 모든 사람의 이야기요, 그 외의 사람들까지도 포괄하는 이야기였다.

　나는 아메리카 인디언들이 대륙의 한쪽 해변에서 다른 쪽 해변까지 밀려났음에도 이 거대한 대륙 곳곳에 무리 지어 살면서 오늘날까지 자기네 고유의 정체성과 문화를 계속 간직해온 것을 목격했다. 또한 나는 세계 전역의 수많은 사람들이 자기네의 정체성을 유지하기 위해서, 자기네 지도자들과 자원을 강력하게 통제하고 있는 식민지 종주국들의 억압에서 해방되기 위해서 어떻게 싸우고 있는가를 이해하기 시작했다. 우리 모두는 다른 이들이 우리의 물리적인 공간뿐만 아니라 우리의 정신과 영혼과 정체성까지 통제하고 지배하는 세계에서 일고 있는 엄청난 변화의 소용돌이 속에서 우리가 나아갈 길을 찾으려 노력해왔다.

알래스카에서
이레이그루크

내 생각에 그 시절은 석기시대의 황혼 무렵이 아니었을까 싶다.
우리는 우리 선조들이 수천 년간 영위해왔던 전통적인 삶이자
반유목민적인 삶을 살았기에 늘 살아남아야 한다는 심각한 명제와 맞닥뜨렸다.
생존이야말로 우리의 최우선적인 관심사였다.

1
코우그리룽가―최초의 기억들

북극권에서 북쪽으로 46킬로미터, 러시아에서 동쪽으로 144킬로미터, 날짜 변경선에서 동쪽으로 80킬로미터 떨어진 곳에 자리 잡고 있으며 코체부에 만과 접한 해안선 안쪽으로 몇 미터가량 떨어진 곳에서 나는 태어났다. 그곳은 베링 해의 바람과 파도에 의해서 형성된 곳이다. 알래스카 지도에서 그곳은 '코체부에'로 표기되어 있다. 하지만 몇천 년 동안 대대로 거기서 살아온 이들은 그곳을 퀴키크타그루크라 불렀다. 그것은 '작은 섬'이라는 뜻이다.

    그곳은 버드나무들과 풀밭과 세 그루의 사시나무로 둘러싸인, 길이 5킬로미터가량의 해변이 돋보이는 아름다운 고장이다. 해변에 떠밀려오는 부목들은 땔감으로 쓸 수 있고, 다양한 물고기와 연어는 풍성한 먹을거리를 제공해준다. 거기서는 각종 푸성귀와 뿌리채소, 흰돌고래, 물범, 바다코끼리를 쉽게 얻을 수 있다. 여름철이면 야생딸기들, 각종 식물과 뿌리, 뇌조, 토끼, 들오리와 거위, 그리고 갈매기와 그 밖의 새들의 알을 얻을 수 있다.

    내가 태어난 해인 1941년 무렵, 퀴키크타그루크에는 삼백 명가량의 주민이 살았으며, 그 대부분은 이누피아트였다. 소수의 날로우르미트도 그곳에 섞여 살았다. 우리는 백인들을 그렇게 불렀다. 물범을 뜻하는 날로우크의 아름다운 상앗빛 피부를 연상시키는 피부색을 지닌 사람들. 그들 대부분은 선교사, 교사, 정부 관리, 장사꾼들이었다.

나는 우리 집에서 태어났으며, 우리 이웃 중의 한 사람인 에이브러햄 링컨(우케일리에이크)의 아내 블랜치가 산파 역할을 했다. 백인 선교사들은 알래스카 원주민들을 기독교도로 개종시키면서 영어식 이름도 선사했다. 가끔 그들은 개종자들에게 자기네 이름을 붙여주기도 했다. 어떤 때는 머리에 떠오르는 이름을 그냥 붙여주기도 한 것 같았다. 또 어떤 때는 유명한 미국인들의 이름을 붙여주기도 했다. 나는 그곳에서 성장하면서 에이브러햄 링컨뿐만 아니라 조지 워싱턴, 로버트 E. 리(남북전쟁 때의 남군 총사령관)도 만났는데 이건 절대로 거짓말이 아니다.

개종자들은 흔히 그렇게 얻은 영어식 새 이름과 아울러 자기네의 이누피아크 이름을 함께 썼으며, 그런 식의 두 가지 이름을 대대로 물려주었다.

그렇게 해서 나의 생모인 클라라 혹은 마크피이크는 나에게 친정아버지의 이름인 이레이그루크라는 이름과 더불어 그분의 영어식 이름인 윌리엄 헨슬리라는 이름을 붙여주었다. 나는 보리스 매지즈라고 하는, 러시아 태생의 리투아니아인으로 부유한 모피상이었던 나의 친아버지를 한 번도 본 적이 없었다. 그는 나를 자기

아들로 인정하지 않았으며, 내가 세 살 때 사망했다. 그리고 우리 누나 세이굴리크(프랜시스)의 아버지가 누구인지는 지금까지도 모르고 있다.

우리는 아아페일로우라트였다. 아버지 없는 자식들. 하지만 오랜 역사를 지닌 이누피아트 세계에서는 그것이 금기가 아니었기에 그런 일은 어디서나 흔했다. 그곳에서의 삶은 아주 험난했기 때문에 식구들의 수가 많은 것은 힘의 원천이 되어주었다. 모든 종류의 혈연은 책임과 의무를 뜻했으므로 살아가다 보면 다른 마을에 살고 있는 이복남매들이 소중한 연고가 되어주기도 했다. 우리 사회는 그런 혈연관계를 의식적으로 장려했으며, 우리 문화는 아버지 없는 자식으로 태어나 할머니 연배의 여자들 슬하에서 성장한 끝에 강인하고 훌륭하고 부유한 사람이 된 젊은이들의 이야기들로 가득하다.

좀 더 나이가 들어가면서 나는 내 친구들과 친척들의 상당수도 나나 내 누나 세이굴리크와 비슷한 환경에 처해 있다는 걸 알았다. 어렸을 때 아버지가 누군지 알지 못했고, 확대가족의 애정 어린 보살핌을 받으면서 성장한 사람들. 나는 십 대가 된 뒤에야 비로소 내게 이복누나가 있다는 걸 알았다. 그 전까지는 누구도 내게 그런 사실을 이야기해줄 생각을 하지 못했던 모양이다. 어느 해 들어 느닷없이 크리스마스카드 한 장이 내게 날아왔는데 거기에는 '애니 누나'라는 서명이 들어 있었다. 그제야 나는 어렸을 때 내게 가끔 연어를 한 마리씩 집어주곤 했던 사람의 아내인 애니가 사실은 나의 친아버지의 딸이었다는 걸 알고 무척이나 놀랐다. 애니는 내가 태어나기 훨씬 전에 태어났다.

내 최초의 기억에 해당하는 것은 내가 불과 두세 살 무렵 시끌벅적한 술잔치가 벌어진 가운데 어떤 어른이 나보다 네 살 위인 세이굴리크 누나를 괜히 집적거리는 광경이다. 그 당시 우리는 우리 선조들이 몇천 년간 거주해온 지역에서 까마귀의 하루 이동 거리에 해당하는 320킬로미터가량 떨어진 '놈(알래스카 주 서부에 있는 항구도시. 중요한 공군기지가 있음)'에서 살았다. 우리 어머니는 제2차 세계대전 때 일본군이 알래스카 서부 지역을 위협하던 상황 때문에 촉발된 경제적 붐에 편승하기 위해 친언니인 이사벨, 이복언니인 사라 애덤스와 더불어 그곳으로 이주했다.

어머니 마크피이크는 내가 알 만한 어떤 기술도 갖고 있지 못했기에 놈에서 무슨 일거리건 간에 일거리를 찾아냈을 성싶지 않다. 물론 그 당시 나는 나이가 너무 어렸기 때문에 그때의 일들을 선명하게 기억하지는 못한다. 우리는 이누이트 사람들이 운이 좋아 식당이나 바, 근처의 금광 등에서 일거리를 얻을 때 흔히 살곤 했던 싸늘한 루핑 집(기름 먹인 종이로 지붕을 인 판잣집) 같은 데서 살았을 것이다. 연료와 먹을거리, 따뜻한 옷을 살 만한 수입이 없을 경우에는 살아가기가 아주 힘들었다. 그 시기의 내 모습이 나온 사진이라고는 딱 한 장뿐이다. 어느 겨울날에 어머니와 세이굴리크 누나, 나, 이사벨 이모가 신원 불명의 키 큰 백인 남자와 함께 찍은 사진이다. 거기 나온 나는 눈을 가늘게 뜨고 해 쪽을 바라보고 있고, 힘들어하는 기색이 역력하다.

전쟁이 막바지에 이르렀을 즈음 어머니의 사촌인 아르나라크가 놈에 나타났다. 그의 영어식 이름은 프레드 헨슬리였다. 그는 나와 누나가 불결한 집에서 제대로 먹지도 입지도 못하고 제대로 보살핌도 받지 못해 참혹한 몰골을 하고 있는 광경을 보았다. 그가 그곳에 왔을 때 그 당시 알래스카를 다스리던 지방정부에서는 세이굴리크와 나를 어머니한테서 빼앗아 가려 하고 있었다. 그래서 그는 그 도시 시장을 잘 설득해서 우리 둘을 코체부에로 데려가도 좋다는 허락을 받아냈다.

그 일은 나한테 일어난 일들 중에서 가장 잘된 일이었다. 당시 나는 생모 곁을 떠나면서 슬픈 감정을 가졌던 기억이 나지 않는다. 그리고 그 후로 지금까지 나는 생모를 한두 번만 만났을 뿐이다. 나는 어린 마음에도 놈에서의 그 비루한 생활에서 벗어나는 것을 큰 다행으로 여겼던 것 같다.

우리 남매가 아르나라크와 함께 오지를 오가는 비행기를 타고 코체부에로 돌아갈 때의 기억은 지금까지도 분명하게 남아 있어 이때의 기억이야말로 참된 의미에서의 내 첫 기억이 아닐까 싶다. 조종사는 빨강 머리였고 그 작은 비행기 안은 승객과 짐들로 가득 차 있었다. 승객들 중의 한 사람은 술 냄새가 진동하는 술주정뱅이였다. 당시 나는 세 살에 불과한 데다 주정뱅이가 풍기는 악취와 코체부에에 도착할 때까지 내내 그 작은 비행기를 뒤흔든 난기류 때문에 너무 힘들었다. 그로 인해 결국 견디지 못하고 비행기 바닥에 먹은 걸 토하고 말았다.

나는 비행기가 봄 햇살이 찬연한 코체부에 앞바다의 빙판 위에 착륙하던 때의 일을 선연하게 기억하고 있다. 거기서 우리는 우리의 확대가족 몇 사람과 만났다. 내 새 형들 중의 한 사람으로 그 당시 열다섯 살이었던 오울레니크(아이작 헨슬리)는 나를 들쳐 업고 집으로 데려갔다. 그때 우리의 작은 루핑 집 창턱에 아주 예쁜 검은 고양이 한 마리가 앉아 있는 모습을 보았던 기억이 난다.

그 집은 코체부에 만 해변에 자리 잡은 일흔대여섯 채 집들 중 하나였다. 가로세로가 5.4미터, 4.8미터인 방 한 칸과 작은 밀폐형 통로 하나로 이루어져 있었다. 침대라고는 군용 간이침대 둘뿐이어서 하나는 내 양부모가, 또 하나는 가장 나이가 많은 형이 썼다. 나머지 식구들은 바닥에서 담요를 두르고 자거나 침낭에 들어가서 자야 했다. 그런데 식구들이 들락거릴 때면 문으로 싸늘한 바람이 들어오는 통에 밤마다 우리는 문에서 가급적 먼 자리를 차지하려고 다퉜다. 그 집은 창문이 딱 하나 나 있고 단열재를 거의 쓰지 않은 집이었다.

코체부에에는 전기가 들어오지 않아 전등, 다리미, 드릴, 냉장고, 전화기 같은 것들이 전혀 없었다. 그리고 밤이면 촛불, 혹은 휘발유램프나 석유램프로 실내를 밝혔다. 그런 연료를 살 돈이 없을 때는 물범기름이 든 받침 접시에 꽂아놓은, 천으로 만든 심지에 불을 붙여서 쓰곤 했다. 그 당시, 실내 상수도나 하수관 같은 것은 꿈도 꾸지 못했다. 우리의 변기에 해당하는 건 식구들 각자에게 하나씩 배당된 20리터들이 '똥통'이었고, 물은 버드나무 숲을 지나 마을 우물까지 가서 길어 오거나 비가 올 때 지붕에서 흘러내린 물을 받아서 썼다. 그렇게 얻은 물은 160리터들이 양철통에 담아두고 식수로 쓰거나 요리하고 세탁하는 데 썼다. 빗물은 특히 머리 감을 때 아주 쓸모가 있었다.

우리 같은 아이들에게 목욕이란 아주 생소한 개념이었다. 늘 목욕을 하는 바깥 사람들이 우리를 만났을 때는 우리에게서 나는 끔찍한 악취 때문에 질색을 했을 것이다. 몸 냄새와 음식 냄새, 나무 땔 때 나는 연기 냄새가 진동을 했을 테니까. 하지만 우리는 그런 걸 전혀 의식하지 못했다. 사실 내가 가장 생생하게 기억하고 있는 어린 시절의 냄새들은 대개가 아주 근사했다. 대표적인 것은 바람과 습기, 풀, 새먼베리(북미 태평양 연안의 나무딸기), 크랜베리(넌출월귤. 진달랫과에 속하는 식물의 열매), 흙 같은 것들의 냄새가 혼합되어 이루어진 툰드라 냄새였다. 그리고 통 속에서 손으로 비비고 빨래판에 문질러 빤 뒤 맑고 차가운 대기에 널어 말린 옷들에서 나는 선연한 향기가 있다. 겨울철이면 빨래들이 꽝꽝 얼어붙었다. 그래서 우리는 얼어붙은 긴 바지를 손바닥 위에 세워놓고 균형을 잡는 장난도 칠 수 있었다.

아르나라크가 놈에서 비참한 상태로 살아가던 누나와 나를 구해준 것은 좋은 친척이었기 때문이다. 그는 그저 좋은 친척이 으레 할 만한 일을 했을 뿐이다. 그는 자신이 동정심에서 한 일이 얼마나 중요한 의미를 지닌 일이었는지 결코 알지 못했을 것이다. 아르나라크는 세이굴리크 누나와 나를 불건강하고 불안전하며 서구식 일변도인 환경에서 건져내 우리의 전통적인 환경으로 옮겨주었다. 그 환경에서 우리는 생존하기 위해 매일 해야 하는 일들에 모든 에너지를 쏟는 법을 배웠다. 우리는 협동과 고된 노동, 성실성, 나눔, 유머 등과 관련된 유서 깊은, 그리고 더없이 소중한 교훈들을 배웠다. 바로 그런 덕목들 덕에 나는 옛 시대의 생활 방식에서 현대 세계로 쉽게 넘어갈 수 있었다.

내 고향의 겨울은 아홉 달이나 계속된다. 그래서 한겨울이면 하루 스물네 시간 내내 밤만 계속되다시피 한다. 기운 없는 싸늘한 태양은 지평선 위로 고개도 제대로 내밀지 못하고 그냥 넘어가버리고 만다. 또 겨울철에는 거센 바람이 자주 불어 밖에 나갈 엄두도 낼 수 없는 날이 많았다. 그럴 때면 우리는 방바닥에 웅크리고 앉아 바람이 자기만 기다렸다. 날이 정말 추울 때는 영하 45도까지 떨어졌다. 우리는 그런 날을 이트랄리크라 불렀는데, 그건 '살점이 떨어져나갈 만큼 혹독한 추위'를 뜻했다. 날이 그렇게 추울 때는 바람이 전혀 불지 않다시피 했다. 그런 날씨에는 그저 날이 풀릴 때까지 잠자코 집 안에 틀어박혀 있는 게 가장 안전했다.

어느 해에는 기온이 영하 35도 이상으로 올라가지 않은 날이 삼 주간 계속되기도 했다. 날이 너무 추워 비행기 기름도 얼었기 때문에 비행기들이 결항했고, 단체로 여행을 떠났던 학생들이 집에서 멀리 떨어진 곳에서 발이 묶였으며, 나이 든 이들은 난방유나 땔나무가 바닥나 고생했다. 그럴 때면 사람들은 힘을 합쳐 모두의 안전을 지키려 애썼다. 피부가 외기에 노출되면 금방 하얗게 변하는데 그것은 바로 동상의 징후였다. 사람들은 손발을 잃기도 하고 목숨을 잃기도 했다. 그렇게 추운 날에 땀이 날 정도로 일하면 몸이 식기 시작하는 순간에 바로 얼기 시작한다. 그런 상황에서 무슨 일을 하다 실수를 하면 끝장이었다.

내 생각에 그 시절은 석기시대의 황혼 무렵이 아니었을까 싶다. 우리는 우리 선조들이 수천 년간 영위해왔던 전통적인 삶이자 반유목민적인 삶을 살았기에 늘 살아남아야 한다는 심각한 명제와 맞닥뜨렸다. 생존이야말로 우리의 최우선적인 관심사였다. 우리는 얼음이 깨지는 바람에 물속에 빠질 수도 있고, 개썰매를 몰고 가다 사고를 당할 수도 있고, 발을 헛디뎌 치명적인 오발 사고를 저지를 수도 있고, 도끼로 나무를 패다가 제 몸을 잘못 찍어 중상을 입을 수도 있고, 칼로 짐승 가죽을 벗기다가 제 몸을 찌를 수도 있었다. 우리는 맹렬하게 포효하는 눈보라 속에서 길을 잃을 수도 있고 보트에서 떨어져 물에 빠져 죽을 수도 있었다. 곰의 공격을 받거나 성난 큰사슴의 뿔에 받혀서 죽을 수도 있었다.

그것은 강추위 속에서 끊임없이 노력해야 하는 삶이었다. 하지만 우리는 자연이 베풀어주는 풍요로운 결실을 거둬들였다. 우리는 바다에서 물고기들을 잡고, 산에서 짐승들을 잡고, 하늘에서 새들을 잡고, 툰드라에서 야생딸기들과 그 밖의 식용식물들을 채

취했다. 그리고 무시무시한 강추위 때문에 사냥을 하거나 낚시하는 일이 불가능해지고 이듬해 봄이 올 때까지 식물이라고는 구경도 할 수 없는 계절이 올 때를 대비해서 그렇게 거둬들인 모든 먹을거리를 잘 저장해두었다. 우리의 생존을 좌우하는 동물들의 숫자가 크게 줄어들 가능성은 늘 있었다.

내가 새 가족과 합류했던 그 유년 시절에 내 뇌리에 깊이 새겨졌던 가장 중요한 교훈은, '땅과 바다야말로 우리 삶의 중심'이라는 것이었다.

이누피아트 세계에서 가족의 중요성은 아무리 강조해도 지나치지 않을 정도다. 우리가 알래스카 너머의 지역들이나 그런 곳에서 사는 사람들과 접촉하기 전 시대에는 자기네 부족의 전통적인 경계선을 넘어갈 경우 그 당사자는 즉각 목숨을 잃을 위험에 처했다고 한다. 이때의 경계선들은 이웃 부족들과 가끔 전투를 벌이면서 몇백 년을 지내는 동안에 자연스럽게 형성되었다. 아주 고약한 범죄 같은 것을 저질러서 자기네 부족으로부터 추방당한 이는 지옥에 떨어진 것이나 다름없었다. 그것은 인간이라는 범주에서 배제되는 것에 버금가는 혹독한 처벌이었다. 추방당한 사람은 자신을 보호해주거나 도와줄 사람이 전혀 없는 상황에 처하면서 외로운 동물처럼 혼자서 모든 걸 꾸려가야 하는 비참한 처지로 전락해버린다.

이와는 대조적으로, 가족의 따뜻한 품 안에 안겨 있다는 것은 우리를 둘러싼 극한의 세계 안에 온갖 위험 요소가 도사리고 있다 할지라도 언제나 보호와 도움을 받을 수 있다는 것을 뜻했다. 그리고 그보다 더 중요한 것은 가족이 제공해주는 시간과 공간의 연속성이었다. 미국에는 자기네 조상들이 몇천 년 전에 이곳에 존재했다고 말할 수 있는 이들이 거의 없다. 그런 것은 강력한 힘을 지닌 정서다. 우리 조상들이 나와 같은 돌멩이들을 갖고 놀았고 같은 산들을 바라보았고 같은 강을 배로 가로질렀고 같은 모닥불 냄새를 맡았고 같은 사냥감을 추적했고 같은 여울목에서 야영을 했다는 것을 안다는 것은 지워지지 않는 진한 소속감을 안겨준다. 개들을 잡아 묶을 기둥을 세우기 위해 땅을 파다가 우연히 짐승 엄니(크고 날카롭게 발달한 포유동물의 이)로 만든 작살 손잡이나 부싯돌 같은 것들을 발견할 경우 그 사람은 자기 조상들이 몇천 년 전에 사용했던 유물과 맞닥뜨렸다는 것을 불현듯 깨닫는다.

　백발의 할아버지에서 갓 태어난 갓난아기에 이르는 우리 대가족 구성원들의 관계는 아주 가까웠다. 우리는 해가 떠서 질 때까지 내내 함께 지냈고, 그렇게 수많은 세월을 함께 보냈다. 우리는 먹을 것이 있을 만한 곳이면 어디든 함께 추적했다. 개들을 데리고 여행을 할 때도, 물고기를 잡거나 사냥을 할 때도, 산딸기를 채취할 때도, 물범이나 순록의 가죽을 벗길 때도 늘 함께했다.

　땟집이나 텐트 안에서 우리는 서로의 허연 입김을 볼 수 있었으며, 식구들이 코를 훌쩍이는 소리나 방귀 소리나 거친 숨소리를 들을 수 있었다. 우리는 식구들 각자의 괴상한 습성, 장점과 약점,

우리의 생사를 좌우하는 요소가 될 만한 특징들을 정확하게 파악하고 있었다. 예컨대 어떤 구성원이 그다지 신뢰할 만한 사람이 아니라는 걸 잘 알고 있을 때 우리는 목숨이나 소중한 재산 같은 것을 잃을 가능성이 있는 상황에서는 절대로 그 사람의 말을 따르지 않았다. 그리고 우리는 우리가 공유하고 있는 경험들을 자랑스럽게 여겼다. 우리는 자기가 겪은 우스꽝스러운 일들이나 우리 부모나 조부모들에 관련된 재미난 일화들로 식구들을 즐겁게 해주었다.

우리 대가족의 가장은 내 생모의 외삼촌인 아크파유크였다. 그분은 퀘이커교 선교사들이 코체부에로 들어오기 4년 전인 1893년에 태어났다. 퀘이커교 선교사들은 알래스카 지역 사람들을 '문명인'으로 만들기 위한 사명의 일환으로 아크파유크에게 새 종교와 아울러 존 헨슬리라는 영어식 이름을 안겨주었다.

아크파유크는 1912년 노운라레이크(선교사들이 프리실라라는 이름을 붙여주었다)와 결혼하기 전에 코체부에 해변 근방에 작은 판잣집을 짓고 땅을 파서 지하냉장고를 만들었다. 이 지하냉장고는 훗날 그가 잡아 올 물범들과 그 밖의 동물들을 저장해두기 위한 곳이었다. 그 부부는 바로 그 집에서 자기네의 대가족을 일으켰다. 맨 먼저 맏딸 우날리이쿠타크(제시)가 태어났고, 그 뒤를 이어 아르나라크, 틸리이크타크(윌리엄), 우미이비크(제임스), 이르발루크(루비), 사퀴크(존), 오울레니크, 나보다 열 살쯤 연상인 막내 닝고우가그라크(애런)가 차례로 태어났다. 세월이 흐르면서 노운라레이크와 아크파유크는 그 확대가족 속에 다른 집 아이들을 받아들였는데 그 가운데는 우리 누나와 나도 포함되어 있었다. 누나와 내가 그 집에 들어갔을 때 맏딸 우날리이쿠타크는 이미 집을 떠났고 이르발루크는 죽은 뒤였다. 하지만 그래도 그 작은 집에는 대체로 일곱 명 이상의 아이들이 살 때가 많았다.

그 새 식구들 중에서 내게 누구보다도 중요했던 이는 나의 새엄마인 노운라레이크였다. 키가 153센티미터밖에 되지 않는 새엄마는 강인하고 굳세면서도 누구에게나 사랑받는 온화한 성품을 지닌 분이었다. 그분은 내가 어렸을 때 나를 끔찍이 사랑해주었다. 그래서 우리가 여행을 할 때면 으레 나를 따뜻한 모피 옷으로 잘 감싸서 썰매에 조심스럽게 앉혀주곤 했고, 당신이 가는 곳이면 어디든 나를 데리고 다녔다. 새엄마는 내게 우리말과 우리 선조들의 생활 방식의 많은 부분을 가르쳐주었다. 내가 우리 민족과 그들의 가치관들에 관해서 알고 있는 내용의 많은 부분은 바로 새엄마에게서 왔다.

1960년대에 글을 제대로 쓸 줄 모르던 이누피아트 사람들 사이에서 테이프에 녹음하는 방식이 크게 유행했을 때 새엄마 노운라레이크도 당신의 이야기를 테이프에 녹음해두셨다. 1895년, 새엄마의 부모는 개썰매를 이용해서 코체부에를 떠나 오늘날 호프 곶이라고 하는 키발리나 혹은 티키가크로 갔다. 그들은 아마 북극고래잡이 시즌을 맞아 그렇게 여행하지 않았나 싶다. 노운라레이크는 바로 그렇게 여행하는 과정에서 태어났다.

그런데 새엄마 말에 의하면 그 부모는 태어난 아기가 딸이라는 걸 알고는 한데다 내버려 그냥 죽게 하려 했다고 한다. 그들에게는 이미 여덟 살 난 딸이 하나 있어서 또 다른 딸은 필요하지 않다고 여겼다. 사냥꾼에게는 아내('이글루 지킴이'인 어른 여자들은 생업의 소중한 동반자였다)가 필요했지만 어린 여자아이는 육체적인 힘을 갖고 있지 못해 가족의 살림살이에 아무 보탬이 되지 못했고, 따라서 그렇지 않아도 넉넉하지 않은 먹을거리를 축내기만 하는 군식구에 지나지 않았다. 노운라레이크의 부모가 갖고 싶어 했던 자식은 자기네가 생존하기 위해서 고투할 때 자기들을 도와주고 노후에 자기들의 안전을 지켜줄 아들이었다. 그래서 그들은 아기를 죽일 생각을 했다.

그런데 다행히도 자식이 없는 부부가 그들과 함께 여행을 하고 있었다. 시이치에이크는 자식을 무척이나 갖고 싶어 했던 터라 남편인 우미이비크가 잠시 사냥 나간 사이에 그 아기를 넘겨받았다. 이윽고 아내 있는 데로 돌아온 우미이비크는 노운라레이크를 자식으로 키우자는 데 선선히 동의했다. 그 부부가 그 아기를 양녀로 들이지 않았을 경우 내 운명이 어찌 되었을지는 나도 모른다.

나의 새아버지 아크파유크는 아름다운 치아, 호탕한 웃음, 뛰어난 유머 감각을 지닌 분이었다. 내 사촌들 중의 한 사람은 자기네 가족 이야기를 하면서 그분의 스타일을 완벽하게 표현해주는 일화들을 들려주곤 한다.

아크파유크와 노운라레이크의 장녀인 제시는 피트 리라고 하는 백인 남자와 결혼했다. 과거에 세 번이나 결혼한 전력이 있는 피트는 장인보다 무려 열다섯 살이나 연상인 사내였다. 그 두 사람은 완전히 다른 세계에 속해 있었다. 나의 새아버지 아크파유크는 아주 전통적인 분이었다. 그분은 여름철이면 거의 항상 두건이 달린 사라사 파카만 입고 다녔고, 영어는 거의 할 줄 몰랐으며, 대다수 이누피아트와 마찬가지로 말을 몹시 에둘러 하는 경향이 있었다. 그렇게 에둘러 말하는 습관 때문에 가끔 무슨 말을 하는지 도무지 종잡기 어려울 때도 있었다. 이탈리아계인 피트는 마을에서 내기당구장을 경영하면서 사탕, 담배, 소다수를 팔았다. 그는 늘 지미 카터(미국 제39대 대통령) 스타일의 카디건을 걸치고 테가 넓은 모자를 쓰고 다녔으며, 장사꾼이라 수중에 늘 현금이 있었다.

아크파유크는 자기보다 나이 많은 사위 피트에게 도와달라고 청하는 걸 좋아하지 않았지만 가끔 달리 어쩔 수 없는 경우도 있었다. 어느 해 봄, 아크파유크는 오리 사냥 하러 가고 싶은 마음이 굴뚝같았다. 겨우내 토끼와 생선과 뇌조만 먹다가 모처럼 식단을 바꿔볼 수 있는 좋은 기회였다. 하지만 엽총 탄환이 한 발도 없었다. 그래서 아크파유크는 코체부에에 있는 사위의 집에 들렀다. 장인과 사위는 차를 마시면서 별 의미 없는 이야기들을 주고받았다. 두 사람이 만나면 그런 식의 줄다리기 게임을 자주 벌였다.

그러다 마침내 아크파유크가 말문을 돌렸다.

"오리들이 많이 날아다니네, 피트."

"그렇더군."

피트는 그렇게 말하고는 묵묵히 차만 홀짝거렸다.

아크파유크가 말했다.

"노아타크 강 어귀로 갈 생각이야."

"그으래."

피트가 말했다.

아크파유크는 한동안 뜸을 들이다 다시 말문을 열었다.

"탄약이 없어."

피트는 주머니에서 오 달러를 꺼내 아크파유크에게 건네주었고 아크파유크는 잽싸게 받았다. 아크파유크는 아치 퍼거슨의 상점에 가서 탄약을 산 뒤 자신의 카약에 올라탔다. 그러고는 열심히 노를 저어 십여 킬로미터가량 되는 해협을 건너 노아타크 강 어귀로 갔다. 그는 얼마 지나지 않아 오리와 거위로 카약을 그득 채웠다. 얼마나 많이 잡았던지 며칠 뒤에 마을로 돌아올 때 그의 카약은 거의 가라앉을 지경이었다.

얼마 후 아크파유크는 다시 피트를 찾아갔다. 이번에는 장인과 사위가 커피를 홀짝거렸다. 마침내 피트가 슬쩍 운을 뗐다.

"요즘 거위 국을 끓이면 맛이 희한할 텐데."

"그렇지."

아크파유크는 그렇게 말하고는 커피만 홀짝거렸다.

피트는 잠시 뜸을 들이다 니코틴에 찌든 앙상한 두 손으로 커피 잔을 쥔 채 다시 말했다.

"듣자니 사람들이 거위를 잡으러 노아타크로 갈 거라더군."

아크파유크가 대답했다.

"맞아, 그런 말들을 하더군."

그러고 나서 그는 묵묵히 커피를 홀짝거리며 허공을 응시하기만 했다. 그의 얼굴만 봐 갖고는 무슨 생각을 하는지 도무지 짐작하기 어려웠다. 결국 피트가 견디다 못해 속내를 털어놨다.

"거위를 좀 구할 수 있을까, 존?"

그것은 아크파유크가 고대하던 말이었다. 그래서 그는 그 말이 나오기 무섭게 재빨리 말했다.

"한 마리에 이 달러 내게!"

순간, 피트는 멍한 표정이 되었다. 그러자 아크파유크는 폭소를 터트렸다. 그가 사위 피트와 딸 제시, 그리고 그들의 딸인 손녀 소피에게 아무 대가도 받지 않고 기꺼이 거위들을 나눠주리라는 것은 두말할 나위도 없었다.

아크파유크와 노운라레이크는 독실한 신앙심을 갖고 있었다. 그분들이 자연의 힘에 대한 외경심과 조상들에게 영감을 불어넣어준 옛 전설들에 대한 존경심을 버리지 않았다는 건 나도 잘 알고 있었지만, 아무튼 그분들은 퀘이커교 선교사들의 뜻에 따라 기독교로 개종했다. 그분들은 특히 찬송가 부르기를 좋아했다. 그분들은 그 가사를 이누피아크 말로 옮겨서 불렀다. 코체부에서 우리 이웃에 살았던 로마 가톨릭 신자들은 그분들이 주를 찬양하는 노래를 부를 때마다 우리 오두막에서 흘러나왔던 흥겨운 멜로디

들을 아직까지도 기억하고 있다.

  아크파유크와 노운라레이크는 새 종교로 개종하기는 했어도 이누피아트의 전통적인 생활 방식을 충실히 따르며 살았다. 그분들은 외진 곳에서 대부분의 시간을 보내는 걸 좋아했다. 우리는 그곳을 '야영지'라 불렀다. 마을에서 지내는 건 재미있기는 했으나 불리한 점들이 몇 가지 있었다. 그중 하나는 돈이 든다는 점이었고, 돈을 벌기는 여간 어려운 일이 아니었다. 그래서 우리 가족은 한 해의 대부분을 마을에서 북쪽으로 24킬로미터가량 떨어진 이카투크의 야영지에서 지내는 것이 우리 형편에 더 잘 맞는다고 생각했다. 이카투크는 노아타크 강 삼각주를 흐르는 작은 샛강이었다. 우리는 거기서 몇 달간 지낼 때가 많았으며, 추수감사절과 크리스마스 같은 명절 때나 생필품을 구입할 필요가 있을 때만 코체부에로 나왔다.

  우리 가족은 대개 봄철에 야영지로 이동했으며, 그럴 때가 다가오면 양부모님은 며칠 동안 이동 준비를 했다. 식구들이 얼음이 얼 때까지 거기서 지낼 계획을 세울 경우 두 분은 우리에게 가게들에서 아주 멀리 떨어진 곳에서 대여섯 달을 지내는 데 꼭 필요한 물건들을 빠짐없이 챙기라고 당부했다. 누구보다 뛰어난 사냥꾼이었던 양아버지 아크파유크는 소총과 엽총을 깨끗이 손질하고 골고루 기름을 먹였으며, 주머니 사정이 허용하는 한도 내에서 최대한 많은 탄약을 구입했다. 오래전, 우리 민족은 전통적인 창, 활과 화살을 거래해왔다. 그러다 처음으로 러시아 상인들에게서 총을 구입한 뒤 총을 사용할 경우 과거보다 훨씬 더 많은 짐승을 잡을 수 있어서 살림에 큰 이득이 된다는 걸 알았다.

양아버지 아크파유크는 자신이 좋아하는 사냥칼과 주머니칼, 망원경을 챙기고, 연장통에 연장들이 빠짐없이 들어 있는지 확인했다. 그리고 카약, 썰매, 개들을 썰매와 연결시켜주는 장비들과 쇠사슬들, 밧줄, 어망, 올가미용 철사, 도끼, 얼음구멍 파는 도구, 다양한 크기의 덫들, 사향뒤쥐와 밍크 가죽을 말릴 때 쓸 건조대 등을 준비했다.

한편, 양어머니 노운라레이크는 입을 옷들과 먹을거리, 꼭 필요한 살림살이들을 챙기는 데 힘을 쏟았다. 그녀는 물범, 흰돌고래, 사향뒤쥐, 순록을 비롯하여 우리가 흔히 잡곤 하는 온갖 짐승들의 가죽을 벗기는 데 쓰고 바느질할 때도 쓰는, 울루라고 하는 다양한 크기의 여성용 칼들을 챙겨 가야 했다. 물범가죽 장화와 벙어리장갑, 파카와 모자를 만드는 데 쓸 짐승 가죽들과 각종 야생딸기, 물범기름을 담아둘 나무통들도 가져갔다. 그리고 당신이 좋아하는 키이르비크(도마), 당신의 손에 딱 맞게 깎아 만든 이쿠운(가죽 긁개)도 가져갔다. 양어머니는 또한 성경과 찬송가, 단지와 냄비들, 성냥과 콜맨랜턴, 침낭과 담요들, 세숫대야, 우리가 사용할 접시와 사발과 숟가락과 국자 등도 가져갔다. 그녀는 우리가 야영지에서 덫이나 총이나 그물로 잡을 수 없는 먹을거리들, 즉 소금과 후추, 설탕, 커피, 차, 오트밀, 쌀, 콩, 마카로니, 분유 통조림, 카쿨라아크(선원들이 먹는 건빵), 양파, 감자 등을 가져갔다. 그리고 사정이 허락할 경우에는 베이컨도 한 판 가져갔다.

우리 아이들도 각자 자기 물건들, 곧 칼과 만화책, 놀이도구, 담배를 챙겨 갔다. 우리는 따뜻한 방한복, 길고 헐거운 비옷과 장화가 있으면 그것들도 챙겨 갔다. 우리는 너무 가난해서 때로는 모든 식구가 다 그런 물건들을 갖추지 못할 때도 있었다. 우리는 또 빙판 위를 돌아다닐 수 있는 스케이트도 가져갔으며, 작동하는 라디오가 있으면 그것도 가져갔다.

아크파유크와 노운라레이크는 우리 소유의 배를 마련하기 전까지는 '배를 소유한 사람'을 뜻하는 우메일리크가 모는 배를 이용해서 이카투크로 갔다. 내가 어렸을 때 우리 가족은 콸루라크라고 하는 우메일리크의 배를 이용했다. 배 한 척을 짓는 데는 엄청난 노동력이 들었으며, 우리의 눈에 길이 10미터쯤 되는 콸루라크의 배는 아주 거대해 보였다. 아름다운 곡선이 돋보이는 그 배에는 양쪽 뱃전 가까이에 이를 만큼 넓은 선실이 마련되어 있었으나 배의 앞뒤로 오갈 수 있는 선실 양쪽의 공간은 아주 좁았으며 뱃전에는 조그만 난간이 설치되어 있었다. 그리고 스크루를 돌려주는 60마력짜리 엔진이 장착되어 있었고 선미에 있는 타륜으로 방향을 조종했다. 야영지에 가기 위해 배로 강물을 거슬러 올라갈 때도 힘겹게 노를 저어야 했던 시절에 그 정도면 대단히 발전된 형태의 배라 할 만했다.

우리 가족이 야영지로 떠나는 날이면 아크파유크와 노운라레이크는 평소보다 훨씬 더 일찍 일어났다. 나는 두 분이 침대에 일어나 앉아 조용히 기도를 드린 뒤 커피 끓이는 소리를 들을 수 있었다. 두 분은 여행하기에 좋은 날씨인지를 알아보기 위해 늘 밖으로 나가 하늘을 올려다보고, 또 바람이 부는 정도를 가늠해봤다. 별 이상이 없다 싶으면 식구들이 죄 달려들어 야영지에 가져갈 물건들을 해변으로 옮겨야 했다. 해변에서는 아크파유크와 콸루라크가 배에 물건 싣는 일을 지휘했다. 이때쯤이면 개들이 빨리 배에 오르고 싶어 난리를 피워댔다. 형들이 열 개의 텐트 기둥들과 난로로부터 식량과 개들에 이르는 모든 짐을 배에 싣고 나면 콸루라크의 배는 그 무게로 물속 꽤 깊이 가라앉았다. 그 광경은 대단한 장관이었다. 이윽고 배가 떠나기 시작하면 해변에 나와 있던 모든 사람들이 휘파람을 불고 소리를 지르면서 우리가 무사히 다녀오기를 기원해주었다.

콸루라크는 키 손잡이 앞에 앉았고 아크파유크는 그의 곁에 앉았다. 그럴 때면 콸루라크는 참으로 겸허하게 처신하는 전형적인 이누피아트답게 조심스럽게 배를 몰았다. 그는 자기 배가 "아주 느리다."고 말하곤 했다. 그러면 아크파유크는 즉각, "아주 좋다. 꽤 빠르다."는 말로 항변했다.

나는 밀폐된 선실 안에서 풍기는 그 진한 연료 냄새 때문에 선실은 늘 질색이었다. 그래서 선실 지붕 위에 올라앉아서 지나가는 풍경을 바라보았고, 배가 이카투크로 가기 위해 작은 만을 거슬러 올라갈 때면 거위, 물범, 흰돌고래, 순록, 백조 등을 찾아내려 애썼다. 코체부에를 떠나고 나서 서너 시간이 지나고 나면 배는 로

크하트 곶을 돌아 해안을 향해 다가갔다. 이카투크는 원래 '얕은 곳'이라는 뜻을 가진 말인데 이카투크 해변은 그 말뜻에 부끄럽지 않게, 아니 그 이상으로 바닥이 얕았다. 그래서 짐을 잔뜩 실은 배가 해변에서 꽤 떨어진 곳에 정박하고 나면 우리는 배에 실린 물건들을 일일이 들어서 나르거나 우리가 야영지에 두고 다니는, 바닥이 평평한 작은 보트에 실어서 날라야 했다.

우리가 텐트들을 다 설치하고 개들을 땅바닥에 박아 넣은 기둥들에 묶고 나면 노운라레이크는 우리가 무사히 도착한 것을 축하하기 위해 차와 크래커, 말린 생선과 말린 고기, 물범기름, 그리고 경우에 따라서는 오리고기 국도 곁들여진 식사를 마련해주었다. 식사를 마치고 나면 콸루라크는 본인의 배로 돌아가 코체부에를 향해 떠났고, 우리 식구들은 우리가 지상에서 가장 좋아하는 곳들 중의 하나에서 앞으로 몇 달간 지낼 준비를 했다.

우리는 나날의 삶을 살면서 아주 먼 거리를 자주 오가야 했다.
그렇게 할 수 있는 방법으로는 세 가지가 있었다.
걷는 방법, 배로 이동하는 방법, 개들이 모는 썰매를 타고 이동하는 방법.
그런데 한 해의 대부분이 겨울이었으므로
걷거나 배를 타는 것이 불가능할 때가 많았다.
그래서 개들은 우리 생활의 모든 측면에서 아주 소중했다.

2
이카투크―야영지에서

이카투크는 물고기, 사냥할 만한 동물들, 새들, 그리고 우리가 생존하는 데 꼭 필요한 식물들이 풍부한 아름다운 고장이었다. 그 샛강 주위에는 오리나무들이 자랐고, 상류 쪽으로 몇 킬로미터만 올라가면 큰 숲들이 우거져 있었다(코체부에에는 나무가 거의 없었다). 우리는 그 짧은 봄과 여름 몇 달간 겨울을 날 준비를 하면서 나날을 보냈다.

남자들은 총을 쏘거나 덫을 설치해서 사향뒤쥐를 수백 마리 잡았고 여자들은 그 가죽을 벗겼다. 우리는 그렇게 가죽을 벗기고 남은 고기를 구워 먹거나 국을 끓여 먹었다. 사향뒤쥐가죽은 우리가 겨울철에 만든 특수한 틀에 잘 펴서 말렸다. 그 모피 가죽들이 마르는 기간은 날씨에 따라 약간씩 차이가 있긴 했으나 대략 사오 일 정도 걸렸다. 그것들이 다 마르면 우리는 그것들을 다발로 엮어서 족제비나 쥐들이 채 가지 못하게끔 지상 위 높은 곳에 설치한 작은 저장고에 보관해두었다. 때가 되면 우리는 그것들을 코체부에로 실어 가 현금을 받고 판 뒤 그 돈으로 상점에서 필요한 물건들을 사거나 지난겨울에 쌓인 외상값을 갚는 데 썼다.

여름철에는 연어가 산란하기 위해 강을 거슬러 올라왔고 그 덕에 우리는 그것을 수백 마리나 잡을 수 있었으며 때로는 수천 마리도 잡았다. 그렇게 잡은 연어의 일부는 식구들과 개들의 겨울철 식량으로 쓰기 위해 말려두었고 나머지는 코체부에의 상점들에 내다 팔았다.

우리는 호숫가나 강둑에서 자라는 영양가 많은 식물인 쿠오우라크(쓴 수영풀)를 채취했다. 신선한 쿠오우라크는 겨울철 음식에 익숙해진 우리의 식단에 근사한 변화를 가져다주었다. 이누피아트 사회에서 최고의 요리들 중 하나로 꼽히는 특별 요리는 쿠오우라크와 크랜베리로 맛을 낸 송어나 화이트피시(송어의 일종)의 간이었다. 우리는 또 쿠오우라크를 겨울철에도 먹기 위해 그것을 잔뜩 채취해서 물범가죽 부대 속에 집어넣어 보존해두었다. 쉬피시(농어의 일종)와 화이트피시도 잡아서 보존해두었다. 그리고 오리와 거위를 사냥하러 돌아다니다 잘 익은 새먼베리, 블루베리, 블랙베리, 크랜베리 같은 야생딸기 밭을 만나면 배가 터지도록 따먹었다.

야생딸기들은 활력을 돋우어주고 우리의 기나긴 겨울철에 비타민과 감미를 제공해주는 먹을거리였다. 야생딸기들이 익는 때가 오면 온 식구가 총출동해서 그것들을 땄다. 어머니는 제법 거센 바람이 불어올 때까지 잠자코 기다렸다가 그런 바람이 불어오면 파카를 벗어서 땅바닥에 펼쳐놓았다. 그러고는 우리가 딴 야생딸기들을 머리 위로 높이 쳐든 뒤 파카에다 천천히 쏟아부었다. 그렇게 하면 거센 바람이 야생딸기들 속에 섞여 들어온 이파리나 풀잎들을 날려버렸다. 우리는 그 딸기들을 텐트 안으로 들여가 나무통 속에 들이부었다. 그렇게 저장해둔 딸기는 물범기름과 말린 고기, 생선 등과 더불어 우리의 겨울철 먹을거리가 되어주었다. 이런 모든 먹을거리는 날이 추워지면 꽝꽝 얼어붙어 겨울 내내 잘 보존되었다.

우리 사회에서는 걸을 수 있는 나이가 되면 누구나 다 일을 했다. 물론 너무 어릴 경우에는 할 수 있는 게 많지 않았다. 어렸을 때 나는 야생딸기를 따면 그냥 다 먹어버렸다. 하지만 나이가 어려도 생존하는 데 꼭 필요한 간단한 일들에는 참여해야 했다. 세 살배기 아이도 땔나무를 아궁이 속에 집어넣는 일은 할 수 있었다. 나는 몸에 약간의 힘이 생기자마자 나무를 패고, 우물에서 물을 길어 오고, 연장들을 날라 오고, 배에 들어온 물을 퍼내고, 개들에게 먹이를 주고, 어망을 손질하거나 물고기를 말리기 위해서 매달아두는 일을 거들고, 심지어는 흰돌고래의 지방과 고기를 요리하는 일을 거들기까지 했다.

오늘날 내가 가장 좋아하는 요리의 하나는 어린양이나 돼지, 송아지의 정강잇살로 만드는 오소부코다. 나는 물렁뼈와 골수를 좋아한다. 이런 미각 취향이 북극권에서 어린 시절을 보낸 데서 비롯되었다는 걸 나는 잘 알고 있다.

순록을 잡으면 버릴 게 하나도 없었다. 순록의 다리뼈들에서 뽑아낸 골수인 파티크는 맛이 기가 막혔다. 그것은 기름지고 혀에 착착 감기는 감칠맛이 났으며 영양가도 풍부했다. 우리는 뼈를 부숴서 파티크를 곧장 날로 먹기도 하고, 요리한 뼈들에서 가늘고 긴 나뭇가지를 이용해 그 진미를 뽑아 먹기도 했다.

물론 이누피아트 사회에서 동물성 지방이 갖는 의미는 맛 좋은 먹을거리라는 의미를 훨씬 더 뛰어넘을 정도로 각별했다. 그것은 혹한의 환경에서 살아남을 수 있게 해주는 에너지 공급원으로서 절대적으로 필요했다. 우리의 봄철 사냥감으로 가장 중요한 것은 바다에 사는 포유동물들이었고, 그중에서도 우리가 우그루크라 부르는 턱수염물범이 단연 최고였다. 이누피아트의 삶에서 빠질 수 없는 액체인 그 기름은 거의 모든 음식에 들어갔으며 고래지방, 각종 푸성귀, 말린 생선, 조리한 물범 내장과 그 밖의 많은 먹을거리를 보존하는 데 쓰였다.

봄철이 되어 바다를 뒤덮었던 두꺼운 빙판이 녹기 시작하면 턱수염물범들이 미처 녹지 않은 빙판 위로 올라가서 해바라기를 하는데 우리는 그때를 노려 녀석들을 사냥했다. 우리는 녀석들을 총으로 쏜 뒤 해변으로 끌어올려 개썰매에 싣고 야영지로 가져왔다.

그다음에는 여자들이 물범 크기의 동물을 도살하는 데 가장 적당한 울루를 골라 그것을 처리했다. 옛 시절에는 점판암, 부싯돌, 옥 같은 단단한 돌로 그런 칼들을 만들어 썼다. 내가 어렸을 때는 대개 연철로 된 동가리톱을 갈아서 그런 칼들을 만들었는데 그 날이 아주 예리했다. 손잡이는 상아, 나무, 뼈로 만들었으며, 흔히 그걸 쓸 사람의 손에 딱 맞게 깎아 만들었다.

여자들은 물범 항문의 가죽과 지방층 속에 울루를 박아 넣은 뒤 날렵한 솜씨로 칼날을 물범의 목구멍까지 단번에 쭉 끌어올렸다. 여자들은 불과 몇 분 내에 목 윗부분과 물갈퀴들과 꼬리를 정리해 버리고 7-8센티미터 두께의 가죽과 지방층을 그 밑의 살덩어리에서 분리해냈다. 나중에 그 지방을 가죽에서 분리해 작게 토막 내 두면 실온에서 녹아 물범기름이 되었다.

우리가 고기 저장용 나무통들을 구하기 어려웠던 시절에는 물범가죽을 그런 용도로 썼다. 여자들은 물범가죽에 구멍이 나지 않도록 조심하면서 지방층에서 가죽을 살살 떼어냈다. 그런 다음에는 가죽을 통째로 까뒤집어서 말린 뒤 자루로 쓸 수 있게 깨끗이 닦아내고는 거기다 기름, 말린 고기나 조리한 고기, 식용 뿌리들과 각종 푸성귀를 담아두었다. 그 자루 주둥이의 지름은 팔뚝 굵기보다 약간 더 넓은 정도라서 여자들이 기나긴 겨울철에 식구들에게 먹일 먹을거리를 쉽게 꺼낼 수 있었으며, 나무마개로 틀어막았다.

이렇게 잘 보존된 먹을거리들을 보관하기 위해 저장고를 짓는 일이 아주 중요하다는 것은 더 말할 나위도 없었다. 쥐, 들쥐, 족제비, 오소리, 곰은 물론이고 우리가 키우는 개들도 늘 먹을 것을 찾아다녔으니까. 그런 저장고로는 땅을 파서 만드는 지하저장고나 땅 위에 기둥들을 박은 뒤 그 위에 세우는 지상저장고의 두 가지 형태가 있었다.

우리 인간들도 또 다른 먹이사슬의 일부에 지나지 않았다. 해마다 짧은 봄과 여름에 한꺼번에 찾아오는 수십억 마리의 모기들은 우리에게 그런 점을 새삼 일깨워주었다.

짧은 여름철이 끝나고 날이 추워지기 시작하면 우리 식구들은 해변의 텐트들에서 흙으로 만든 이브룰리크(뗏집)로 이사했다. 이카투크 주변에서는 통나무들을 구하기 쉬웠기에 우리가 맘먹기만 하면 통나무집도 얼마든지 지을 수 있었다. 하지만 과거 만여 년 동안 이누피아트의 정다운 집 역할을 했던 것은 이브룰리크였다. 그리고 우리가 이브룰리크의 재료인 툰드라 냄새를 사랑했기 때문에도 계속 그런 집을 지었다. 결국 툰드라는 우리의 삶을 구성하는 많은 것의 원천이었으며 거기서 자라는 각종 야생딸기, 식물 뿌리들, 오리나무, 가문비나무, 풀, 버드나무 등은 수많은 세대의 이누피아트 사람들에게 지울 수 없는 자취를 남겨주었다.

  이브룰리크는 단순한 형태의 구조물이었다. 인간의 주거 공간으로 쓸 수 있게 지은, 흙으로 만든 둥근 둔덕. 그리고 그 집은 아홉 달 동안이나 지속되는 내 고향의 혹독한 겨울을 나기에 더없이 적합한 집이었다. 그 집을 짓는 데는 한두 주 정도밖에 걸리지 않았다. 그 집을 짓는 데 필요한 천연 재료들은 우리 주위에 잔뜩 널려 있었다. 짓는 데 돈도 들지 않았다. 그리고 무엇보다 중요한 것은 그 집이 따뜻하다는 점이었을 것이다.

  우리는 몇 년마다 한 번씩 새집을 지었는데 그 이유 중의 하나는 세월이 흐르면서 낡은 이브룰리크가 비위생적인 공간이 되어

버리기 때문이고, 또 하나는 겨울철에 쥐들이 온기와 먹을 걸 찾아서 벽에 자꾸 구멍을 뚫기 때문이었다. 그렇게 작은 구멍이 잔뜩 나버리면 실내온도가 떨어졌다. 우리가 그 집을 짓는 방식은 다음과 같았다.

우선 중앙과 모퉁이들을 받쳐줄 가문비나무 기둥들을 마련한 뒤 옆면들과 지붕을 잇는 데 쓸 나뭇가지들을 마련했다. 가장 높은 데라고 해봤자 1.8미터 정도에 불과한 이런 뼈대를 세우고 난 뒤에는 흙을 큼직한 정육면체 덩어리 모양으로 떠내 벽을 쌓았다. 단, 한쪽 벽에 창문에 해당하는 직사각형 모양의 구멍 하나를 내고는 나중에 흰돌고래 내장 말린 것을 씌워놓았다. 그것은 반투명해서 빛이 어느 정도 새어 들어왔다. 우리는 이끼가 무성하고 부드럽고 두터운 툰드라를 찾아내서 양탄자처럼 길게 떠내 그것들을 일차로 지붕에 씌우고 바람과 비와 추위를 잘 막아줄 수 있도록 그 위에 툰드라 떳장들을 골고루 더 덮어놓았다.

이브룰리크의 바닥은 흙바닥이지만 그 위에 버드나무 가지들을 고르게 깔았다. 그 바닥은 우리가 물범가죽 장화나 부츠로 자꾸 밟고 다니다 보면 점차 반반해졌다. 그 전체 넓이는 32.5제곱미터가량 되었다.

옛 시절에는 양쪽 벽에 식품 저장고들이 딸려 있는 작은 지하터널을 출입구로 썼다. 그런 건축 양식은 사람들이 들락거릴 때 찬 공기가 실내로 들어오는 것을 막아주었으며, 또 거주자들을 보호해주는 기능도 했을 것이다. 이브룰리크에 침입하려는 자는 그런 형태의 출입구 때문에 기어서 들어가야 했고, 그 덕에 집 안에 있는 이들이 그런 자의 침입을 쉽게 막을 수 있었을 테니까. 좀 더 현대적인 형태의 이브룰리크에서는 흙이나 목재, 또는 낡은 텐트 천으로 만든 헛간인 카니차크가 지하터널의 역할을 대신했다. 카니차크에는 먹을거리와 장비들을 훨씬 더 많이 저장해둘 수 있었다. 이브룰리크의 또 다른 주요 구성 요소로 '코'를 뜻하는 큉가크가 있는데 이것은 펫장 천장에 속이 빈 짧은 통나무를 끼워 만든 구멍으로 펫집은 이 구멍을 통해 숨을 쉴 수 있었다. 이 구멍을 통해 묵은 공기는 빠져나가고 신선한 공기가 흘러 들어왔다.

우리에게는 명실상부하게 가구라 할 만한 것이 전혀 없었다. 우리는 사방 벽을 따라서 버드나무 가지들을 십여 센티미터 두께로 깔아놓은 것을 침대로 썼다. 그 폭은 딱 몸 하나의 폭만큼 되었으며 통나무로 그 가장자리를 둘러놓아 잠자는 공간과 그 외의 공간을 분리시켜놓았다. 각각의 버드나무 침대에는 순록가죽으로 만든 매트리스인 카체이크를 한 장씩 덮어놓았다. 우리는 카체이크 위에서 침낭 속에 들어가 자거나 담요를 둘러쓰고 잤다.

우리는 블레이조 상자를 다양한 용도로 사용했다. 블레이조는 시애틀에서 코체부에로 선적되는 휘발유의 상표였다. 그 회사에서는 약 5천 킬로미터나 되는 머나먼 수송거리를 견뎌낼 수 있게끔 20리터들이 휘발유 깡통을 두 개 단위로 나무상자 속에 집어넣어서 선적했다. 그 상자의 나무는 잘 마른 데다 가볍고 튼튼해서 쓰임새가 대단히 많았다. 우리는 그 상자들을 찬장, 연장통, 식품

상자, 의자, 보트 좌석, 조리대, 그리고 필요할 경우에는 불쏘시개로도 썼다. 우리의 식탁은 블레이조 상자를 둘로 잘라낸 것이었다. 식사 때면 우리는 그걸 방바닥 한가운데다 갖다놓고 그 위에 음식을 올려놓고는 맨바닥에 그냥 앉거나 통나무 또는 20리터짜리 휘발유 깡통에 걸터앉았거나 또 다른 블레이조 상자에 걸터앉아서 밥을 먹었다. 식사가 끝나면 그 임시변통의 식탁을 다른 데다 치워놓았다.

이브룰리크의 출입구 곁에는 뇌조와 오리, 순록 등이 나타날 경우에 대비해 엽총이나 소총을 걸어두었다. 그 반대편 구석에는 집에서 만든 난로가 자리 잡고 있었다. 그것은 사실 160리터들이 드럼통으로, 윗부분에는 버너를 설치하고 밑은 철판을 잘라내서 오븐처럼 쓰게 만든 것이었다. 낮에는 가끔 난로가 열로 빨갛게 달아오르기도 했다. 밤에는 우리 몸에서 나는 체열로도 충분히 지낼 만했기 때문에 밤새 난로를 피울 필요가 없었다. 한밤중에는 좀 추웠지만 말이다. 그리고 한밤중에 화장실에 가려는 사람이 있으면 늘 소동이 일어났다. 우리는 모두 방바닥에서 자는 셈이었고 따라서 실내에는 빈 공간이 별로 없었다. 누군가가 밤중에 똥오줌이 마려워 잠을 깰 경우에는 으레 플래시를 찾아내려 하기 마련이었다. 그게 있다면 말이다. 그래서 찾으면 그걸 켠 뒤 자는 사람들을 밟지 않으려고 조심조심하면서 기온이 영하 20도에서 25도 정도 되고 바람이 맹위를 떨치는 밖으로 나갔다.

어느 해 겨울, 우리는 높이 쌓인 눈 더미의 일부를 파내서 아나르비크(대략 '변소'라는 말로 옮길 수 있다)를 여러 칸 지었다. 어린 내 마음에 그곳은 궁전처럼 으리으리해 보여서 나는 방방이 돌아다니면서 이상한 모양으로 얼어붙어 있는 갈색 아나크(똥) 덩어리들을 들여다보기를 좋아했다.

하지만 대체로 우리 화장실은 그보다 훨씬 더 원시적이었다. 내가 어느 때 겪은 체험은 식구들이 두고두고 이야기하는 전설 중의 하나가 되었다. 그날 우리 식구는 개썰매를 몰고 코체부에 갔다가 야영지로 돌아왔다. 그것은 날씨나 짐의 양에 따라서 약간씩 차이가 있으나 대략 여섯 시간에서 여덟 시간가량 걸리는 여정이었다. 마을에서 우리는 상점에 들러 풍선껌과 사탕, 캔디 바를 샀는데 나는 그것들을 너무 많이 먹은 나머지 심한 배탈이 나버렸다. 식구들이 내게 볶은 밀가루로 만든 설사약을 주긴 했지만 소용이 없었다.

한밤중에 나는 아랫배가 몹시 아파 잠에서 깨어났다. 그런데 사방이 캄캄해서 우리가 어린이용 실내 변기로 사용하는 20리터짜리 통을 도무지 찾을 수가 없었다. 나는 멀건 똥을 줄줄 흘리면서 급한 김에 이리 뛰고 저리 뛰었다. 그러다 결국은 더 이상 참을 수가 없어서 아무 데나 웅크리고 앉아서 일을 봤다. 이튿날 아침, 식구들은 내가 간밤에 어떤 짓을 저질렀는지 한눈에 알아봤지만 아무도 내게 화를 내지 않았다. 내가 우미이비크 형의 머리에서 불과 십여 센티미터 떨어진 곳에다 일을 본 것 때문에 식구들은 두고두고 그 얘기를 하면서 즐겁게 웃어댔다.

개들은 우리 삶에서 특별한 위치를 차지하는 존재들이었으며 우리가 오지에서 생활할 때는 특히 더했다. 내게는 그들과 우리의 관계가 완벽한 거래 관계처럼 보였다. 우리는 그들을 살려주고 그들은 우리를 살려주는 관계. 이런 관계는 우리 선조들이 만 년에서 만 이천 년 전에 베링 육교(빙하시대 베링 해협의 얕은 바다가 해수면이 낮아지면서 아시아와 북아메리카 두 대륙이 땅으로 연결된 것)를 통해 시베리아에서 이 땅으로 건너오기 전부터 이루어졌다.
　우리는 나날의 삶을 살면서 아주 먼 거리를 자주 오가야 했다. 그렇게 할 수 있는 방법으로는 세 가지가 있었다. 걷는 방법, 배로 이동하는 방법, 개들이 모는 썰매를 타고 이동하는 방법. 그런데 한 해의 대부분이 겨울이었으므로 걷거나 배를 타는 것이 불가능할 때가 많았다. 그래서 개들은 우리 생활의 모든 측면에서 아주 소중했다. 개들은 우리를 한 야영지에서 다른 야영지로 옮겨다 주고, 그물을 설치한 곳이나 사냥터로 우리를 데려다 주고, 먹을거리와 연료를 우리들의 집까지 운반해주었다. 개들은 겨울철이면 썰매를 끌었고, 여름철이면 나크모우티를 이용해서 순록고기를 지고 늪지나 덤불같이 험한 데도 거침없이 가로질렀다. 나크모우티는 물범가죽이나 캔버스 천으로 특별히 제작한, 양옆에 물건을 담는 자루가 달린 운반도구로 개 등에 고정시켜서 사용했다.
　내가 어렸을 때 우리 집에서는 개를 일곱 마리 정도 키울 때도 있었고, 많을 때는 열다섯 마리도 키웠다. 개들과 사람들은 똑같은 음식을 먹었다. 말린 생선, 물범고기, 고래지방, 순록, 고래, 바다코끼리, 연어 등을. 어쩌다 먹을 게 바닥이 나면 우리는 남은 음식을 개들과 사람들 중에서 어느 쪽에게 주는 게 좋을지를 결정해야 하는 선택의 기로에 서곤 했다. 우리가 살아남기 위해서는 개들이 꼭 필요했기 때문에 그건 쉬운 선택이 아니었다. 그리고 정말로 절박한 상황이 닥쳐오면 개들을 잡아먹기도 했다. 다행히도 우리 식구들은 우리가 키우는 개들을 잡아먹어야 하는 절박한 상황에 이른 적이 한 번도 없었다. 그렇게 하고 싶을 만큼 배가 고팠던 적이 있었지만 말이다.

나는 개들에게 견인장구를 채워줄 수 있을 만큼 덩치가 커지자마자 집 밖에서 썰매에 짐을 싣거나 개들을 썰매에 연결시키는 일을 거들었다. 그럴 때마다 개들은 자기네가 운명적으로 타고난 일, 곧 썰매 끄는 일을 빨리 하고 싶어 요란하게 짖어대고 펄쩍펄쩍 뛰면서 난리를 피워댔다. 우리는 짐 실은 썰매를 끌기에 가장 적당한 조합을 얻어내기 위해 다양한 조합을 시험해봤다. 개들을 부챗살 대형으로 배치하는 그린란드 이누이트와는 달리 우리는 개들을 한 쌍씩 줄줄이 배치해서 묶었다. 어떤 개들은 힘이 유난히 강해서 우리는 그 개들을 썰매 곁에서 '방향을 조종하는' 역할을 하게 했다. 그런데 그 자리는 위험해서 가끔 개들이 썰매와 부딪치거나 깔리곤 했다. 어떤 개가 유난히 골치 아프게 굴면 벌로 그런 역할을 하게 했다.

자질이 뛰어난 선도견은 아주 소중한 자산이었다. 이누피아트 사회에서는 좋은 개들로 이루어진 팀을 갖고 있을 경우 성공한 사람이라는 명성을 얻는 데 도움이 되었으며, 선도견이 낳은 새끼들을 여러 사람이 다투어 얻고 싶어 하는 것은 그 주인에게 영예로운 일이었다. 그보다 좀 더 중요한 것은 선도견이 생사가 걸린 위급한 상황에서 주인의 목숨을 구할 수도 있다는 점이다. 이를테면 뛰어난 선도견은 거센 눈보라 속에서 집으로 가는 길을 찾아내는 데 도움을 주거나, 엷은 얼음을 돌아가도록 이끌거나, 주인이 썰매에서 떨어졌을 때 무리를 멈춰 세우는 등의 일을 할 수 있다.

개들은 주인의 성격이나 성향을 상당 부분 드러내주었다. 사람들은 개들을 사랑으로 다스리기도 하고 겁을 줘서 다스리기도 하고 그 두 가지 방법을 모두 구사하기도 했다. 어떤 사람들은 성질이 고약해서 툭하면 개들에게 채찍질을 가했다. 가끔 나는 쇠사슬로 개들의 목을 너무 바짝 묶어놔서 개들의 목에서 피가 흐르는 광경을 목격하기도 했다. 또 어떤 주인들은 그저 말이나 휘파람으로만 지시를 하고 신호를 했다. 그런 이들은 길이 험해서 개들이 힘들어하면 개들의 이름을 소리쳐 부르면서 격려해주었다. 우리 식구들은 늘 우리 집 개들을 잘 대해주었다. 어떤 개가 우리가 시키는 일을 아주 잘 해내면 저녁에 특별식을 주었다. 또 어떤 개가 큰 말썽을 피우면 밥을 주지 않은 채 재우거나 때려주었다. 깊이 연구해보지 않아서 자신 있게 말하기는 힘들지만, 나는 개들을 돌보는 방식과 자식들을 다루는 방식 간에 상관관계가 있다고 생각한다.

우리는 짐을 나르지 않는 개들을 키우는 사치를 누려본 적이 없었다. 개가 제대로 일할 수 있는 나이를 넘어서면 그 개를 제아무리 사랑한다 해도 빨리 저승에 가도록 도와줘야 했다. 나도 어렸을 때 제대로 일할 나이가 지난 암캐를 총으로 쏴 죽이는 역할을 한 번 맡은 적이 있었다. 그 개와 함께 쓰레기장으로 걸어가던 때의 일이 지금도 기억난다. 나는 그 개가 그것이 마지막 길임을 눈치챘다는 걸 직감으로 알았다. 그 암캐는 내가 라이플로 자기를 쏠 때까지 그 쓰레기장에서 묵묵히 서 있었다. 나는 차마 쏠 수가 없었다. 하지만 결국 쐈다.

개와 인간 관계의 통상적인 룰에서 딱 한 번 예외가 적용되었던 사례를 나는 아직도 기억하고 있다. 내가 대여섯 살쯤 되었을 때 우리 집 개 한 마리가 새끼들을 낳았다. 그런데 아직 제대로 걷지도 못하는 그 강아지들 중의 한 마리가 밤만 되면 따뜻한 데서 지내려고 난로 쪽으로 뒤뚱거리고 걸어가 그 밑으로 기어 들어갔다. 그 밑은 재와 검댕투성이라 어느 날 아침에는 녀석이 그것들을 잔뜩 뒤집어쓴 모습으로 기어 나왔다. 나는 그걸 보고 어머니에게 말했다.

"저 녀석한테는 푸야라는 이름을 지어줘야 해요."

푸야는 우리말로 '지저분하다' 또는 '물범기름 찌꺼기'를 뜻하는 말이었다.

그렇게 해서 녀석은 푸야가 되었다. 녀석은 우리 식구들이 가족의 일원으로 우리와 함께 살게 해준 유일한 개가 되었는데 그건 아마도 내가 녀석에게 유난히 애착을 가졌기 때문일 것이다. 녀석은 쇠사슬에 묶이지 않은 채 집 안을 자유롭게 드나들었고 밤에는 우리 식구들과 함께, 그것도 대개는 내 곁에 붙어서 잤다.

푸야는 좀 슬퍼 보이는 표정을 한, 그러나 부드러운 성격을 지닌 덩치 큰 개로 자라났다. 다른 개들과 싸우지 않는 녀석은 오로지 푸야 하나뿐이었다. 푸야가 다른 개들처럼 제 밥벌이를 하려고 썰매를 끄는 경우를 나는 본 기억이 없다. 녀석은 기온이 영하 30도나 35도로 떨어지고 맹렬한 바람이 부는 눈밭에서 몸을 웅크리고 잘 필요가 없었다. 녀석은 가을에 빙판이 갈라져 물속에 빠질 위험을 감수하며 다니거나 겨울에 눈이 온 다음 날 깊은 눈밭을 헤치고 썰매를 끌어야 하는 일들을 겪지 않았다. 녀석은 편안한 삶을 누렸고, 또 꽤 오래 살았다. 녀석은 내가 고등학교에서 집으로 돌아오기 몇 주 전에 죽었다. 내가 우리 집 바닥에서 잘 때 녀석은 늘 내 곁에서 잠들었다. 우리가 야영지에 나가 있어 내게 같이 놀 친구가 전혀 없었을 때 녀석은 해변에서나 눈 더미 속에서 나랑 같이 놀아주었다. 푸야와 내가 함께 찍은 사진이라고는 어느 여름날에 찍은 딱 한 장뿐이다. 하지만 내가 고향을 떠난 지 아주 오래된 지금까지도 그의 넋은 여전히 내 곁에 머물러 있다.

어느 해 가을 우리가 이카투크에서 지내고 있을 때 강물이 너무 빨리 불어 부득이 우리의 뗏집을 버리고 떠나야 했다. 그때 일어난 일을 가리키는 우리말은 울리트로, 그것은 땅이 뒤집혔다는 것을 뜻했다. 산악지대에서 며칠간 폭우가 쏟아져 그 일대가 물바다가 되었고, 그 뒤 모든 강에서 물이 점차 불어나고 흐름도 사나워졌다. 엎친 데 덮친 격으로 바다 쪽에서 서풍이 불어오기 시작해 코체부에 만에서 작은 만들 쪽으로 바닷물을 밀어냈다. 어느 날 밤 잠자리에 들었을 때 우리는 모든 게 다 평온무사하다고 생각했다. 하지만 한밤중에 깨어 일어나 보니 우리 집 바로 문밖까지 물이 밀려와 있었다.

우리 식구들은 허겁지겁 가재도구들을 끌어내 거기서 팔백 미터쯤 떨어진 더 높은 지대로 옮겼다. 우리는 거기다 텐트들을 치고 강물이 빠질 때까지 머물러 있었다. 그리고 나이가 많은 식구들은 샛강 상류 쪽에 있는 퀴미크푸크에 새 이브룰리크를 짓기 시작했다. 그곳은 야트막한 산들의 밑자락, 강물이 휘어 도는 곳에 위치한 터였다. 가끔 공기가 맑고 바람이 숨을 죽이고 있을 때면 우리는 아주 멀리서 나는 소리들도 들을 수 있었다.

그해 가을의 선연한 기억들 중의 하나는 건조하고 청량한 대기를 타고 날아오는, 스케이트 날들이 빙판을 지치는 소리였다. 그건 바로 우리 형들이 새 이브룰리크 짓는 일을 하다가 어스름 녘이 되어 돌아오는 소리였다. 형들은 잔뜩 지친 데다 추위에 몸이 꽁꽁 언 상태로 돌아온 터라 댓바람에 식탁 앞에 달려들어 순록고기 국, 빵, 물범기름으로 조리한 마른 생선을 많은 양의 커피나 차를 곁들여 먹어치우고 새먼베리 디저트나 조리한 크랜베리로 식사를 끝냈다.

우리 조상들이 1700년대에 이르러 시베리아 사람들과 처음 교역을 시작하면서 가공식품들을 먹기 시작한 이래 줄곧 그래 왔던 것처럼 우리는 또 외지에서 들어온 먹을거리들도 즐겨 먹었다. 그 대표적인 몇 가지는 우리 건강에 해를 주는 차, 설탕, 커피, 담배 같은 것들이었다. 거기다 고래잡이 배 선원들이 우리한테 처음 소개한 선원용 건빵도 있었다. 나는 오늘날까지도 차를 마실 때는 꼭 땅콩버터나 딸기잼을 바른 건빵도 함께 먹곤 한다.

  얼마 지나지 않아 우리는 새 펫집으로 이사할 준비를 했다. 어머니 노운라레이크는 나와 누나를 데리고 그 외진 곳으로 갔다. 나는 강아지 한 마리를 안고 갔다. 개썰매는 다른 식구들이 무거운 가재도구를 옮기는 데 써야 했기 때문에 우리는 걸어서 가야 했다. 그 바람에 우리가 강물이 휘어 도는 곳에 이르렀을 즈음 내 몸은 추위로 꽁꽁 얼고 잔뜩 지쳐 있었다. 무거운 발을 끌고 터덜터덜 걸어가고 있던 그때, 우리 누나와 내가 우리 집에 새 식구로 들어오기 직전에 먼저 들어온 사촌 아누가크(베니)가 우리 뒤에서 짐들이 잔뜩 실려 있는 썰매를 몰고 나타났다. 누나와 나는 그 썰매를 타고 갈 수 있게 되어 몹시 기뻤다. 나는 앞으로 얼마나 더 가야 하느냐고 물었다.

  베니는 "저기까지 가야 해." 하고 말했다. 고개를 들어 바라보니 그리 멀지 않은 곳에 연이어 늘어선 산들이 보였다. 하지만 그 산들 너머로 아득히 먼 곳에 검푸른 산 하나가 희미하게 솟아 있었다. 베니가 가리키는 곳은 바로 그 산이었다.

  나는 그만 기가 푹 죽었다.

바로 그때 가문비나무 타는 근사한 냄새가 났다. 베니가 내게 장난을 친 것이다. 우리의 새집은 길모퉁이 바로 너머에 있는 숲 속에 가려져 있었다. 그때야말로 내 어린 시절의 가장 행복했던 순간들 중의 하나였다.

퀴 미크푸크에서 우리는 모피를 얻을 수 있는 동물들을 덫으로 잡거나 총으로 쏘아 잡았다. 모피동물들마다 발자국과 생활 습성이 달라 우리는 그것들에 맞춰서 사냥을 했다. 우리는 우선 그것들의 서식지를 찾아낸 다음 각 동물에 알맞은 미끼를 고르고 몸 크기에 맞는 덫을 골라서 놓았다. 철사 올가미로 토끼를 잡았는데 가끔 거기에 뇌조가 걸리기도 했다. 다른 동물들, 즉 사향뒤쥐에서 늑대나 곰같이 덩치 큰 동물들은 강철 덫을 사용해서 잡았다.

어느 해 봄에는 사향뒤쥐를 사백여 마리나 잡았던 기억이 난다. 그 당시 덫으로 잡은 큰 사향뒤쥐 한 마리는 총으로 쏘아 잡은 것에 비해 일 달러나 더 비싼 삼 달러가량을 받을 수 있었다. 상인들이 총탄 구멍이 나 있는 사향뒤쥐가죽을 좋아하지 않았기 때문이다. 그해에 우리는 꽤 많은 동물을 잡은 덕에 처음으로 외장형 엔진을 살 수 있었다. 그 오 마력짜리 존슨엔진을 단 우리 보트가 수면을 내달릴 때는 마치 날아가는 것 같은 느낌이 들었다. 그 엔진은 우리의 생계에 더할 나위 없이 큰 도움이 되었다. 그 엔진 덕에 우리의 사냥 영역과 고기잡이 영역은 훨씬 더 넓어졌고 전보다 훨씬 더 많은 동물과 물고기를 잡을 수 있었다.

우리는 또 덫으로 스라소니, 수달, 여우, 담비, 오소리도 잡았다. 우리 지역 사람들은 그런 짐승들의 털가죽으로 만든 옷을 귀하게 여겼고, 또 그것들을 교역소로 가져가면 좋은 값을 받고 팔 수 있었다. 우리는 그렇게 번 돈으로 차, 베이컨, 감자, 탄약, 옷, 바늘, 성냥, 밀가루, 선글라스 같은 생필품들을 구입할 수 있었다.

얼마쯤 지난 뒤 결국 우리 가족은 원래 있던 해안으로 되돌아가기로 결정했다. 우리 식구들은 모두 힘을 합쳐 가문비나무 통나무들로 뗏목을 만든 뒤 보트로 그 뗏목을 끌고 달팽이처럼 느린 속도로 리틀노아타크를 향해 내려갔다. 우리가 홍수를 피해 탈출했던 바로 그곳으로. 거기서 우리 식구들은 내 소년 시절의 세 번째 이브룰리크에 해당하는 새집을 지었다. 그 집은 내가 집 짓는 일을 실질적으로 거든 최초의 집이었다. 이 무렵 나는 네모나게 떠낸 커다란 흙덩어리를 번쩍 들어 집의 골격을 세워놓은 곳으로 들고 갈 수 있을 만한 힘이 있었다. 나는 또 우리가 지붕을 잇는 데 사용하는, 흙덩어리보다 더 큰 뗏장을 마는 일도 거들 수 있었다. 그 뗏장은 대개 잔디와 이끼, 뿌리가 서로 뒤엉킨 야생딸기 나무들과 그 밖의 식물들로 이루어졌다.

우리가 코체부에 만 일대의 해안과 노아타크 강변에 있는, 이카투크와 퀴미크푸크를 비롯한 여러 지역에서 살았던 시절이야말로 우리 민족이 아득한 옛 시절부터 영위해왔던 삶의 가장 깊이 있는 교훈과 지혜들을 내게 각인시켜준 시절이었다. 우리는 자연이 지닌 힘들을 경외해야 한다는 걸, 낭비가 큰 적이라는 걸 잘 알고 있었다. 우리는 더불어 노력하는 것이야말로 꼭 필요한 일이라는 걸, 오로지 더불어 일함으로써만이 우리가 생존할 수 있다는 걸 잘 알고 있었다.

3
아치캉!―아, 무서워!

나날의 삶은 모험이었고 우리 모두는 아니그니크, 곧 삶의 숨결을 즐겼다.
많은 이들이 간간이 죽을 고비를 겪기는 했지만
죽음을 두려워하는 사람은 아무도 없었다.
우리는 매일 아침마다 큰 기대감을 갖고서 하루를 맞았다.
오늘 날씨는 어떨까? 여우가 덫에 걸렸을까?

내가 여섯 살 무렵 우리 식구들이 야영지에 나와 지냈을 때 우리는 독특한 얼얼한 맛 때문에 우리 지역 사람들이 대표적인 진미 중의 하나로 꼽는 우트니크를 나눠 먹었다.
　우트니크는 바다코끼리나 우그루크의 물갈퀴로 만든 음식으로 우리 식구들도 아주 즐겨 먹었다. 우리는 물범 물갈퀴를 아주 꼼꼼하게 손질한 뒤 우선 물범기름 속에 담가두었다가 꺼내서 물범 가죽을 뒤집어서 만든 자루 속에 집어넣어두었다. 그러고는 그 자루를 서늘하고 건조한 곳에서 몇 달간, 경우에 따라서는 일 년간 저장해두었다. 그러면 시간이 지나면서 자루 속에 든 물갈퀴가 발효되어 많은 사람이, 그중에서도 특히 노인들이 즐겨 먹는 진미가 된다.
　그 운명적인 날, 우리 식구들은 우리가 먹고 있는 물갈퀴가 보툴리누스 독으로 오염되었다는 사실을 미처 알지 못했다. 그 독은 냄새도 나지 않고 육안으로도 보이지 않기 때문이었다. 애초에 우트니크를 만들 때 나름대로 세심하고 꼼꼼하게 손질한다고 했지만 그 과정에서 뭔가 실수가 있어 결국 우리 모두는 대번에 그 독에 중독되었다. 아르나라크 형은 그 때문에 환각에 빠진 상태에서 카약을 집어타고는 16킬로미터나 노를 저어 코체부에로 갔다. 그리고 원주민 병원으로 비틀거리며 들어갔다. 그 병원 의사들은 형의 위를 세척하고 알코올을 먹여서 형의 목숨을 구해주었다. 우리 식구 대부분은 그럭저럭 회복되었다. 하지만 아르나라크의 아내 이블린은 끝내 회복되지 못했고 그녀가 배고 있던 아기도 엄마와 같은 운명을 겪었다. 그리고 양아버지인 아크파유크도 역시 목숨을 잃었다.

아직 오십 대 초반인 아크파유크의 느닷없는 죽음에 식구들은 모두 망연자실한 상태에 빠졌으며 그 후로도 그때의 충격에서 좀처럼 헤어나지 못했다. 집안의 가장이요 대단한 힘과 뛰어난 사냥 기술을 지닌 분을 잃은 것은 우리 모두에게 실로 엄청난 상실이자 타격이 아닐 수 없었다. 나는 종종, 그분이 살아계셨다면 우리 식구 중의 상당수가 알코올 중독에 빠지는 것을 막아주셨을 것이고, 그분이 지닌 우리 언어와 문화에 대한 광범위한 지식 덕에 내가 큰 도움을 받았을 것이라고 생각하곤 했다.

양어머니 노운라레이크는 남편을 잃은 극북지방의 다른 많은 여자들과 마찬가지로 끝내 재혼하지 않았다. 그분은 그저 평소 해오던 대로 아침부터 밤까지 식구들을 먹이고 재우는 일을 계속했다. 세탁기 같은 문명의 이기들의 도움을 전혀 받지 못한 채 손으로 온 식구의 빨래를 도맡아 했고. 그리고 활달하고 명랑한 모습도 여전했다. 어머니는 어떤 어려움과 고통도 꿋꿋하게 직면할 수 있는 힘을 갖고 있는 것 같았다. 어머니는 자녀들과 조카들이 제 자식들을 돌볼 수 없는 사정이 되면 당신이 맡아서 길러주었다. 그리고 그렇게 키운 아이들이 알코올 중독에 빠지거나 병에 걸리면 최선을 다해 돌봐주었다.

양아버지가 돌아가신 뒤 집안의 가장 역할을 맡은 이는 아크파유크와 노운라레이크의 넷째 자식인 우미이비크였다. 우미이비크는 평생 결혼하지 않고 지냈다. 그는 학교를 다닌 적이 거의 없었으며, 나는 그가 뭔가를 읽는 광경을 한 번도 본 적이 없었다. 그는 우리 사회의 다른 많은 청년들처럼 가끔 폭음을 했다. 하지만 그는 우리 야영지가 있는 외진 곳을 사랑했으며 그곳이야말로 마을의 유혹을 이겨낼 수 있는 해독제라고 여겼다. 우미이비크는 아버지가 돌아가신 뒤 내가 툰드라에서 생존할 수 있는 비결을 터득할 수 있게끔 노상 나를 품어 안고 다니다시피 했다. 우리는 함께 배를 타고 돌아다니며 오리와 사향뒤쥐를 사냥하고 갈매기 알들을 모으고 농어를 잡기 위해 얼음판 밑에 그물을 쳤다. 나는 그의 오른팔 역할을 하는 걸 좋아했다. 나는 무슨 일을 할 때건 대체로 내가 미숙한 편이라 생각했다. 하지만 그 형이 일을 배우고자 하는 내 열정과 에너지는 높이 평가해주었다고 생각한다.

당시는 어려서 잘 몰랐지만 나는 일을 배우는 견습생이나 다름 없었다. 내가 가족을 위해서 하는 모든 일이 다 생존하는 법을 배우는 일이요, 내 형들이나 누나들 중의 한 사람과 어딘가로 가서 함께 보내는 모든 시간이 다 그런 비법을 배우는 시간이었다. 나는 펌프로 공기압을 높여 사용하는 프리머스 버너 다루는 법을 익히자마자 새벽에 하는 일 하나를 배정받았다.

나는 우선 뗏집의 가죽 창문을 통해 들어오는 희미한 빛 속에서 실내 한구석으로 가서 버너에 펌프질을 한 뒤, 실린더 속에 충분히 많은 공기가 들어가 대번에 작은 푸른 불꽃들이 피어오르기를 기대하며 성냥을 켜서 불을 붙였다. 푸른 불꽃들이 잘 피어나면 얼음을 좀 깨서 커피포트 속에 집어넣고 끓였다. 물이 끓기 시작하면 우리가 즐겨 먹는 힐즈브라더스 커피를 네다섯 움큼 집어넣고 몇 분간 끓인 뒤 커피 찌꺼기들을 가라앉히기 위해 찬물을 조금 부었다. 그러고 나서는 어머니와 우미이비크를 비롯하여 그 시간에 일어난 모든 식구들이 몸을 따뜻하게 하고 새로운 하루를 시작할 마음의 준비를 할 수 있게끔 커피를 한 잔씩 따라주었다. 그 집은 너무 작고 좁아서 그 작은 프리머스 버너 하나를 켜는 것만으로도 냉기가 싹 가셨다.

야영지에서 아침식사를 할 때는 특별한 경우가 아니라면 대개 남자들이 여자들과 아이들보다 먼저 식사를 했다. 낮 동안 이브룰리크는 여자들과 여자아이들만의 영역이 되었으며, 남자들과 남자아이들은 생존에 필요한 일들을 하기 위해 얼른 밖으로 나가야 했다. 남자아이가 자신의 평판을 떨어뜨리는 가장 빠른 길은 밖에서 해야 할 일이 있는데도 이브룰리크에서 지나치게 많은 시간을 노닥거리는 것이다. 만일 어떤 남자아이가 집 안에서 너무 많은 시간을 보낼 경우에는 "장차 자라서 좋은 마누라가 되겠네!"라는 비아냥을 들었다.

식구들 중에서 덫에 걸린 짐승이 있는지 알아보거나 얼음낚시를 하거나 순록 등을 사냥하러 멀리 나가는 사람들이 있을 경우 여자들은 간단한 요깃거리를 마련해주었다. 보온병에 담은 뜨거운 커피나 차, 약간의 이스트 빵이나 건빵, 말린 순록고기나 말린 송어, 한입에 먹을 만한 크기로 잘라낸 물범고기 덩어리들과 말린 생선을 밀폐용기 속에 집어넣어 물범기름 속에 담가둔 것, 흰돌고래가죽을 네모난 작은 조각들로 썰어서 조리한 마크타크 등을. 며칠씩 걸리는 장거리 여행을 할 경우 남자들은 작은 텐트와 식기들, 냄비, 커피포트, 양파 한두 알과 감자 몇 알, 작동이 잘되는 프리머스 버너, 성냥 등을 갖고 갔다. 그리고 마음에 드는 칼, 톱, 도끼, 라이플, 엽총, 망원경, 나침반도 꼭 지참했다.

집에 남아 있는 사람들도 할 일이 많았다. 나무를 패고, 끓여서 식수를 만드는 데 쓸 얼음을 모아 오고, 빨래하고, 토끼나 뇌조 올가미를 살펴보고, 꼰 실로 어망을 만들고, 라이플을 손질하는 것을 비롯한 수많은 일거리가 그들을 기다리고 있었다. 그곳은 게으름뱅이들이 살 만한 곳이 못 되었다.

밤에 잠자리에 들 때는 누군가 한 사람이 콜맨랜턴을 껐다. 랜턴을 꺼도 랜턴 빛이 완전히 가시기까지는 일이 분가량이 걸렸다. 그런 다음에는 실내가 칠흑같이 캄캄해졌다. 다른 사람들과의 거리는 불과 십여 센티미터 정도밖에 떨어져 있지 않았으며 대개는 드러눕기가 무섭게 코를 골았다.

　나는 어둠 속에 누운 채로 거기서 백만 킬로미터나 떨어진 것 같은 코체부에의 친구들을 생각했고 언제가 되면 지금보다 더 큰 라이플이나 내 전용 엽총을 얻을 수 있을까 궁금해했으며, 순록 사냥 하는 걸 허락받을 때의 일들을 마음속에 그려보곤 했다.

　이따금 나는 잠을 자지 않은 채 아빙고우라트(쥐)들이 찾아오기를 기다리기도 했다. 해마다 겨울만 되면 쥐들은 온기와 먹을 것을 얻기 위해 이브룰리크에 파고 들어왔으며, 사람들이 잠들면 기어 나와 먹을 것을 찾아 돌아다녔다. 쥐들이 움직이는 소리가 들리면 나는 재빨리 플래시를 켜고 고무줄 새총으로 움직이는 그 작은 표적들에게 작은 돌멩이 탄환을 발사했다. 그 당시에는 그게 그저 아이들의 즐거운 놀이 같은 것으로만 비쳤지만, 사실 그것은 우리가 생존하는 데 필요한 사냥기술들을 습득하는 여러 방법들 중의 하나였다. 그리고 그런 놀이는 대대로 자식들에게 전수되었다.

　그보다 좀 더 컸을 때 나는 우리 친척들 중의 한 분이요 꼽추인 잭슨 비버를 거들어주기 시작했다. 그분은 머리는 아주 좋았지만 힘은 별로 없어서 배를 타고 고기를 잡으러 가거나 개썰매를 타고 멀리 사냥하러 나갈 때는 자주 나를 데려갔다.

　나는 많은 걸 배웠다. 그때 배운 가장 중요한 교훈의 하나는 피야쿠크였는데, 이 말을 대충 옮기자면 '재난을 거듭 불러들이는 성향' 정도가 될 수 있겠다. 사냥을 주업으로 살아가는 사회에서 이런 성향은 과히 바람직한 게 못 되었다. 누군가가 그런 성향을 가졌을 경우 다른 이들은 그 사람과 더불어 외진 곳으로 사냥하러 나가는 걸 한사코 피하려 들게 마련이다. 그 사람과 함께 나가는 건 너무나 위험한 일이니까.

열 살쯤 되었을 무렵의 어느 가을날, 나는 그 교훈을 철저히 체득했다. 그때 잭슨 비버는 범노래미 낚시를 하기 위해 강을 거슬러 올라가면서 나도 같이 데려갔다. 거기까지 가는 데는 몇 시간쯤 걸렸다. 그분은 장애자였기에 얼음판에 구멍을 뚫을 수가 없어서 자루가 아주 무겁고 끝은 뾰족한 투우크로 구멍 뚫는 일을 내가 맡았다. 그런데 얼음구멍이 뚫린 순간 그만 투우크가 내 손아귀에서 빠져나가 강 밑바닥으로 곧장 가라앉고 말았다. 그걸로 그날 하루 일정은 종 친 셈이었다. 잭슨은 나를 그냥 멍하니 쳐다보기만 했다.

그분은 내게 한 마디도 할 필요가 없었다. 나는 너무 놀라 반쯤 넋이 나가버렸으니까. 비록 그런 황당한 사건을 겪기는 했지만 다행히도 얼마쯤 지나면서 내게 그런 성향이 있는 게 아니라는 사실이 곧 드러났다. 그래서 나는 그 후로도 계속 그분과 함께 사냥을 나가면서 많은 일을 거들었다.

하늘에 먹구름장이 낮게 깔리고 눈발이 날리던 어느 날, 나는 내 몫의 팬케이크를 먹은 뒤 집 안에 있는 22구경 소총을 들고 외진 곳으로 가서 아카르기트(뇌조)를 사냥하기로 마음먹었다. 겨울철만 되면 우리 식구들은 그 새를 즐겨 먹었으며, 또 그 새는 특이

한 울음소리 때문에 사냥하는 즐거움을 더해주었다. 그 새는 여름이면 툰드라 빛깔을 띠고 겨울이면 눈처럼 하얀빛을 띠기 때문에 어느 때고 간에 찾아내기가 여간 어렵지 않았다. 겨울철에 가끔 그것들이 거대한 무리를 이루어 날 때가 있었고, 그럴 때면 산탄총 탄환 한 발로 그 새를 잔뜩 잡을 수가 있었다. 하지만 어떤 때는 숫자도 드물고, 또 한참 돌아다녀야 어쩌다 한 마리씩 보이는 통에 한 번에 한 마리씩만 잡아야 했다. 가끔 나는 그것들이 남긴 희미한 자취를 따라 올가미를 놓기도 했다.

그날, 나는 날씨 덕에 뇌조한테 접근하기가 수월하다는 걸 알았다. 맑은 날에는 그것들이 몇백 미터 떨어진 곳에서도 사람의 발자국 소리를 들을 수 있어서 총을 쏠 수 있는 거리까지 미처 접근하기도 전에 날아가버렸다. 하지만 그날은 뇌조 사냥 하기에 더없이 적당한 날이었다. 그런 날에는 흩날리는 눈발과 짙은 구름이 소리의 전파를 방해해서 발자국 소리와 사격 소리도 잘 들리지 않았다. 게다가 눈발이 그리 굵지 않아 뇌조의 발자국들을 추적하기가 아주 수월했다.

나는 작은 언덕 너머에 스무 마리가량의 뇌조 무리가 땅바닥에 내려앉아 특유의 괴상한 소리로 울어대면서 돌아다니는 걸 보고 녀석들이 눈치채지 못하게 언덕 꼭대기로 살그머니 접근하기로 마음먹었다. 그런데 언덕 꼭대기 부근에 이르렀을 때 느닷없이 천만뜻밖의 것과 맞닥뜨렸다. 이십 미터쯤 떨어진 곳에서 흡사 거대한 유령과도 같은 것이 서서 커다란 노란 눈으로 나를 지그시 노려보고 있는 게 아닌가. 아치캉(아, 무서워)! 그것은 거대한 우크피크(흰올빼미)였다. 녀석은 아주 심술궂고 사나워 보였으며, 모양 좋은 작은 소총을 든 나 같은 꼬맹이 따위는 전혀 아랑곳하지 않는 기색이었다.

예전에 우리 형들 중 한 사람이 내가 갖고 있던 것보다 훨씬 더 큰 소총으로 그런 우크피크를 쏘아 잡았던 일이 떠올랐다. 그래서 나는 한쪽 무릎을 꿇고 앉아 녀석을 겨냥한 뒤 사격을 가했다. 그러자 우크피크는 일 미터도 넘는 것 같은 거대한 날개를 활짝 펼치고 허공으로 훌쩍 뛰어오르더니 뇌조 무리를 향해 날아갔다. 뇌조 무리는 혼겁을 하고 사방으로 흩어졌다. 우크피크는 뇌조 무리가 있던 곳으로 곧장 날아가 눈밭에 처박혔다.

나는 언덕을 뛰어 내려갔다. 심장이 미친 듯이 두방망이질했다. 나는 우크피크 가까이 다가가는 게 두려웠다. 녀석이 잠시 정신을 잃었거나 가벼운 부상을 당한 데 지나지 않는 것이라면 어쩌지? 녀석이 크고 날카로운 발톱이나 부리로 나를 공격할지도 몰랐다. 나는 주머니칼을 꺼내 오리나무 가지 하나를 잘라냈다. 나는 그 가지로 우크피크를 조심스럽게 찔러봤다. 녀석은 꿈쩍도 하지 않았다. 결국 나는 녀석의 한쪽 날개 끝을 잡아끌고 의기양양하게 우리 뗏집으로 돌아가기 시작했다. 그런데 이따금 한 번씩 녀석의 몸이 눈밭에 난 내 깊숙한 발자국에 걸릴 때마다 나는 순간적으로 녀석이 살아난 게 아닌가 싶어서 화들짝 놀라곤 했다.

나는 녀석을 우리 집까지 질질 끌고 갔다. 식구들 모두가 나를 자랑스러워했다. 어머니는 녀석의 털을 뽑고 날갯죽지와 다리를 떼어낸 뒤 몸통으로 국을 끓였다. 우리는 녀석의 날개로는 빗자루를 만들었고 녀석의 다리로는 장난감을 만들었다. 다리근육 끝을 힘줄로 잡아 묶어 녀석이 마치 살아 있기라도 한 양 그 날카로운 발톱들을 펼쳤다 오므렸다 할 수 있었다.

바깥세상 사람들이 보기에 우리 집은 무척이나 가난해 보였을 것이다. 하지만 아버지를 잃었음에도 우리 식구들은 열심히 일했다. 건강하기만 하다면 그것은 꽤 괜찮은 생활이었다. 한데 유감스럽게도 우리는 우연히 접촉하는 온갖 이상한 병균에 감염되기가 쉬웠다. 게다가 그곳에는 약도, 병원도 없어서 그리 대단치 않은 병으로도 가끔 목숨을 잃었다. 아버지와 이블린이 보툴리누스 독으로 죽은 것도 그 때문이었다. 루비는 독감으로 죽었고, 나의 누나 세이굴리크는 이십 대 때 간질환으로 죽었다. 누나는 쥐가 오염시킨 음식을 먹고 그렇게 된 게 아닌가 싶다. 다른 식구들도 각종 암이나 그 밖의 병에 걸려 차례로 죽었다.

그러나 나날의 삶은 모험이었고 우리 모두는 아니그니크, 곧 삶의 숨결을 즐겼다. 많은 이들이 간간이 죽을 고비를 겪기는 했지만 죽음을 두려워하는 사람은 아무도 없었다. 우리는 매일 아침마다 큰 기대감을 갖고서 하루를 맞았다. 오늘 날씨는 어떨까? 몇 마리의 뇌조를 집 안에 들여놓을 수 있을까? 운 좋게 몇 마리를 쉽고도 빠르게 잡을 수 있을까? 여우가 덫에 걸렸을까? 농어 그

물을 다시 들여다볼 때가 되지 않았을까? 누가 개들을 데리고 가서 가문비나무 단을 실어 오는 일을 맡을까? 양식과 생필품을 들여놓기 위해 마을에 갈 때가 되지 않았을까?

 우미이비크는 우리 남매들 중에서 가장 나이가 많아서 누군가 개들을 데리고 나가고 싶으면 그의 동의를 얻어야 했다. 그는 남동생들보다 훨씬 침착하고 또 좀 더 신중하게 계획을 세우는 편이었다. 애런과 아이작은 미리 사다 놓은 담배를 너무 빨리 바닥 내버리는 바람에 가을의 첫 결빙기에서 십이월 무렵이 되면 담배가 많을 때 다 피우지 않고 쉽게 내버렸던 꽁초들을 찾느라 혈안이 되어 돌아다니기 시작했다. 그러다 결국 견디다 못해 우미이비크의 옆구리를 찌르면서 이제 그만 마을에 갈 때가 되지 않았느냐고 채근했다.

 코체부에에는 너무나 많은 유혹이 도사리고 있던 터라 두 사람이 거기 가는 일은 늘 가족의 큰 골칫거리가 되었다. 애런과 아이작이 마을 어디선가 사람들을 만나 카드놀이 판이라도 벌인다면 개들은 누가 돌봐줄 것이며, 형제 중에서 한 사람이 피트의 내기 당구장에서 판돈을 걸고 내기라도 벌인다면? 그 두 사람이 우리 식구들이 벌어들인 돈을 우리가 꼭 필요로 하는 물건들을 사는 데 쓸 것이라고 어떻게 확신할 수 있단 말인가? 우리 식구들은 그렇게 고심하다 결국은 우미이비크가 두 형제를 감독하기 위해 마을에 함께 가기로 결정할 때가 많았다. 어머니, 세이굴리크, 나는 그들이 없는 동안 집을 지켰다.

어떤 때는 하늘이 맑은 데다 보름달이 휘영청 떠서 책도 거의 읽을 수 있을 만큼 사방이 환하게 밝고 바람 한 점 불지 않는 고요한 밤이 찾아오기도 했다. 식구들 중의 한 사람이 통 속에 든 크랜베리를 퍼 담아 오거나 말린 고기와 물범기름 같은 것들을 가져오기 위해 저장고로 갈 때마다 그의 발밑에서 눈이 파삭파삭 부서지는 요란한 소리가 났다. 어떤 날에는 맹렬하게 포효하는 폭풍이 빽빽한 눈발을 몰아와 일 미터 앞도 내다보기가 어려웠다. 때로는 그런 폭풍설이 하루 온종일 몰아치기도 했다. 그런 날에는 식구들 모두가 집 안에 웅크리고 앉아서 허드렛일을 하거나 게임을 하거나 재미있는 이야기를 했다.

어머니는 내가 오늘날까지도 기억하고 있는 이야기들을 들려주었다. 해변에서 살았던 한 할머니와 손자의 이야기도 그중 하나였다.

그 손자는 해변을 따라 걷다가 나트치크(물범)를 발견하고 그것을 잡아먹었다. 그는 할머니한테 고기를 나눠드릴 생각도 하지 않고 빈손으로 집에 돌아와 불 곁에서 몸을 녹였다. 또 다른 날 그는 밖에 나갔다가 우그루크를 만났다. 그는 그것을 잡아먹고는 역시 빈손으로 집에 돌아왔다. 세 번째 날 그는 아르비크(고래)를 만났다. 또다시 그는 혼자서 고래고기를 배가 터지도록 먹고 할머니가 드실 고기 한 조각도 들지 않고 집에 돌아왔다. 그가 몸을 녹이기 위해 난로 곁으로 다가가는 것까지는 좋았는데 너무 가까이 가는 바람에 갑자기 엄청난 폭발이 일어났다. 그의 모습은 사라져버렸다. 그리고 그가 있던 자리에는 그동안 그가 잡아먹은 모든 동물이 살아서 나타났다. 그의 할머니는 큰 나무판에 올라타고 나무 숟가락으로 노를 저어 그곳에서 달아난 덕에 목숨을 건졌다.

또 다른 이야기의 무대는 코체부였다. 옛날 옛날에 코체부에 석호(모래톱으로 둘러싸인 호수 같은 바다) 근방의 텐트들에서 엄마와 젖먹이 아기가 포함된 한 가족이 여름을 나고 있었다. 그런데 어느 날 아침, 식구들이 잠 깨어보니 하룻밤 사이에 아기의 입이 엄청나게 커졌고 그 안에 이빨이 잔뜩 자라나 있었다. 그리고 그 괴물 같은 아기는 엄마 몸을 거의 다 먹어치웠다. 식구들은 아기한테 잡아먹히지 않으려고 코체부에 마을 쪽으로 정신없이 달아났고, 아기는 놀랍도록 빠른 속도로 기어서 그들을 쫓아왔다. 식구들은 통나무에 의지해서 개울을 무사히 건너갔다. 그런데 아타아타(할아버지)가 자신이 가장 좋아하는, 옥으로 만든 칼을 깜박 잊고 와서 부득이 집으로 돌아가야 했다. 할아버지는 개울을 건너서 무사히 텐트로 돌아갔다. 그리고 그 칼을 집어 들자마자 아기가 그 거대한 턱과 이빨을 딱딱 마주치면서 할아버지를 쫓아왔다. 아타아타는 죽을힘을 다해 개울로 달려가 허겁지겁 통나무 위로 뛰어올랐는데, 그러는 과정에서 자칫 물속에 빠질 뻔했으나 간신히 중심을 잡고 매달렸다. 그가 막 건너편 둑에 발을 내디딜 즈음 아기도 그 통나무 위에 올라탔다. 그러자 아타아타는 온 힘을 다해 통나무를 자기 쪽으로 힘껏 잡아당겼다. 칼처럼 날카로운 이빨들을 가진 아기는 개울물에 풍덩 빠져 익사하고 말았다.

오늘날까지도 나는 코체부에 석호와 이어진 그 개울을 지나갈 때마다 머리칼이 곤두서곤 한다.

놀이를 제대로 해내는 데
필요한 기술, 스피드, 신체제어 능력은
물범이나 고래를 사냥할 때
꼭 필요한 요소들이었다.
예컨대 얇은 얼음장들 위를
재빠르게 건너뛰려면 가급적
몸을 날렵하게 놀릴 줄 알아야 했다.
우리의 놀이는 그런 능력들을
시험해볼 수 있는 좋은 기회였다.

4
퀴티크토우크투구트―우리의 놀이

설탕과 청량음료, 사탕, 커피, 차, 담배 같은 것들이 우리한테 몰려오기 전까지만 해도 우리 지역 사람들의 치아는 아주 튼튼했다. 그래야만 했다. 옛 시절, 이누피아트의 삶에서 치아는 더없이 중요했으니까.

우선 우리의 먹을거리, 곧 매해 적당한 시기에 바다와 하늘과 땅에서 사냥하거나 덫으로 잡거나 산과 들에서 채취한 먹을거리들을 살펴보기로 하자. 냉장고가 널리 사용되기 전 지상의 모든 사람들이 다 그러했듯이 우리 역시 사냥감이 드물 때도 가족들을 부양할 수 있도록 하기 위해 미리 먹을거리들을 저장해두어야 했다. 그것은 곧, 우리가 덫으로 잡거나 총을 쏘아 잡거나 작살과 낚시로 잡은 북미순록, 큰사슴, 유라시아순록, 물범, 바다코끼리, 고래 등의 가죽을 벗기고는 그 몸통들을 시렁에 걸어 말린 뒤 물범 기름 속에 보존해두어야 한다는 것을 뜻했다. 겨울에도 우리는 사냥해서 잡은 동물들과 쉬피시, 송어, 북극곤들메기, 작은대구 같은 먹을거리를 보존하기 위해 얼려두었다.

그런데 이렇게 말리거나 얼려둘 경우에는 대체로 고기가 질겨져서 씹기가 힘들었다. 모든 이누피아트가 오늘날까지도 즐겨 먹는 진미의 하나인 마크타크의 경우에는 특히 더했다. 이가 튼튼하지 않을 경우에는 마크타크를 먹는 게 거의 불가능하다.

우리에게 튼튼한 이는 음식을 씹는 데만 필요한 게 아니었다. 우리의 남녀 모두에게 이는 우리가 생존하는 데 꼭 필요한 작살, 덫, 라이플, 칼을 비롯한 각종 도구들만큼이나 유용하고 필수적인 도구에 해당했다. 예컨대 이누피아트 여자들은 무클루크(물범가죽 장화)의 바닥판을 만들 때면 말린 물범가죽을 이빨로 씹어서 틀을 잡았다. 여자들은 우선 물범가죽을 축축하게 만든 다음 무클루크를 신을 사람의 발바닥 크기보다 조금 더 크게 잘라낸 뒤 그 가장자리를 일정한 크기의 주름이 생기도록 돌아가며 조심스럽게 씹었다. 그러고는 그 바닥판을, 역시 물범가죽을 이용해서 발 모양으로 만든 것에 부착시켰다. 어머니들은 이런 기술과 아울러 무클루크 만드는 일을 마무리하는 데 필요한 바느질기술을 딸들에게 전수해주었다. 여자들은 바닥판과 그 위의 신발 형태를 이어 붙이는 데 사용하는, 북미순록의 다리에서 뽑아낸 말린 힘줄을 원료로 한 '실'을 만드는 데도 역시 이빨을 사용했다.

식구들의 숫자에 따라서 조금씩 차이가 있기는 하나 이누피아트 여자들은 해마다 한 사람당 열 켤레 이상의 무클루크를 만들어야 했다. 따라서 어떤 여자가 어렸을 때 엄마 곁에서 그 기술을 전수받았고 쉰다섯 살까지 살았다고 가정할 경우 그녀는 평생 사백 켤레 이상의 무클루크를 만들었을 것이다. 우리 어머니 노운라레이크가 중년 나이가 되었을 즈음에는 그때까지 그런 일들을 해오느라 치아들이 잇몸 가까이 이를 정도로 바짝 닳아 있었다.

우리에게 치아는 이토록 중요했다. 그리고 문명이 우리에게 치아 건강을 위협하는 온갖 먹을거리를 가져다주기 전까지만 해도 우리에게는 구강위생을 유지하는 데 도움이 되는 상업적인 제품들이 전혀 필요하지 않았다. 물론 우리도 가끔 이 사이에 낀 질긴 찌꺼기들을 빼내기 위해 가늘고 뾰족한 막대 꼬챙이 같은 걸 사용하기는 했지만 말이다.

내가 자랄 무렵에는 우리에게도 그런 구강위생 제품들이 필요했지만 사실상 우리는 그런 제품들에 관해서 아는 것이 거의 없다시피 했다. 우리에게는 수도가 없었고, 또 치약 같은 물건들을 사들일 만한 여유가 있는 집도 드물었다. 어렸을 때 나는 칫솔을 써 본 적이 한 번도 없었으며 사방 몇백 킬로미터 이내에 치과의사라고는 단 한 사람도 없었다.

코체부에의 상점들 선반에 치실이 처음 등장했을 때는 엄청나게 인기가 좋아 불티나게 팔렸는데, 나중에 알고 보니 사람들은 치아 청소를 위해서 그걸 산 게 아니었다. 이누피아트 여자들은 치실이 튼튼하고 질긴 데다 매끄러워서 질긴 가죽을 꿰맬 때 아주 편리하다는 사실을 금방 눈치채고는 무클루크를 꿰맬 때 쓰는 순록 힘줄 대신 그걸 사용하기 시작했다!

한편, 장사꾼들은 우리가 사고 싶어 하고, 또 살 수 있을 만한 것이면 뭐든 다 팔아먹었다. 그리고 캔디 바 같은 것들은 항상 우리가 가게 안을 돌아다닐 때 잘 보이도록 우리 눈높이 위치에다 진열해놓았다. 그 바람에 열 살쯤 되었을 무렵 내 이는 엉망이 되어버렸다. 내가 씩 웃을 때마다 구멍이 숭숭 뚫린 두 대의 앞니가 훤하게 드러났다. 그리고 어금니 몇 대는 신경이 다 드러날 정도로 아주 심하게 썩어 있었다. 그 때문에 시간이 지날수록 치통은 자꾸 더 심해져갔다. 나는 뇌조고기는 물론이요 심지어 조리한 송어처럼 부드러운 음식 같은 걸 씹을 때도 마치 내 입속에서 누군가가 불에 달군 쇠꼬챙이 같은 걸로 내 잇몸을 쿡쿡 찔러대는 듯한 통증에 시달렸다. 나는 그렇게 심한 고통을 겪으면서도 내색하지 않으려고 무진 애를 썼다. 우리 고장 사람들은 여덟 살 먹은 아이들조차도 괴로움을 묵묵히 참고 견디기를 바랐고, 나는 그때 이미 열 살이나 먹었다.

하지만 그해 가을, 우리 식구들이 숲 속의 야영지에 나와 지낼 즈음 드디어 내 턱은 부어오르기 시작했다. 이제 나는 전보다 한층 더 심하고 또 지속적으로 찾아오는 아픔에 시달렸다. 밤에 버드나무 침대 위에서 북미순록가죽으로 만든 침낭 속에 들어가 누울 때마다 나는 가급적 소리를 내지 않으려고 애쓰면서 울었다. 식구들도 자연히 그걸 눈치채긴 했지만 별달리 뾰족한 수가 없었다. 우리는 코체부에서 16킬로미터나 떨어진 곳에 있었으니까. 게다가 기온이 이제 막 영하로 떨어진 판국이라 걸어서 가거나 스케이트를 타고 가기에는 빙판이 너무 얇았고, 배로 뚫고 가기에는 빙판이 너무 두꺼웠다. 나는 빙판이 두껍게 얼어붙을 때까지 그곳에 꼼짝없이 갇혀 지내야 했다.

막내 형 닝고우가그라크는 나이가 나보다 열 살가량 많았으며 사냥하러 가거나 그물을 치러 나갈 때 자주 나를 데리고 다녔다. 그런데 어느 날 그가 내게 다가오더니 딱 부러지게 말했다.

"이레이그루크, 내가 닥터 라보 역할을 한번 해볼까 하는데 어때?"

스튜어트 라보는 코체부에에 있는 알래스카 원주민 병원 의사로 당시 그 혼자서 인디애나 주보다 더 넓은 지역에 사는 사람들의 치료를 도맡고 있었다.

나는 물었다.

"뭘 하려고?"

닝고우가그라크는 주머니 속에서 반쯤 비어 있는 코펜하겐 씹는담배 작은 통을 꺼냈다. 그것은 그가 애지중지하는 사치품이었다. 그는 내 아래 잇몸 양쪽에 씹는담배를 조금씩 얹어주었다. 그것은 효과가 있어서 통증이 조금 누그러졌다. 그런데 그건 잠깐뿐이었다. 시간이 조금 지난 뒤 내 여윈 몸에서 니코틴의 약효가 폭발하기 시작하면서 갑자기 나는 멍한 상태가 되어버렸다. 그것은 꼭 약을 잘못 먹어서 급격한 부작용이 일어난 것과 비슷했다. 내게는 닝고우가그라크의 태도만큼이나 다정하고 따뜻한 치료가 통증보다 더 견디기 힘들었다. 나는 계속 아픔에 시달렸다. 그리고 하루하루 날이 지나면서 평소 갸름하던 얼굴이 잇몸 염증으로 둥그레졌다.

다행히도 알래스카에서는 기온이 일단 영하로 떨어졌다 하면 날이 급속히 추워진다. 어느 날 밤 기온이 영하 25도로 떨어지자 그 이튿날 닝고우가그라크는 어머니와 상의한 끝에 내 괴로움을 덜어주기 위해 자기가 모는 개썰매를 이용해서 나를 코체부에 데려다 주기로 결정했다.

그것은 그 계절의 첫 썰매 여행이었기에 개들은 너무나 좋아하며 쇠사슬을 요란하게 흔들어대면서 펄쩍펄쩍 뛰었다. 닝고우가그라크는 길이 2.5미터쯤 되는 우리 썰매에 개 일곱 마리를 잡아 묶고 짐은 꼭 필요한 것들만 실었다. 닝고우가그라크는 약간의 밧줄, 22구경 라이플, 가는 길에 얼음장의 두께를 측정하는 데 쓸 본인의 투우크, 말린 화이트피시와 크래커가 들어 있는 배낭을 썰매에 실었다.

"키이카(가자)!"

그가 소리쳤다. 그리고 우리는 떠났다.

눈이 좀 쌓여야 개들이 썰매를 끌기에 좋은데 아직 눈이 전혀 내리지 않았기에 우리는 미끄러운 맨 얼음판을 따라 나아갔다. 비록 눈은 쌓이지 않았어도 썰매에 짐을 거의 싣지 않았기 때문에 개들은 수월하게 썰매를 끌고 갔다. 우리는 볼드윈 반도에서 바다 쪽으로 800미터가량 튀어나온, 자갈밭으로 이루어진 손가락 모양의 곶인 파이프 스피트를 향해 나아갔다. 코체부에도 역시 그 반도의 돌출한 한 곳에 자리 잡고 있다. 파이프 스피트는 이카투크에서 동쪽으로 5킬로미터가량 떨어진 곳에서 우리가 코부크 호라 부르는 호수 후미 바로 건너편에 자리 잡은 곳이다. 우리는 일단 그곳으로 건너간 뒤 해안선을 따라 코체부에로 갈 작정이었다. 이 카투크에서 코체부에 만을 일직선으로 가로질러 코체부에로 갈 경우에는 16킬로미터 정도만 가면 되지만 우리가 택한 우회 코스의 길이는 그 두 배나 되었다. 그럼에도 우회 코스를 택한 것은 계절이 아직 일러 얼음의 상태를 믿을 수가 없어서였다.

우리 일행이 파이프 스피트 가까이 다가갔을 즈음 새털리의 오두막에서 피어오르는 연기가 보였다. 일단 그 집에 도착하기만 하면 우리는 뜨거운 차와 함께 따뜻한 대접을 받을 수 있었다. 한데 그 다정한 이웃의 안식처와 우리 썰매 사이에는 한 가지 위험 요소가 도사리고 있었다. 코부크 호로 흘러 들어가는 두 줄기의 큰 강, 곧 코부크 강과 셀라윅 강이 바로 그것이었다.

그 두 강이 토해내는 물의 흐름은 얼음장 밑으로 해서 파이프 스피트 바로 앞을 스쳐 지나갔고 그 바람에 수심이 얕고 물결의 흐름도 잔잔한 다른 곳들과는 달리 그 앞 바다는 얼음이 어는 속도가 늦고 또 빙판의 두께도 얇았다. 닝고우가그라크는 썰매를 몰고 나아가다 이따금 한 번씩 투우크로 빙판을 찍어가며 상태를 조사해봤다. 그곳의 빙판은 얇은 게 분명한 데다 파이프 스피트가 가까워질수록 자꾸 더 얇아져갔다. 우리 썰매가 나아가는 빙판 밑으로 소용돌이치면서 흐르는 검은 물살이 선명하게 보였다.

우리가 코부크 호를 반쯤 건너갔을 즈음 우리 개들 중의 하나인 타피트가 갑자기 이상 증세를 보였다. 처음에 그 개는 비틀거리며 달리는 것 같더니만 빙판에 풀썩 주저앉은 뒤 제대로 걷지도 못했다. 암컷인 그 개는 미끄러운 빙판 위를 내쳐 달리는 동안 척추를 상한 게 분명했다. 그 시절 알래스카 서북부에는 수의사가 전혀 없었으며 우리는 세상에 그런 직업이 있다는 것조차도 몰랐다. 애런은 그런 상황에서 마땅히 해야 할 일을 했다. 닝고우가그라크는 타피트가 더 이상 고통 받지 않도록 하기 위해 라이플로 그 개를 쐈다. 우리는 타피트의 시체를 빙판 위에 놔둔 채 내쳐 달려갔다.

우리가 파이프 스피트를 향해 달려가는 동안 빙판이 우지직거리는 소리가 들리기 시작했다. 닝고우가그라크는 개들에게 "후아!" 하고 소리쳐서 썰매를 멈추게 했다. 그런 뒤 썰매 앞으로 걸어갔다. 그는 얼마쯤 앞으로 간 뒤 투우크로 빙판을 찍어봤다. 이번에는 투우크가 단번에 쑥 들어갔다. 그는 황급히 썰매로 돌아왔다. 우리는 물살의 흐름이 그리 빠르지 않고 얼음장도 더 두터운 남쪽으로 좀 더 우회한 뒤 파이프 스피트 방면으로 되돌아가기로 했다. 닝고우가그라크는 그렇게 얼마쯤 가다 썰매를 멈추고 다시 얼음판의 두께를 조사해보았다. 이번에는 얼음장이 한 번에 뚫리지 않았다.

계속해서 그렇게 조심조심 나아간 끝에 우리는 드디어 파이프 스피트의 남쪽 끝에 있는 자갈밭에 도착하는 데 성공했다. 새털리의 식구들은 우리가 고생고생하면서 건너오는 광경을 줄곧 지켜본 터라 우리에게 따뜻한 차와 음식을 베풀어주고 두 시간 동안 여러 가지 얘기로 우리를 즐겁게 해주었다. 우리는 그렇게 환대를 받은 뒤 다시 코체부에를 향해 떠났다.

이튿날 아침 닝고우가그라크는 나를 데리고 마을에 있는 우리 집을 떠나 병원으로 갔다. 전에 나는 다양한 예방접종을 받기 위해 그 건물을 드나들었었다. 하지만 이번에 거기 들른 건 완전히 새로운 경험이었다.

닥터 스튜어트 라보는 덩치가 큰 사람이었다. 내가 보기에 그는 꼭 거인 같았다. 서서히 세기 시작하는 진갈색 머리와 살집 좋은 체구를 지닌 그는 늘 입에 큼직한 시가를 물고 지내다시피 했다. 그 무렵 그 병원의 유일한 의사였던 그는 혼자서 우리가 상상할 수 있는 온갖 병을 다 다루었다. 우리 고장 사람들 대부분은 그를 불친절하고 퉁명스러운 사람이라 생각했다. 그리고 늘 그의 곁에 붙어서 일하는 간호사 앨리스 코널리를 몹시 두려워했다. 그 여자는 생긴 것만큼이나 불유쾌하고 기분 나쁜 여자여서 나는 오랜 세월이 지난 뒤 〈뻐꾸기 둥지 위로 날아간 새〉에 나오는 혐오스러운 간호사의 모델이 바로 그 여자라고 거의 확신하다시피 했다.

닥터 라보는 나를 친절하게 맞아주었다. 그는 "어떻게 해줄까, 윌리?" 하고 물었다. 나는 이를 몇 대 뽑아야 한다고 대답했다. 그는 몇 초 동안 내 입속을 들여다보더니 휘파람을 불었다. 그러고는 미스 코널리에게 노보카인(치과용 국부마취제 상표)을 준비하라고 일렀다.

엄청 긴 주삿바늘을 본 순간 나는 그만 정신이 아득해졌다. 닥터 라보는 내 잇몸 양쪽에 그 마취제를 잔뜩 주입했다. 내가 할 수 있는 한껏 의자 뒤쪽으로 몸을 빼면서 한참 버둥거리고 나서야 비로소 그는 바늘을 뺐다.

닥터 라보는 몇 분간 기다린 뒤 손가락으로 내 입속 여기저기를 꾹꾹 눌러대기 시작했다. 그러고 나서 그는 은빛으로 번쩍이는 집게 하나를 집어 들고 내 썩은 어금니 하나를 잡아 뽑기 시작했다. 나는 그가 뭘 하는지 감으로 알 수 있어서 아프다고 소리치면서 얼른 몸을 뒤로 뺐다. 그는 미스 코널리에게 내 머리통을 붙잡으라고 지시했다. 그녀는 있는 힘껏 내 머리통을 움켜잡았고, 닥터 라보는 또다시 어금니를 잡아 뽑기 시작했다. 나는 그 어금니의 뿌리가 우지직하고 떨어져 나오는 소리를 들을 수 있었고 내 입속에서 피가 뿜어져 나오는 걸 느꼈다. 나는 연신 비명을 질러댔다. 그 마취제는 별 효과가 없었다.

하지만 의사와 간호사는 일단 시작한 일을 마무리 짓기로 결정했다. 그들은 반대편 잇몸으로 이동해서 내가 미처 눈치채기도 전에 또 다른 어금니를 뽑아냈다. 나는 아픔을 이기지 못해 고함을 질렀다. 그들은 내 입속에 쏟아져 나온 피를 솜으로 닦아낸 뒤 나를 불기도 없이 싸늘한 우리의 작은 집으로 돌려보냈다. 나는 훌쩍거리고 울면서 혼자 맥없이 걸어서 우리 집으로 돌아왔다. 나는 침낭 속에 웅크리고 잠이 들었다. 그리고 닝고우가그라크가 집에 돌아온 뒤 우리는 다시 이카투크로 갔다.

그로부터 4년이라는 긴 시간이 지난 뒤에야 비로소 나는 치과

의사다운 치과의사인 닥터 로버트 래드롭을 만났다. 그는 자기 아내 페티와 함께 개썰매를 타고 코체부에로 왔다. 그는 여러 주 동안 내 치아들에 구멍을 뚫고 메우는 작업을 한 것 같았고, 그렇게 해서 결국 내 치아들을 구해줄 수 있었다. 그 의사 덕에 훗날 다른 치과의사들이 내 이들이 빠진 그루터기들에 인공 보철물을 걸 수 있었다.

하지만 나는 코체부에서 사는 동안 몇 번 더 닥터 라보를 만났다. 그리고 내가 워싱턴 D. C.의 조지워싱턴 대학에 다니는 동안에 우연히 그를 다시 만났다.

어느 날 밤, 내가 여름방학 때 인디언사무국에서 일하는 동안 만난 아메리카 인디언 여성이 기숙사 방에 있던 나를 밖으로 불러냈다. 우리는 시내에 있는, 조명이 어두운 로큰롤 주점에 갔는데 술 취한 군인 하나가 우리 일행을 집적거리기 시작했다. 나는 그를 말렸다. 그리고 시간이 한참 지난 뒤 그가 옆에서 느닷없이 주먹을 휘둘러 내 오른쪽 눈을 가격하는 바람에 끼고 있던 안경이 박살나면서 눈을 다쳤다. 그는 경찰에게 체포되었고, 나는 병원 응급실로 가서 작은 유리조각들을 뽑아내야 했다. 그곳 의사들 중의 한 사람은 내가 스물네 시간 안에 수술을 받지 않으면 실명할 것이라 했다.

나는 닥터 라보, 그러니까 예전에 코체부에서 일했던 바로 그 스튜어트 라보가 그 무렵 미국 전체 인디언의 보건위생을 관장하는 인디언 보건 과장이 되었다는 얘기를 들은 터라 그에게 전화를 걸었다. 그는 "이번에는 어떻게 해줄까, 윌리?" 하고 물었다. 나는 내가 직면하고 있는 문제를 설명했다. 그는 자기 밑에 있는 의사 한 사람을 배정해주겠다고 했다. 그는 나를 볼티모어에 있는 육군 병원으로 보냈고, 그 병원 의사들은 내 눈을 구해주었다.

옛날 옛적 가을에 이카투크에서 끔찍한 치통에 시달리던 나를 구해준 우리 형 닝고우가그라크는 결국 딱 한 대를 제외한 앞니 모두를 잃어버렸다. 그는 치과의사를 만나러 가는 것 자체를 싫어 했고 자신이 틀니 같은 걸 낀다는 건 상상조차 하지 못했다. 내가 닥터 라보와 미스 코널리 때문에 겪었던 끔찍한 고통을 감안해볼 때 닝고우가그라크도 그 두 사람 못지않게 내 어금니들을 잘 뽑을 수 있지 않았을까 싶다. 그러니 애초에 닝고우가그라크가 닥터 라 보의 역할을 대신해보겠다고 나섰을 때 내가 선뜻 응했더라면 그 두 사람 때문에 겪었던 것만큼의 고통까지는 겪지 않았을지도 모 른다. 아무튼 간에 나는 닝고우가그라크가 코체부에로 데려다 준 덕분에 내 원래 치아의 대부분을 고스란히 보존할 수 있었고 오십 년 이상이 지난 지금까지도 여전히 말린 생선과 쿠오우크(언 생선 이나 고기), 마크타크를 먹을 수 있다.

우리가 살아남은 것은 열심히 일했기 때문이다. 하지만 오해하 지 말아주었으면 한다. 우리는 놀기도 잘 놀았다. 봄철에 얼음장 이 녹다가 결국 무너져서 강들을 따라 코체부에 만에 이르고 거기 서 다시 북극해에 이르는 긴 여정에 오르기 시작할 때면 우리는 모울리로우라크를 하고 싶은 유혹을 떨쳐버릴 수가 없었다. 모울리로우라크는 실수로 빙판에서 떨어지는 것을 뜻한다.

우리는 바다에 떠 있는 작은 얼음장들 위에서 대장놀이(리더가 하는 대로 따라서 해야 하는 놀이)를 곧잘 했다. 그것은 자기가 딛고 있는 얼음장이 물속으로 가라앉기 전에 얼른 다른 얼음장들에 차례로 건너뛰는 놀이였다. 그런 놀이를 하는 곳은 대개 수심이 그리 깊지 않아서 누군가가 물속에 빠진다 해도 좀 난처한 정도에 지나지 않았다.

하지만 마을에서 얼음장이 갈라질 때는 장관이었다. 마을은 자갈로 이루어진 곳에 자리 잡고 있었고, 1.2미터에서 1.5미터 두께의 얼음장이 그 자갈밭 해변과 거기서 몇백 미터 떨어진 모래톱들 사이에서 갈라지곤 했다. 그 곳의 북쪽 사면에서는 그렇게 갈라진 얼음장들이 거대한 산을 이루었다. 그 얼음장들이 우리 마을 가까이 흘러올 때 그런 놀이를 하는 건 상당히 위험했고, 경우에 따라서는 목숨을 잃을 수도 있었다. 이따금 우리 중 하나가 넓은 바다로 떠내려가는 넓은 얼음장에 고립되었으며, 그럴 때면 누군가가 배를 몰고 가서 그 친구를 구해주어야 했다.

우리에게 그건 일종의 놀이였다. 하지만 그런 놀이를 제대로 해내는 데 필요한 기술, 스피드, 신체 제어 능력은 물범이나 고래를 사냥할 때 꼭 필요한 요소들이었다. 예컨대 얇은 얼음장들 위를 재빠르게 건너뛰려면 가급적 몸을 날렵하게 놀릴 줄 알아야 했다. 우리의 놀이는 바로 그런 능력들을 시험해볼 수 있는 좋은 기회가 되었다.

  우리가 즐겼던 모든 놀이는 또 우리의 생존기술들을 연마하는 데도 어느 정도 도움이 되었다. 봄철 해빙기 때 우리 마을 일부가 물에 잠기면 우리는 200리터들이 드럼통들로 뗏목을 만들어 노를 저으면서 돌아다녔다. 그리고 버드나무 가지와 가죽, 고무줄로 새총을 만들어 도요새와 오리를 잡았다. 그렇게 노를 저으면서 돌아다니거나 새총으로 사냥하는 것은 더 중요한 일을 하기 위한 훌륭한 준비에 해당했다.

  짧은 여름철이면 나는 함석으로 된 휘발유 깡통들로 작은 배를 만들어 밧줄과 장대를 이용해서 잡아끌면서 마을 앞 해변을 오갔다. 정말로 독창적인 재주를 발휘하고 싶을 때는 배에 가짜 외장 엔진을 만들어 달고 배를 잡아끌 때 빙빙 돌아가는 작은 프로펠러를 만들어 붙일 수도 있었다. 나는 그런 배들에 적당한 양의 화물, 즉 돌멩이나 나무들을 싣고 해변을 따라 달렸다. 그리고 그럴 때마다 사람들이 집 앞의 해변에 세워놓은 고기 건조 시렁들에 묶인 개들이 덤비려 해서 요리조리 피해가며 배를 끌고 다녔다.

  나중에 나는 부목과 순록가죽으로 소형 카누 만드는 법을 배웠다. 내 친구 헨리 드릭스(예전에 우리 마을에 왔던 선교사 겸 의사의 이름을 물려받았다)와 나는 북미순록가죽들을 물에 푹 불려서 털이 다 빠지고 나면 부목으로 만든 배 모양의 틀에 그것들을 팽팽하게 감싼 뒤 건조시켰다. 우리는 그런 카누들을 가끔 가다 한 번씩 우리 마을에 찾아오는 관광객들에게 판 뒤 그렇게 번 돈으로 캔디 바나

청량음료를 사 먹었고, 아치 퍼거슨이 경영하는 극북식당에서 아이스크림콘도 사 먹었다.

이따금 우리는 노르웨이 게임도 했다. 그 게임은 1890년대에 미 연방 정부가 우리 고장 사람들에게 유라시아순록 사육법을 가르쳐주기 위해 고용한 랩 사람들(노르웨이, 스웨덴, 핀란드 북부와 콜라 반도에 사는 원주민)을 통해서 우리 사회에 퍼졌을 것이다. 그 게임은 공격과 수비를 맡은 두 팀이 배트와 공으로 하는 놀이이다. 양 팀은 우선 30~40미터가량 떨어진 두 개의 라인을 따라 나란히 섰다. 그다음, 투수가 공격 팀의 라인에 서서 부드러운 고무공을 60센티미터 높이의 공중으로 던졌다. 타자는 그 공을 배트로 치고는 공에 맞지 않도록 하면서 전력을 다해 상대편 라인까지 달려가야 했다. 그리고 상대편 라인을 찍은 뒤에는 자기편 라인까지 되돌아와야 점수를 낼 수 있었다. 만일 그가 그러는 과정에서 공에 몸이 닿으면 아웃이었다. 양측은 수비수가 공중에 뜬 공을 잡거나 공격 팀이 일정한 점수를 얻으면 공수 교대를 했다.

여름철에 하는 또 다른 게임으로는 돌차기와 시소 타기, 그네 타기가 있었다. 대체로 시소는 200리터짜리 드럼통 위에 널빤지를 걸쳐놓는 식으로 해서, 그네는 목재와 밧줄을 이용해서 우리가 직접 만들었다. 학교에는 큰 그네가 하나 있었다. 그 그네에서는 두 아이가 나무로 만든 발판 위에 마주 보는 자세로 선 뒤 발을 굴러 앞뒤로 오락가락하며 허공 높은 곳까지 치솟아 오르곤 했다. 아이들은 또 그네 양쪽 기둥을 타고 올라가서 그 기둥들을 연결시켜주는 장대에 매달린 뒤 허공에서 빙글빙글 돌기도 했다. 그것은 좀 아슬아슬한 묘기였다.

내 친구들과 나는 힘과 끈기, 스피드, 정확성, 신체 제어 능력, 기운이 우리 문화에서 높이 평가받는 요소들이라는 걸 잘 알고 있었다. 시력, 체력, 청력, 판단력, 기억력은 생존하는 데 필수적인 요소들이었다. 우리는 우리 세대가 인간과 개들의 힘과 기민함에 의지해서 살아가는 마지막 세대가 되리라는 것을, 스노머신과 외장 엔진이 그런 옛날 방식들을 시대에 뒤진 낡은 것들로 만들 것이라는 것을 꿈에도 알지 못했다.

그랬기에 우리는 그런 놀이들을 아주 즐겼다. 평소 우리는 힘과 기운이 좋아도 겸손하게 삼가면서 지내야 했다. 하지만 우리가 아나크타크라 부르는, 정기적으로 거행되는 경기들에서는 자기 기량을 마음껏 드러낼 수 있었다. 내가 성장할 무렵, 크리스마스와 7월 4일(미국 독립 기념일) 같은 명절이 찾아오면 마을에서 그런 경기들이 벌어지기 시작했다. 특히 7월 4일이 되면! 그날은 원래 우리의 전통 명절이 아니었다. 그런데 19세기에서 20세기로 접어들 무렵에 선교사들이 그 명절을 우리 사회에 도입하자 우리 고장 사람들은 순순히 받아들였다.

칠월이 되면 밤에도 날이 어두워지지 않기 때문에 불꽃놀이는 실패로 돌아갔다. 하지만 폭죽놀이(우리는 폭죽놀이를 아주 즐겼다)와 각종 경기는 밤낮으로 계속되었다. 그런 경기들로는 달리기, 개썰매 경주, 카약 경주, 마타크 먹기 경연대회, 담요 던지기, 줄다리기 등이 있었다. 심지어는 '아기 업고 달리기' 경주 같은 것도 있었다.

　이누피아트 엄마들은 원래 자기네가 입고 있는 파카 뒤에 아기를 들쳐 업고 툽시라고 하는 띠로 아기와 자기 허리를 감고 다녔다. 그런 띠 덕에 여자들은 아기를 안전하고 따뜻하게 보호하면서도 온갖 일을 다 할 수 있고, 걷고 달릴 수 있었다. 아기 업고 달리기 경주에서 여자들은 자기네 아기를 전통적인 방식으로 들쳐 업은 채 30-40미터를 달렸다.

　손가락, 손목, 팔, 다리, 목, 발목의 힘을 과시할 수 있는 다양한 경기도 역시 있었다. 이런 경기들에서는 발차기와 높이뛰기 기술들, 그리고 기민함과 신체 제어 능력 같은 요소들이 구사되었다. 두 손으로 두 발 잡고 양 무릎으로 기어가는 경기, 손가락 관절들이나 양 팔꿈치나 발가락들만 이용해서 펄쩍펄쩍 뛰면서 나아가는 경기도 있었는데 이런 것들은 그런 불편한 자세로 누가 가장 멀리 갈 수 있는지를 겨루는 경기들이었다.

　나는 하이킥을 좋아했고, 또 하이킥을 잘하는 아이들 중의 하나로 인정받았다. 그 시절에 우리는 그런 걸 그저 재미 삼아서 했지 점수를 따려고 아등바등하지는 않았다. 우리의 목표는 가급적 공중 높이 매달아놓은 물범가죽 공을 다양한 방식으로 차는 것이었다. 두 발 차기, 한 발 차기, 물구나무 선 자세에서 우리 머리 높이 정도에 매달린 벨트 너머로 몸을 날려 차기, 한 손으로 반대편 다리를 잡고 또 한 손으로 땅바닥을 짚은 채 차기 같은 방식들로.

나는 이런 경기들이 젊은 처녀들에게 어떤 청년이 자기 신랑감으로 적당한가를 알아볼 기회를 주기도 했으리라 생각한다. 가족의 식량 공급자가 되려면 힘이 좋아야 하는 시절에는 결국 강건한 사람이 좋은 신랑감이 될 수밖에 없었으니까. 또 그런 경기들은 처녀들이 사람들 앞에서 모처럼 자기 모습을 드러내고, 자기 집안과 다른 집안들과의 연결 관계를 과시하고, 자기 집이 부자라는 걸 알려주는 예쁜 물범가죽 장화나 근사한 파카를 입을 수 있는 기회를 제공해주기도 했다.

우승자들은 리본과 소액의 현금을 상으로 받았다. 심판이 우승자의 이름을 부르면 우승자는 앞으로 나와서 온 마을 사람들과 얼굴을 마주 보고 서 있어야 했다. 그러면 심판은 실내를 한 바퀴 돌면서 우승자에게 리본을 달아줄 이성의 짝으로 적당한 사람을 골라서 불러냈다. 때로는 심판이 우승자와 전혀 어울려 보이지 않는 사람을 골라내기도 했다. 이를테면 못생긴 우승자 청년의 짝으로 아리따운 처녀를, 뚱뚱한 사람에게는 비쩍 마른 이성의 짝을, 키가 훌쩍한 사람에게는 짜리몽땅한 이성의 짝을 골라주는 식으로.

심판이 골라낸 이가 우승자에게 리본을 달아줄 때마다 관중들은 "헤이! 헤이!" 하면서 우렁찬 함성을 질러댔다. 그리고 그런 의식이 끝나면 그 짝들은 낯을 붉히고 겸연쩍게 웃으면서 각기 제자리로 돌아가서 앉았다.

물론 우리의 놀이가 신체의 힘이나 능력을 겨루는 그런 경기들의 형태로만 이루어진 것은 아니었다. 오늘날까지도 내가 좋아하는 소일거리의 하나는 나브라아크투크를 하는 것이다. 즉, 땅속에서 과거 수천 년간 그곳에서 살아온 우리 조상들의 유물을 찾아내는 일이다. 우리 땅에서는 지하 몇십 센티미터 정도만 파면 그런 것들이 곧잘 나왔다. 강도 높은 폭풍이 휩쓸고 지나가고 난 뒤 해변에 나가보면 가끔 조각된 엄니, 부싯돌로 만든 작살, 화살촉, 긁개 같은 것들이 모습을 드러냈다. 운이 좋으면 옥으로 만든 도구들도 찾아낼 수 있었다.

우리 고장 사람들은 카드놀이를 즐겨 했다. 선교사들은 립스틱을 바르거나 춤추는 것 같은 '죄악들'을 볼 때와 마찬가지로 카드놀이 하는 걸 보고도 이맛살을 잔뜩 찌푸렸지만 말이다. 우리는 영화 보는 것도 좋아했다. 코체부에서 활동사진이 처음 선을 보인 게 언젠지는 나도 잘 모른다. 하지만 우리 식구들이 다녔던 프랜즈 교회에서 영화라면 질색을 했던 것은 선명하게 기억하고 있다. 성당에서는 넓은 홀에서 신자들에게 대놓고 영화를 보여주곤 했으니 가톨릭 신자들은 죄다 지옥으로 직행했을 게 분명하다.

나는 영화 보는 게 지옥으로 가는 지름길이라고 한다면 지옥행은 아주 즐거운 일이 될 거라 생각했다. 그리고 내가 영화 보는 걸 막으려 든 사람은 아무도 없었다. 내 친구들과 나는 미드나이트선 극장에 갈 기회가 있으면 절대로 마다하지 않았다. 우리는 주위 어른들이 이십오 센트를 빌려준 덕에 극장에 가기도 했고, 경우에 따라서는 다른 사람들의 파카 속에 몸을 숨겨서 몰래 들어가기도 했다. 영화는 우리를 다른 세계로 데려갔다. 우리는 그게 다 연기에 불과하다는 걸 몰랐다. 우리에게 영화에 나오는 모든 장면은 다 진짜였다. 우리와는 사뭇 이질적인 사람들과 장소들에 관한 진짜 이야기들. 우리는 영화라면 사족을 못 썼다.

우리가 가장 좋아한 것은 서부 영화들이었다. 우리는 노골적인 애정 표현이 나오는 달콤한 로맨스 영화들을 보면 무안해서 어쩔 줄 몰라 한 반면, 거친 서부를 무대로 하는 영화들만 봤다 하면 대번에 맛이 가버렸다. 말을 타고 벌이는 기막힌 묘기, 육 연발 권총을 번개같이 뽑는 장면, 발코니에서 사격하던 사람이 요란한 비명을 지르며 떨어지는 장면들을 볼 때마다 우리는 그만 넋이 나가버렸다. 사나운 인디언들이 나타날 때도 그랬고.

과거 수천 년 동안 우리 이누피아트 사람들은 내륙에 살았던 이트퀼리트 사람들과 팽팽하게 대치하면서 살아왔다. 이트퀼리트 사람들은 문화나 언어가 우리와는 전혀 다른 인디언 부족이었다. 그 때문에 우리는 인디언을 악당으로 보는 관점을 아무 저항감 없이 받아들였다. 우리는 할리우드가 우리한테 던져준 미끼를 덥석 받아먹고 기꺼이 '좋은 사람들'의 편을 들었다. 우리는 이누피아트 사람들이 영화에 나오는 인디언의 적들보다 인디언들과 훨씬 더 많은 공통점을 갖고 있다는 사실을 전혀 알지 못했다.

그리고 우리는 기독교의 세례를 흠뻑 받은 나머지 '캘버리(예수가 십자가에 못 박혔던 갈보리 언덕)'라는 말에 친숙했다. 그래서 영화가 거의 끝나갈 무렵 자기네의 포장마차들을 둥그렇게 둘러싼 백인 개척자들이 괴성을 지르면서 달려드는 말 탄 인디언들에게 전멸당할 위기에 처할 때 백인 기병대(cavalry. 발음이 캘버리와 비슷하다)가 극적으로 등장하면 우리는 "캘버리가 온다!"고 소리쳤다. 우리한테 기병대가 어떤 존재들이고, 또 기병대가 예수가 십자가에서 못 박힌 언덕과 어떻게 다른지 설명해주는 사람은 아무도 없었다.

내가 최면에 걸린 사람을 처음 본 곳도 역시 미드나이트선 극장이었다. 최면술사는 작은 은제품 하나를 들고 최면을 걸 사람의 눈앞에서 천천히 흔들어 그 사람의 넋을 완전히 빼앗아 갔다. 그건 죽여주는 장면이 아닐 수 없었다. 무섭기도 했고. 나는 최면술에 매혹되었다.

내 몸에서 호르몬들이 본격적으로 들끓기 시작할 무렵인 열서너 살 무렵까지 내게 성에 관해서 제대로 이야기해준 사람은 아무도 없었다. 선교사들이 우리 문화를 변화시키기 위해 무진 애를 써왔음에도 불구하고 우리 사회에서는 1940년대 말과 1950년대 초반까지만 해도 성에 아주 개방적인 태도를 취했다.

당연히 우리는 각종 동물들로 둘러싸인 환경에서 성장했고, 그 동물들은 우리에게 생식의 초보적인 개념들을 이해할 수 있는 기회를 제공해주었다. 우리는 개들이 짝짓기 하는 광경을 자주 봤기 때문에 번식이 어떻게 이루어지는지를 웬만큼은 알고 있었다. 그리고 우리의 집은 작고, 대개는 원룸으로 이루어져 있었다. 그 때문에 한밤중이면 우리는 어른들이 성교를 하면서 몰아쉬는 거친 숨소리를 들을 수 있었다. 게다가 그때는 스프링침대가 우리 생활의 일부가 되었기에 그 스프링들이 서서히 울어대기 시작하다가 나중에는 요란한 절정에 이르는 소리를 들었던 기억이 아직까지도 선명하게 남아 있다. 그런 소음에 관해서 뭔가 말해준 사람은 아무도 없었다. 우리는 실제로 어떤 일이 벌어졌는지에 관해 각자 제 나름의 상상만 할 수 있었을 따름이다.

우리는 일을 하거나 놀면서 집 밖에서 아주 많은 시간을 보냈기 때문에 남녀의 몸이 어떻게 생겼는지 알 수 있는 기회가 꽤 많았다. 여름철이면 날이 견딜 수 없을 만큼 더워질 때가 있었다. 그러면 우리는 마을에서 팔백 미터가량 떨어진 곳에 있는 호수로 갔다. 그 호수는 우리가 수영을 하기에 딱 알맞을 만큼 깊고 작은 시내로 석호와 연결되어 있었다. 우리는 우리 사회에서 통용되었던 금기 때문에 석호에서는 수영을 하지 않았다. 사람들이 거기에는 누이아크팔리크(인어 같은 동물)가 살고 있다고 말했기 때문이다. 하지만 길이 오십 미터쯤 되는 시내는 천국만큼이나 좋았다. 그래서 우리는 가끔 몸을 식히기 위해서나 그저 수영하면서 놀기 위해 하루에 두세 번씩 그곳에 가기도 했다.

여자아이들은 대개 호수 바로 곁의 시내에서 수영을 했다. 하지만 가끔 여자아이들이 석호 가까운 데 있는 우리 구역으로 오기도 했다. 그곳 물이 더 깊고 맑았기 때문이다. 우리 중에서 수영복을 입은 애는 아무도 없었고 일부는 반바지조차도 입지 않고 놀았다. 그 때문에 그런 애들은 대개 두 손으로 사타구니를 가린 채 물속에 들어갔다. 때로는 여자아이들도 알몸으로 물속에 들어갔다. 그렇게 뻔뻔스러운 여자아이들과 마주칠 때마다 남자아이들이 은밀한 고통을 겪었다는 건 더 말할 필요도 없다.

  내가 처음으로 이성을 제대로 의식하게 된 일은 지금까지도 기억에 남아 있다. 그때 우리는 리틀노아타크 강 어귀에서 모래를 파고 들어앉아 엽총을 앞으로 겨눈 채 봄오리들이 날아오기를 기다리고 있었다. 내 곁에는 같은 반 친구와, 그 집안에서 양녀로 들인 그 아이의 누나도 함께 있었다. 치렁치렁한 검은 머리와 상아처럼 하얀 이를 지닌 그 누나는 아주 아름답고 육감적인 여자였다. 그 누나는 내게, 자기보다 나이가 더 많은 한 남자와 함께 바깥세상을 여행했던 이야기를 들려주었다. 시간이 지나면서 나는 오리들에게 집중하기가 점점 더 힘들어졌다. 우리가 수평선 쪽을 바라보면서 앉아 있는 동안 그 누나가 내 곁에 바싹 붙어 앉아 가끔 내 몸을 더듬는 바람에 심장이 미친 듯이 두방망이질했다. 때마침 우리가 청둥오리 몇 마리를 잡아 잔뜩 흥분해서 그 오리들의 털을 뽑기 위해 집으로 달려가지 않았더라면 뭔가 일이 일어났을 것이다.

  북쪽에 있는 한 마을에서 코체부에로 이사 온 우리 반 여자아이와의 경우는 얘기가 달랐다. 나는 그 아이와 그 아이 오빠가 우리 같은 '도시' 아이들보다 훨씬 더 강하고 씩씩했다고 생각한다. 어느 날 밤 어쩌다 보니 그 여자아이와 나는 집으로 돌아가지 않게 되었다. 그리고 그 아이가 나보다 우리 몸에 관해서 훨씬 더 많은 걸 알고 있다는 건 분명했다. 그 여자아이의 모습은 내 기억 속에 깊이 아로새겨져 있다. 그리고 내가 툰드라의 땅 속에 묻힐 때까지 그대로 남아 있을 것이다.

5
우메이크파크―북극성 호

놀라운 물건들에 바로 뒤이어 기독교 선교사들이 우리 땅에 들어왔다.
그들은 이른바 우리를 위해서 우리를 비하하는 메시지를 설교했다.
그들은 우리의 언어, 문화 전통, 예술, 유서 깊은 지혜를 이교도적인 것이요
죄받을 것이요, 아주 부적절한 것이라고 주장했다.

해마다 한 번씩 코체부에를 찾아오는 유별난 이벤트가 하나 있었다. 우리 모두 다 그것이 찾아오리라는 걸 잘 알고 있었고, 특히 아이들은 빨리 그날이 오기만을 학수고대했다. 해마다 늦여름의 어느 날 아침이 되면 막 잠 깨어 일어나 남쪽 수평선을 바라보는 우리의 눈앞에 원양선박이 거대한 모습을 드러내곤 했다. 그 배는 바로 내가 바깥세상의 일부라는 것 정도만 알고 있는 워싱턴 주 시애틀 시에서 온 북극성 호였다.

애초에 그 배가 맡은 가장 중요한 역할은 미국 정부가 북극권 지역의 여러 마을들에 설립한 학교들에 식량과 필수품들을 배급하는 일이었다. 그러나 북극성 호는 그보다 훨씬 더 많은 것들을 실어 왔다. 그 배는 장사꾼과 사업가들이 알래스카 해안 마을들에서 파는 물건도 실어 왔다. 그 배는 멀리 떨어진 마을들에 사는 친척들을 방문하려는 이누피아트 가족들 같은 새로운 사람도 태워 왔다. 그 배는 바깥세상과 우리를 이어주는 구체적이고 실질적인 연결고리였기에 평소 우리가 좀처럼 경험하기 어려운 짜릿한 자극도 아울러 실어 왔다.

그 북극권 지역의 해안 수역은 과거 그 밑바닥이 베링 육교의 일부에 해당했기에 수심이 얕았다. 그래서 그 배는 해안에서 13킬로미터가량 떨어진 곳에 정박했다. 배가 해안에서 워낙 멀리 떨어져 있어 우리는 그 모습을 쉽게 식별하기 어려웠다. 그러나 일단 그 배가 왔다는 사실이 알려지고 난 뒤에는 코체부에로 들어올 짐들을 한시라도 빨리 실어 나르기 위해 많은 보트와 바지선들이 부지런히 오가느라 선창은 벌집을 쑤신 것처럼 시끌벅적해졌다. 그 배는 다른 마을들에 배달해줄 물건들도 잔뜩 싣고 있었기에 시간이 급했다.

하역 중심지는 아치 퍼거슨의 교역소와 로트먼 상점 사이에 있는 해변 거리였다. 물건을 잔뜩 실은 바지선들이 밤낮을 가리지 않고 그 해변에 도착하면 일꾼들이 굵은 밧줄로 그 바지선들을 해변의 한 창고를 떠받쳐주는 말뚝들에 묶어놓았다. 상품 교역소와 근거리 운행 항공사, 영화관, 식당, 술집, 해상운송 회사의 주인인 사업가 아치 퍼거슨이 그 하역작업을 감독했다. 나는 아직까지도 마음의 눈으로 그의 모습을 선명하게 볼 수 있다. 짜리몽땅한 키에 머리가 벗겨지고 서양배처럼 통통한 몸집을 지닌 데다 양 소매를 걷어 올려붙이고 신고 벗기 편한 황갈색 구두를 신은 채 연신 숨을 헐떡이면서 감독하고, 노래하고, 가락이 맞지 않는 휘파람을 불면서 끊임없이 그 일대를 바지런하게 뛰어다니던 사내.

일꾼들은 우선 짐 실은 바지선과 코체부에 해안 길 사이에 길이 이십 미터가량 되는 컨베이어 벨트를 설치해놓았다. 그리고 그 벨트가 돌아가기 시작하면 바지선에 실려 있던 식료품들과 온갖 잡화들이 벨트를 타고 올라오고, 일꾼들은 다시 그것들을 수레에 실어 저장창고들로 운반했다. 코체부에 사람들은 북극성 호가 다시 모습을 드러낼 때까지 일 년 내내 그 물건들을 사서 사용했다.

북극성 호에서 화물을 하역하는 일은 그 마을의 많은 남자들에게 현금을 벌 수 있는 드문 기회를 제공해주었기 때문에 우리 형들도 항상 그 작업에 참여했다. 가끔 형들은 45킬로그램짜리 밀가루 포대를 져 나르는 일을 하고서 온몸이 하얗게 변해서 돌아왔고, 그 이튿날에는 석탄 자루를 져 나르는 일을 하고서 온몸이 까맣게 변해서 돌아왔다. 고된 작업들이었다. 하지만 그건 우리가 겨우내 퍼거슨 상점에 빚졌던 돈을 갚을 수 있는 좋은 기회였다. 이듬해에 쓸 생활필수품들을 구입할 수 있는 여분의 돈까지 벌 기회였고.

알래스카가 주로 승격하기 전, 그저 미국의 한 영토에 불과했던 시절에는 사업가들이 노무자들에게 알루미늄 빙글로 임금을 지불해도 되었다. 오십 센트짜리 주화 크기만 한 대용주화인 그 빙글들에는 예컨대 '퍼거슨 상점들에서 1달러어치를 구매하는 데 쓸 수 있음'이라는 글귀 같은 것이 박혀 있었다. 물론 1달러짜리 외에도 여러 액면 가치의 빙글들이 있었다. 아치 퍼거슨이 발행한 빙글은 퍼거슨이 경영하는 상점들이나 회사들에서만 쓸 수 있었다. 우리는 그 빙글들로 퍼거슨 교역소에서 식료품을 살 수 있고, 그의 식당이나 미드나이트선 극장을 이용할 수 있고, 또 그의 비행기를 타고 다른 마을로 날아갈 수도 있었다. 하지만 그의 작은 제국을 벗어난 곳에서는 아무 쓸모가 없었다.

운이 좋아 일 년 내내 돈을 벌 수 있는 일자리를 가진 사람이 없는 우리 집안 같은 경우에는 그 하역작업이야말로 가정경제를 꾸려가는 데 큰 도움이 되었다. 우리는 주로 땅에서 나는 것들로 먹고살았다. 가을에는 북미순록을, 겨울에는 뇌조와 토끼를, 봄에는 바다 포유 동물들과 거위와 그 밖의 새들을 사냥했다. 그리고 여름에는 연어와 그 밖의 다양한 생선을 잡았다. 우리는 여러 가지 식용식물들과 야생딸기류도 눈에 띄는 대로 채취했다. 봄과 여름이 찾아오면 그 전에 덫을 놓아 잡은 동물들의 모피나 북극성 호 하역작업 같은 노동으로 우리가 빚진 돈을 갚으려 애썼다.

매사가 순탄하게 돌아가는 해에는 우리가 야생의 환경에서 얻을 수 없는 것들, 곧 커피와 설탕, 콩, 채소 통조림, 오트밀, 분유 통조림, 베이킹파우더, 세일러보이 건빵 등을 구입할 수 있었다. 그런 식료품들을 구입할 수 있는 해에는 기나긴 겨울을 여유롭게 났다. 모피동물을 잡는 계절에 아주 쏠쏠한 성과를 거둘 경우에는 새 석유난로, 침대, 새 엽총, 소형 외장 엔진 같은 것들도 사들일 수 있었다.

우리 마을이 있는 해안에서 강 상류 쪽으로 한참 올라간 곳에 자리 잡은 마을들의 경우 북극성 호가 올 때쯤이면 상점 진열대가 거의 텅 비다시피 했다. 그러다 그 배가 오고 난 뒤에는 사람들이 몇 달 동안이나 간절히 사고 싶어 했던 물건들이 하루아침 사이에 진열대에 그득히 쌓였다. 신선한 달걀, 신선한 채소, 신선한 과일, 쿠키, 베이컨을 비롯해서 백인들이 즐겨 먹는 다양한 식품들이.

아이들에게 북극성 호의 출현이 그냥 무심히 넘기기 어려운 대사건이라는 것은 더 말할 나위도 없었다. 그 배에서 물건을 실어 나르는 작업은 도처에서 지켜볼 수 있었다. 내 친구들과 나는 예인선 선장이 바지선을 해변으로 끌어오는 광경을 홀린 듯이 지켜봤다. 산같이 쌓인 각종 상품을 보고 우리는 입을 헤벌렸다. 우리는 컨베이어 벨트를 작동시켜주는 엔진 소리에 귀 기울였고, 그 엔진이 연방 허공에 쏘아 올리는 동그란 연기 고리들을 지켜봤다. 그리고 그 근방의 대기를 가득 채운 사과와 오렌지 향기를 만끽했다. 예인선 선장과 선원들은 아이들 사이에서 인기가 아주 좋았다. 그들은 늘 사탕과 껌을 가져와서 아이들에게 나눠주었으며, 또 해마다 찾아오는 터라 우리들과 아주 친해졌다. 내 생각에 그들은 해마다 우리가 부쩍부쩍 크는 걸 보는 데서 나름대로의 즐거움을 맛보지 않았나 싶다.

나와 내 친구들은 우리 형들을 부러워했다. 우리도 어서 커서 그런 일을 할 수 있을 만큼 힘이 세졌으면 했다. 하지만 뭐니 뭐니 해도 예인선을 타고 가서 북극성 호에 올라가보는 것이 우리의 가장 큰 소원이었다. 우리는 그렇게 엄청나게 많은 물건을 나를 수 있는 거대한 배에 올라가서 배 안 곳곳을 살펴보는 자신의 모습을 떠올려보곤 했다. 하지만 북극성 호 선원들과 친분을 가진 집안사람이 있는 아이만 그 배에 올라가보는 영광을 누릴 수 있었다. 유감스럽게도 나는 수줍음이 너무 많은 편이라 형들에게 차마 그런 부탁을 하지 못했고, 그 때문에 끝내 그 배에 올라가보지 못했다.

가을이 오면 북극성 호가 알래스카 맨 북쪽의 해안 전초 기지인 배로에 들렀다가 시애틀로 남하하는 과정에서 우리는 그 배를 한 번 더 볼 수 있었다. 그 배는 코체부에 들러 여름철 방문객들을 태웠다. 예컨대 알래스카와 시베리아를 가르는 베링 해협의 중간쯤에 위치한 리틀다이어미드 섬 사람들 같은 이들을. 그 섬 사람들은 해마다 여름철이 되면 우미아트라고 하는 큰 가죽배들을 타고 코체부에를 찾아와 해변에다 텐트들을 세웠다. 그들은 거기서 아름다운 조각 공예품들과 봉제 공예품들을 만들어 우리 마을을 찾아온 관광객들에게 팔았다.

북극성 호가 알래스카 해안 순회 여정을 마치고 돌아갈 때면 우리 '시'에서 여름 한철을 난 다이어미드 섬 사람들도 태우고 갔다. 그 큰 배와 다이어미드 섬 사람들을 다시 보려면 다음 여름이 올 때까지 기다려야 했다.

이누피아트 사회에서는 지난 만여 년에 걸쳐서 점진적으로 형성된 지식이 구전이나 견해, 관례 등을 통해서 이누피아트 문화라는 형태로 나타났다. 우리의 모든 교육은 문자라는 매개체를 거치지 않은 상태에서 이루어졌다. 그러면서도 러시아령 극동에서 북아메리카 북쪽 끝의 광대한 동토지대, 그리고 그린란드에 이르는 드넓은 지역에서 동일한 하나의 전통이 지속되었다.

우리 가족은 전통적인 사람들이었다. 우리는 우리 조상들과 마찬가지로 지상에서 가장 혹독한 환경들 중의 하나에서 살아남는 과정을 통해 모든 것을 배우고 익혔다. 우리 친척들 대부분은 설사 글을 읽고 쓰는 법을 배웠다 해도 기껏해야 초등학교 과정에서 배운 게 전부였다. 초등학교를 다녔다 해도 사오 학년 과정 이상을 다닌 사람은 극히 드물었다. 그보다 더 나이 든 아이들, 그중에서도 특히 몸이 튼튼한 남자아이들은 사냥하고 덫을 놓고 물고기를 낚고 개썰매를 끄는 일을 거들어야 했기 때문에 우리 사회에서는 그런 관례를 당연한 것으로 여겼다.

우리 식구들 중에서 나한테 학교 이야기를 입에 올린 사람은 아무도 없었다. 그랬기 때문에 어느 가을날 그동안 나랑 같이 놀았던 모든 친구들이 해변에서 일제히 자취를 감추었을 때 나는 적지 않은 충격을 받았다. 나는 얼떨떨한 상태로 집에 돌아갔다가 집안일을 하느라 바쁜 어머니와 맞부딪쳤다. 나는 한동안 어머니 곁을 왔다 갔다 하다가 마침내 참지 못하고 불쑥 소리쳤다.

"모두 사라졌어! 모두 학교에 갔어!"

짐작컨대 그때 나는 어머니한테 꽤나 성가시게 굴지 않았나 싶다. 어머니가 화제를 바꾸려고 애를 쓰다가 결국 짜증스럽게, "키이카, 키이카, 아글라게이깅(가, 가, 학교로 가버려)!" 하고 소리쳤으니까. 나는 곧바로 그렇게 했다.

나는 코체부에 있는 인디언사무국 부설 학교로 달려가서 내 파카를 벽에 걸었고(사정을 잘 몰라서 여학생 구역에 파카를 걸어두었다), 그때부터 우리가 예비생이라 부르는 학생이 되었다.

　인디언사무국 학교는 1900년에 3천 달러가량의 자금으로 설립되었다. 따라서 그로부터 46년의 세월이 지난 그 무렵에는 제법 연륜이 쌓인 학교가 되었다. 코체부에서 그 학교 건물은 거기서 몇 미터가량 떨어진 곳에 있는 인디언 보건위생 병원 다음으로 큰 건물이었다. 그러나 그 학교에 교실이라고는 딱 둘뿐이었고, 건물 뒤편에 아나르비크 한 채가 딸려 있었다.

　겨울이 되면 바람이 거세게 불고 눈이 많이 내려 화장실에 가는 것이 거의 불가능할 때가 적지 않았다. 학교 건물과 화장실 사이에 눈이 3-4미터 높이로 쌓여 학교 건물 뒤쪽 창문들까지도 눈으로 다 뒤덮일 정도였다.

　기상이 아주 좋지 않은 날에는 수업을 하지 않을 거라고 생각할지도 모르겠으나 그런 경우는 한 번도 없었다. 우리는 일주일에 닷새는 학교를 가야 했다. 그리고 솔직히 말해서 우리는 난방도 제대로 되지 않는 집에서 냉기에 떨면서 일어난 뒤 기름난로를 빵빵하게 때는 따뜻한 교실에 들어가는 게 아주 좋았다.

　아침에 잠자리에서 일어나는 일은 여간 어렵지 않았다. 기온이 영하 20도나 25도 정도로 떨어지는 날이 많았기 때문에 그렇기도 했지만(기온이 낮은 데다 바람까지도 좀 불었다 하면 우리의 피부는 즉각 얼어붙기 시작했기 때문에 우리는 반 친구들의 얼굴에 동상의 징후를 알려주는 하얀 반점들이 없나 유심히 살펴보는 습관을 갖고 있었다), 그보다는 날이 너무 캄캄해서 그랬다. 그래서 우리는 늦잠 자는 걸 좋아했다. 학교에서는 매일 아침 오전 9시 직전 무렵이 되면 수업 시작을 알리는 종을 쳤고, 그 소리가 마을 전체에 울려 퍼졌기 때문에 온 마을 사람들이 다 시간을 알 수 있었다. 그런데 그때까지도 날은 아직 어두웠다. 그리고 우리가 오후 3-4시 무렵에 집으로 돌아올 때면 날은 이미 어둑어둑해졌다.

1940년대에 내가 학교를 다니기 시작했을 때, 원래 인디언들을 미국인들의 삶에 동화시킬 목적으로 설계된 인디언사무국의 교육 시스템은 원주민들의 전통적인 정체성과 지식의 모든 흔적을 아주 효과적으로 말살하는 기능을 하고 있었다. 원주민들이 이제는 미국인들의 삶에 어떤 위협을 가하지 않는데도 선교사들은 원주민 아이들을 전통의 뿌리와 단절시키려는 노력을 멈추지 않았다. 그들이 지향하는 목표는 아이들을 자기네 문화로부터 분리시키고 과거의 생활 방식으로부터도 단절시켜 옛 세계와 새 세계 사이의 어느 지점인가에 고립시키자는 것이었다.

1890년대 말부터 20세기가 한참 지날 때까지 원주민 학생들은 학교에서 자기네 모국어를 사용해서는 안 되었으며, 심지어는 학교 밖에서조차도 쓰지 말라는 지시를 받았다. 무심코 모국어를 사용할 경우에는 벌을 받았다. 교사들은 그런 학생을 교실 구석에 세우거나, 자로 손바닥을 때리거나, "저는 에스키모어를 쓰지 않겠습니다."라는 문장을 백 번쯤 쓰게 했다. 그러는 한편 수업을 진행할 때는 원주민들의 역사, 유서 깊은 음악과 미술과 춤에 관한 내용은 의도적으로 전혀 언급하지 않고 넘어갔다.

어째서 우리 부모들은 이런 현실을 가만 내버려둔 것일까? 그 가장 큰 요인은 1700년대 말에 러시아와 교역을 시작한 이래 우리 민족 사이에서 점차 형성되어온 열등감이었다. 우리 조상들은 시베리아에서 들어온 물건들을 보고 그들이 우리보다 훨씬 더 우월한 기술을 갖고 있다는 것을 확연히 깨달았다. 원래 우리 조상들은 아득한 옛날부터 부목과 목재, 뼈, 짐승들의 엄니, 돌 같은 것들로 만든 약한 도구들을 쓰면서 대대로 생활해왔다. 그런데 시베리아에서 들어온 금속제 칼과 냄비, 성냥, 못, 도끼, 톱, 라이플 같은 것들은 우리 생활을 과거보다 훨씬 더 편하게 해주었다.

그렇게 놀라운 물건들에 바로 뒤이어 기독교 선교사들이 우리 땅에 들어왔다. 그들은 이른바 우리를 위해서 우리를 비하하는 메시지를 설교했다. 그들은 우리의 언어, 문화 전통, 예술, 유서 깊은 지혜를 이교도적인 것이요 죄받을 것이요, 아주 부적절한 것이라고 주장했다. 어떤 선교사들은 일부 질병들을 치료하는 데 도움이 되는 약들을 들여왔다. 하지만 기본적으로 좋은 뜻으로 이루어진 그런 변화조차도 전통적으로 병 치료를 담당해왔던 우리의 앙가트쿠트(샤먼)들의 영향력에 도전하는 결과를 빚었고, 그런 결과는 원주민 문화 전체의 기반을 뒤흔들었다.

1867년, 알래스카가 미국 영토가 되었을 때 미 연방 정부는 원주민들을 하루빨리 미국에 동화시키기 위해 교회를 끌어들였다. 이로써 '교회와 국가의 분리'는 끝난 셈이었다. 1885년에는 셸든 잭슨이라고 하는 장로교 선교 조직자가 알래스카 교육의 총책임자로 임명되었다. 그는 원주민들을 옹호한 인물이긴 했으나 그들의 문화를 말살하는 기반을 깔아놓는 역할을 했다. 그때부터 미국 정부는 다양한 선교단체들과 계약을 맺고 그들에게 알래스카 원주민들을 교육할 수 있는 권한을 부여했으며, 그런 관행은 20세기 중반까지 지속되었다.

선교사 출신의 교사들은 잭슨이 자신의 책에 쓴 것처럼 '정직성, 순결, 혼인 관계의 성스러움, 인간을 향상시켜주는 모든 것'과 관련된 지극히 비학문적인 교훈들을 강조하면서 자기네가 맡은 '미개한' 학생들을 근본적으로 변화시키기 시작했다. 그 가르침의 핵심은 원주민 아이들이 과거에 배운 모든 내용을 변화시키고 적절히 통제하자는 것이었다. 그리고 그보다 더 중요한 것은 선교사들과 정부 당국자들이 소중하게 여기는 서유럽의 가치관들을 원주민 아이들에게 제대로 주입하자는 것이었다. 잭슨은 그런 일을 하는 대가로 연방정부와 자신이 속한 교단 양쪽에서 보수를 받았다. 그리고 다른 한편으로 그들은 원주민 아이들이 자기네 전통 문화에 애착을 갖지 못하게 하려고 애썼다.

연방정부는 1800년대 말부터 코체부에 같은 알래스카 마을들에 8학년제 학교들을 세우기 시작했다. 그 과정을 마친 뒤에도 계속 교육을 받고 싶어 하는 학생들은 집을 떠나야 했다. 연방정부에서는 그런 학생들을 위해 인디언 기숙 학교들을 세웠는데, 흔히 알래스카 주의 시트카, 오리건 주의 체마와, 오클라호마의 칠로코 같은 곳들의 버려진 군 기지들에 그런 학교를 세우곤 했다. 정부에서는 미국 전역에 흩어져 살고 있는 많은 원주민 부족 출신의 학생들을 자기네 가족이 사는 곳에서 수천 킬로미터나 떨어져 있는 그런 교육기관들에 보내 고등학교 과정과 직업훈련 과정을 이수하게 했다.

고도로 조직화되고, 또 학생을 자기네 부족에게서 떼어내려는 목적을 지닌 그런 학교들은 영어를 가르쳐주고 타이핑과 금속 세공, 소형 엔진 수리, 목공 같은 기술들을 전수해주었다. 많은 학생들이 집에서 멀리 떨어진 객지에서 병에 걸려 죽었다. 그리고 살아남은 많은 학생들이 자기네 가족의 품으로 끝내 돌아가지 않았다. 인디언사무국의 '재배치' 프로그램은 그런 학교를 졸업한 학생들을 대개 시카고, 미니애폴리스, 시애틀 같은 대도시들에 보냈다. 그들이 배운 일들이라는 게 하나같이 천한 일들이었기에 그들은 결국 대도시 빈민가에서 살아야 하는 신세로 전락한 경우가 많았다.

우리 부모들이 이런 고통스러운 변화를 받아들인 것은 분명 우리를 너무나 사랑했기 때문이었을 것이다. 그들은 엉클샘(미국 정부)이 자기네 자녀들에게 좀 더 나은 삶을 살 수 있게 해줄 것이라 믿었다. 그래서 우리는 학교에 다녔으며, 학교생활이라는 것은 미국의 전형적인 휴일과 명절의 리듬에 완벽하게 맞춰져 있었다. 우리는 칠면조나 순례자 모양으로 잘라낸 종이쪽지들에 색칠을 해서 벽에 붙이고, 밸런타인 성찬을 마련하고, 산타와 루돌프 사슴 그림을 수없이 그렸다. 일부 마을들에서는 교직원들이 학생들의 부모가 집 안을 청결하게 유지하고 있는지 알아보기 위해 학생들의 집을 찾아가 검열을 하기도 했다. 그들은 학생들을 병원에 보냈고 병원 측에서는 우리를 일렬로 죽 늘어세운 채 이런저런 병의 예방주사를 놓고, 성병이 있나 알아보기 위해 소변 검사를 하고, 폐결핵을 앓고 있나 알아보기 위해 엑스레이를 찍고, 이를 잡는 물약을 주었다.

학교 측에서 우리 부모들에게 그런 일을 해도 좋으냐고 사전에 물어본 적이 있었는지 어떤지 나는 전혀 모른다. 아마 그렇게 하지는 않았을 것이다. 설사 물어봤다 해도 그 당시의 우리는 민권의 개념에 관해서는 아는 게 전혀 없었다.

물론, 나는 학교를 다니기 시작했을 때 이런 모든 사실을 전혀 알지 못했다. 나를 포함한 일부 아이들은 매일 춥고 비좁고 컴컴한 집 안에서 나와 따뜻하고 밝고 쾌적한 곳에 들어갈 수 있다는 것을 그저 하늘의 축복 같은 것으로만 여겼다.

내 신입생 시절의 담임선생은 미스 유니스 로건이었다. 빨강 머리에 키가 작달막하고 유머 감각이 결여된 그 노예감독 같은 여선생은 작은 장군처럼 학급을 운영했다. 그래도 나는 처음부터 대뜸 공부에 빠져들었다. 그리고 읽는 법을 익히자마자 손에 잡히는 책이면 뭐든 다 읽었다. 학교 측에서는 책이나 종이로 만든 모든 것을 학생들이 집으로 가져가게 해서는 안 된다는 것을 잘 알고 있었다. 학생들의 집에서는 불에 탈 수 있는 건 뭐든 다 불쏘시갯 감으로 사용했으니까. 그리고 내가 알고 있는 가족들 중에서 만화책과 성경 책, 통신판매 회사인 시어스로벅의 카탈로그를 제외한 읽을거리를 갖고 있는 가족은 거의 없었다. 그 때문에 그 무렵 내가 읽은 건 그 세 가지가 전부였다.

만화책은 너무나 희귀해서 어쩌다 그런 게 생기면 문자 그대로 너덜너덜해질 때까지 아이들 사이에서 돌고 돌았다. 가끔 우리는 만화책들의 수명을 조금이라도 더 연장시키기 위해 실로 꿰매서 보기도 했다. 우리는 배트맨과 로빈, 슈퍼맨, 스파이더맨, 아치, 베로니카, 베티, 프린스 밸리언트, 뽀빠이, 리틀룰루의 활약상에 매혹되었다. 그런 만화책들은 우리의 텔레비전이나 다름없었다.

퀘이커교도들 덕분에 성경 책은 어디에나 흔했다. 개중에는 가죽 케이스로 장정을 하고 가족의 생일이나 사망 날짜, 다른 중요한 행사들을 기록할 수 있는 여백이 많은 큼지막한 성경 책도 끼어 있었다. 그리고 우리 마을에 사는 모든 가족은 해마다 두 차례에 걸쳐 커다란 시어스로벅 카탈로그를 받았다. 우리는 수백 페이지나 되는 그 카탈로그를 몇 시간에 걸쳐 처음부터 끝까지 꼼꼼하게 들여다보면서 근사한 총기들, 연장들, 의류들에 감탄하고 몹시 갖고 싶어 했다. 식구들이 돌아가며 다 본 뒤에는 화장지 대용으로 썼다.

예비 과정과 1학년 과정을 마치고 나서 삼 년째 되던 해 나는 새 담임선생님을 만났다. 그 여선생님이 자기에게 해당되는 반에 자리 잡고 앉으라고 지시했을 때 나는 2학년 애들은 무시해버리고 3학년 애들이 있는 곳으로 가서 앉았다. 내 친구들 대부분이다 거기 있었기 때문이다. 몇 주가 지난 뒤 심술궂은 미스 로건이 일이 어떻게 돌아가나 알아보려고 학교에 왔다. 그 여자는 우리의 새 담임선생님인 미스 버지니어 포웰에게 나는 2학년 과정을 수료하지 않았기 때문에 3학년에 들어갈 수 없다고 말했다. 하지만 미스 포웰이 내가 3학년생들 중에서 성적이 가장 좋다고 두둔해준 덕에 내가 멋대로 나를 진급시킨 일은 그냥 용인이 되었다. 하지만 미스 포웰은 비록 내 성적에 감탄하기는 했어도 내가 주의산만하게 굴 때는 대나무 자로 따끔하게 때리고 야단을 쳤다.

다음 몇 년 동안 나는 사정이 허락하는 한 꼭 출석했다. 식구들이 생존하기 위해 해야 하는 일들을 거들어야 할 사정이 없는 한 말이다. 하지만 집안 사정으로 자주 결석하는 것은 결국 문제가 되었다. 학교 당국자들은 내가 어디 있는지 자주 물어보기 시작했다. 그들은 나를 꾸준히 학교에 보내지 않는다고 해서 우리 가족을 주시하고 있는 게 분명했다.

이때 아르나라크 형이 6년 전에 놈에서 그랬던 것처럼 다시 나를 구원해주러 왔다. 그 형은 첫 아내가 이카투크에서 식중독 사건이 일어났을 때 아버지와 함께 사망하는 바람에 재혼했다. 형의 새 아내는 호프 곶 출신의 여자로 이름이 니어리드 내쉬였다. 니어리드는 사팔뜨기인 데다 불평불만이 많다고 해서 우리 식구들이 투덜이로 취급하는 여자였다. 하지만 그 여자와 아르나라크는 내게 학교 수업이 진행되는 동안 우리 식구가 야영지로 나가야 할 경우에는 자기네와 함께 코체부에서 지내자고 했다. 나는 기꺼이 그렇게 하겠다고 했다. 어쩌다 보니 그 여자와 나는 죽이 잘 맞았고 그 덕에 나는 빠지지 않고 학교에 나갈 수 있었다. 그 때문에 학교 당국자들도 나를 가만 내버려두었다.

  나는 작은 간이침대에서 잠을 잤으며, 야영지에 나가 있는 어머니와 다른 식구들하고 떨어져서 지내는 바람에 늘 외로웠다. 그 무렵 나는 따뜻한 옷이 부족해서 늘 떨면서 지냈고 뒷바닥에 구멍이 난 물범가죽 장화를 계속 신고 다녔다. 그해는 내가 즐겁게 지낸 해가 아니었다.

  나는 예민한 아이였고 또 사춘기에 가까운 나이라 그런 모든 상황이 내 마음을 무겁게 짓눌렀다. 나는 나를 원치 않는 생모가 이 세상 어딘가에서 살고 있고, 생부는 나를 끝내 아들로 인정하지 않았다는 사실을 민감하게 의식하고 있었다. 나는 내가 우리 가족의 완벽한 일원이 아니라는 사실을 잘 알고 있었다. 그리고 나를 사랑해주고 보호해주고 생존하는 법을 가르쳐주고 인생과 여자아이들에 관해서 유익한 조언을 해줄 아버지가 있다면 얼마나 좋을까 생각하곤 했다.

  나의 형 틸리이크타크와 그의 아내 몰리는 딸이 생긴 뒤 파티에 갈 일이 있을 때면 내게 그 아기 돌보는 일을 맡겼다. 그럴 때면 우리의 작은 집에는 아기와 나 말고는 아무도 없었다. 시간이 지날수록 실내온도는 자꾸 떨어져가는 데다 집 안은 캄캄했으며, 불을 땔 연료도 없고 먹을 것도 없었다. 나중에는 그 가여운 아기에게 채워줄 기저귀도 다 떨어졌다. 우리는 둘 다 배고픔에 허덕였다. 그럴 때 내가 할 수 있는 일은 아무것도 없었다. 그래서 우리는 좀 더 나이 든 사람들이 집에 올 때까지 그저 울고 또 울기만 했다.

내가 자살을 심각하게 고려해본 적이 몇 번 있었다. 총, 칼, 도끼, 얼음같이 싸늘한 물, 광막한 황야가 다 손쉬운 자살 수단이 되어줄 수 있었다. 하지만 퀴비트, 곧 포기한다는 것은 이누피아트 사람들이 극단적으로 싫어하는 말이었다. 이누피아트 사회에서는 그런 태도가 절대로 용납되지 않았다. 우리 민족은 만여 년 동안 북극지방에서 살아온 터라 그런 교훈을 잘 체득해왔다. 무기력하고 나약한 사람은 이런 혹독한 환경에서는 설 자리가 없었다. 누군가가 포기한다면 그와 그의 가족은 살아남을 수가 없었다. 현실은 그처럼 간단명료했다.

과거를 돌이켜볼 때마다 나는 학교 수업 과정에서 우리 민족이 철저히 배제되었다는 사실을 결코 잊을 수가 없다. 초등학교에서 8년을 보내는 동안 이누피아크어로 교내활동을 한 적은 전혀 없었다. 교실에 있을 때는 마치 우리 민족이 존재하지 않는 것 같았다. 학교 교사들은 나이 든 분을 모시고 인생 체험을 듣는다는 생각 자체를 하지 못했다. 우리를 서양 사람으로 만들기 위해 필사적으로 노력했던 교사들의 의식 속에는 겸허함, 협동, 가족애, 고된 노동, 인생살이에서의 유머 같은 인간적인 가치들이 존재하지도 않았다. 그들은 만여 년간 땅과 바다, 강과 하늘과 긴밀하게 교류하면서 체득된 모든 지혜를 창밖에 내던져버렸다. 그들은 교회와 연방정부 간에 이루어진 달콤한 거래에 경의를 표하기 위해서 우리의 세계에서 번영하고 성공하는 데 꼭 필요한 모든 것을 교실에서 완전히 추방해버렸다. 지형과 동물들의 생활 방식, 날씨, 미술, 우주, 음악, 춤, 역사, 건축, 심리학, 육아와 가정교육, 사냥과 관련된 우리의 광범위한 문화적 지식을. 우리는 딕과 제인(우리로 치자면 철수와 영희), 바둑이, 산수를 배우기 위해 그 모든 걸 버려야 했다.

아이들은 우리 언어가 열등하며 우리 미래와 걸맞지 않은 언어라는 메시지를 결코 잊지 않았다. 알래스카 원주민 아이들은 매일매일, 그리고 몇 년에 걸쳐 자기네의 현재 상태가 바람직하지 않으며, 자기네의 부모와 조부모의 세계를 버리고 다른 어떤 존재가 되어야 한다는 가르침을 받았다.

오늘날까지도 나는 과거 학교에 같이 다녔던 친구들과 특별한 유대 관계를 갖고 있다. 우리는 천진난만했던 시절에 만났다. 바깥세상에서의 삶이 어떠한지 전혀 알지 못하던 시절에. 우리는 곱셈 학습장의 진도를 따라가려고 애썼다. 그리고 우리는 작문을 배웠다. 추수감사절의 유래에 관해서도 배웠다. 우리는 교사들이 준 간유와 맥아분유 정제, 달콤한 오렌지색 비타민들을 꿀꺽 삼키고 깡통에 든 오렌지주스나 자몽주스로 씻어 내렸다. 교사들은 우리에게 시간과 타이밍의 중요함을 가르쳐주려 애썼다.

내 경우, 열심히 배웠다. 나는 특히 책 읽는 걸 좋아해서 영어를 깨치자마자 손에 잡히는 건 뭐든 다 읽었다. 읽을거리가 너무 부족하고, 우리의 펫집이나 텐트의 자연광이 너무 약하기는 했지만 그래도 나는 열심히 읽었다. 겨울이면 다른 식구들을 깨우지 않기 위해 플래시를 들고 침낭 속에 들어간 뒤 몸을 잔뜩 웅크리고 읽었다. 만화나 카탈로그를 좋아했지만 그런 읽을거리가 없을 경우에는 성경을 읽었다. 여름이면 스물네 시간이 다 낮이라서 책 읽는 데 큰 도움이 되었다. 나는 내가 맡은 집안일을 끝낼 때마다 우리 집 개 푸야와 함께 바닥에 누워서 책을 읽었다. 푸야는 내 몸을 늘 따뜻하게 해주었다. 책을 읽으면 읽을수록 바깥세상에 대한 호기심은 자꾸 커져갔다.

6
오우사크퉁가―외지로 나가다

무엇이 나를 미지의 세계로 이끌었는지는 나 자신에게도 아직까지
수수께끼로 남아 있다. 나는 유능한 사냥꾼이 될 수도 있었다.
어쩌면 어부나 엄니에 조각을 하는 사람, 교사가 되었을지도 모른다.
그런데 나는 그때까지 내가 알고 있던 모든 것으로부터
8천 킬로미터나 떨어진 낯선 고장을 향해 떠나고 말았다.

딕 밀러를 처음 만났을 때의 기억은 지금도 선명하게 남아 있다. 그건 내가 열한 살이 된 해의 어느 여름날 아침이었다. 날씨가 기막히게 좋았다. 바다가 푸르고 부드러운 실바람이 불고 따뜻했던 날. 그때 우리는 코체부에서 지내고 있었다.

우리 식구들은 모두 잠들어 있었다. 한 해 중에서 그맘때는 밤에도 날이 어두워지지 않기 때문에 사람들은 늘 늦은 시간에 잠자리에 들었다. 그날 나는 우리 친척 집에서 리놀륨 장판 까는 일을 거들어줘야 하는 입장이었다. 그런데 그 집 식구들을 깨울 수가 없어 그 집 바깥을 하릴없이 오락가락했다.

그때 키가 크고 깡마른 데다 숱 많은 검은 머리가 푸스스하게 일어선 백인 청년 하나가 느닷없이 나타나 내 곁으로 오더니 말을 걸었다.

"안녕, 내 일을 좀 도와주지 않을래?"

그는 웃기는 발음으로 그렇게 말했다.

친척 집의 리놀륨 깔아주는 일은 자진해서 맡은 무료봉사인 데 반해서 이 청년이 제안한 일은 돈을 받고 하는 일이었다! 나는 그의 제안을 대번에 받아들였다. 그리고 그것은 내 인생에서 한 전환점이 되었다.

딕 밀러는 미시시피 주에서 코체부에 온 젊은 침례교 선교사였다. 그가 속한 교단에서는 마을에 있는 2층짜리 루핑 건물 하나를 구입했다. 원래 북극모험가클럽 건물로 알려진 그 건물은 마을에서 가장 화려한 인물들 중의 하나인 베스 매지즈 체임벌린 크로스라고 하는 여성이 지은 것이었다. 그녀의 첫 남편은 내 생부의 남동생인 샘 매지즈였다. 그녀는 에너지가 넘치는 사람이었다. 그녀는 정치를 좋아했고, 노름과 파티와 술 마시는 걸 좋아했다. 그리고 돈 쓰는 것도 좋아했다. 그러다 그녀는 노르웨이 출신의 위대한 극지 탐험가 아문센과 사랑에 빠졌다. 1928년, 그녀는 아문센과 결혼하러 가던 길에 그가 움베르토 노빌레를 찾으러 떠났다가 실종되었다는 소식을 들었다. 움베르토 노빌레는 이탈리아 출신의 비행선 설계 기술자로, 아문센은 실종되기 2년 전에 그와 함께 비행선으로 북극 상공을 비행한 적이 있었다.

훗날 미국 대통령이 된 지미 카터의 그리 멀지 않은 친척이었던 딕 밀러는 그 클럽 건물을 하나님의 집으로 만들 생각에서 구입했다. 그는 내게 그 건물 청소하는 일을 도와달라고 했다. 그 뒤 몇 달 동안 그가 내게 보수를 지급하는 일거리를 자주 맡긴 것으로 미루어 내게서 본인이 좋아하는 어떤 면을 본 게 아닌가 싶다.

우리는 금방 친한 사이가 되었다. 딕은 내 운명에 깊은 관심을 갖고 있었다. 학교가 아직 방학을 하지 않았을 때 나는 우리 형과 형수를 도와주기 위해 어머니와 함께 누르비크로 간 적이 있었다. 형수는 그때 폐결핵에 걸려 몸져누워 있었다. 딕은 내 일로 걱정하기 시작했다. 그때 나는 누르비크에서 학교를 다니긴 했지만 딕은 내가 다시 코체부에로 돌아올 경우 수업 진도를 쫓아가지 못할까 봐 염려했다. 그래서 그는 그 무렵 막 결혼하려는 참인데도 불구하고 우리 어머니가 형수와 아기를 돌봐주기 위해 누르비크에 머무는 동안 코체부에서 자기와 함께 지내자고 제안했다. 그때 딕이 제공해준 침대 덕분에 나는 생전 처음으로 침대다운 침대에서 잠을 잤다.

내가 열두어 살쯤 되었을 때 딕은 내게 집회에 참석하기 위해 페어뱅크스(알래스카 중부 교통 요충지)와 주노(알래스카 남동부의 항구도시)에 갈 일이 있는데 자기랑 같이 가자고 했다. 그 당시 페어뱅크스는 인구 1만 5천 명가량 되는 아주 작은 도시였다. 앵커리지보다 훨씬 더 작은 도시. 하지만 그 도시는 내가 꿈에도 생각하지 못할 정도로 거대해 보여 흡사 우주의 중심 같기만 했다. 그 도시는 신기하고 아주 기분 좋은 도시였다.

우리가 차를 타고 공항에서 시내로 들어가는 동안 주위에 펼쳐진 놀라운 광경들을 구경하고 지나가는 온갖 승용차 소리를 따라다니느라 내 머리는 사방으로 정신없이 돌아갔다. 그렇게 많은 승용차가 왕래하는 광경은 생전 처음 봤다. 그 당시 코체부에는 기껏해야 열다섯 대에서 스무 대가량의 트럭만 있었을 뿐 승용차는 전혀 없었다. 그리고 나는 현대식 좌변기도 생전 처음 봤다. 내가 딕에게 우리가 머무는 곳의 변기가 "요상하다."고 얘기하자 딕은 뭐가 문제인지 재빨리 눈치채고는 내게 변기의 물 내리는 법을 가르쳐주었다.

페어뱅크스에서 나는 시카아그루크(앨 애덤스)라는 친척 집을 찾아갔다. 그는 자기 어머니 사라와 함께 거기서 살고 있었다. 사라는 1940년대 초에 이복누이, 즉 내 생모 마크피이크와 함께 놈에서 살았다. 그 도시에 있는 모든 것, 모든 사람이 다 그랬듯이 시카아그루크도 대단히 국제화된 인물인 것 같았다. 나는 차들도 이름을 갖고 있다는 걸 꿈에도 생각하지 못했다. 시카아그루크는 그 이름들을 죄다 알고 있었고 하나하나 다 분명하게 식별해낼 수 있었다! 포드, 시보레, 폰티악 등등을. 시카아그루크는 내게 자기의 양다리에 열 지어 박혀 있는, 25센트짜리 동전 크기만 한 하얀 반점들을 보여주었다. 그는 그때보다 더 젊었을 때 트럭에 치인 적이 있었는데 그 때문에 그만 다리를 좀 절게 되었고 평생 지워지지 않을 그런 바퀴 자국들을 얻었다고 했다.

어느 날 딕 밀러는 느닷없이 나를 내 생모와 만나게 했다. 그는 생모가 코체부에 와서 나를 만나려 했다는 얘기를 들었다고 했다. 생모와 나는 정중하게 악수했다. 하지만 나는 진정한 혈연관계 같은 것을 전혀 느끼지 못했다. 한참 세월이 지난 뒤 나는 그녀가 놈에서 페어뱅크스로 이주했고, 결국 거기서 재혼을 해 다섯 아이를 낳았다는 소식을 들었다. 생모는 그때 낳은 딸 둘을 좀 더 부유한 가족들에게 양녀로 보냈다. 그런 관습은 점차 보편화되어가고 있었다. 원주민들이 자기네 아기를 비원주민 교사, 군인, 선교사 등에게 양자로 주었다는 얘기는 알래스카 어디에서나 흔하게 들을 수 있는 얘기였다. 그렇게 자란 아이들이 커서 원주민 친부모를 필사적으로 찾으려 하는 경우가 적지 않았다. 하지만 찾는 데 성공했다 해도 이제 자기네가 부모와 너무나 다른 사람이 되어 원주민 사회에 적응해서 살 수가 없다는 사실을 깨닫고 돌아서는 경우가 너무도 흔했다.

나를 구해준 아르나라크 덕분에 내 운명은 그런 행로를 밟지 않았다. 나를 양자로 받아들여준 아크파유크와 노운라레이크는 나를 사랑해주었다. 그리고 내 인생의 다음 장은 이상한 방향으로 흘러갔다.

나는 인디언사무국 부설 학교에서 8학년 과정을 마치고 졸업생 대표로 고별사를 하는 학생으로 뽑혔다. 졸업식 때 나는 '우리가 원하기만 하면 뭐든지 해낼 수 있다.'는 식의 제목이 붙은 연설을 했다. 8학년을 마친 학생들은 연방정부가 아메리카 원주민들을 위해 설립한 기숙학교들 중의 하나에 입학하거나 자기네 집안의 역사와 좀 더 보조를 맞추기 위해 학교를 완전히 떠나는 것이 보통이었다.

내가 어째서 학교를 완전히 떠나지도 않고, 인디언사무국이 운영하는 아메리카 원주민 고등학교들 중의 하나에 입학하지도 않기로 결정했는지는 나 자신도 확실히 알지 못한다. 내가 계속 그 마을에 눌러앉을 경우 몸을 따뜻하게 하기 위해서나 굶주림을 면하기 위해 남은 평생 동안 개처럼 일해야 한다는 걸 잘 알고 있기 때문이었는지도 모른다. 또 어쩌면 코체부에에 있는 아치 퍼거슨의 미드나이트선 극장에서 본 많은 영화들 때문이었는지도 모른다. 정확한 동기는 나도 잘 모른다. 내가 확실히 알고 있는 것은 딕 밀러가 그때 내가 다른 길을 찾는 것을 도와주었다는 것뿐이다. 나는 공부를 더 하기 위해 바깥으로 나갔다. 그리고 테네시 주(미국 남동부에 있는 주)에 있는 침례교 부설 기숙학교에 등록했다.

그때는 1956년, 내가 막 열다섯 살이 되던 무렵이었다. 나는 기내에 갖고 들어갈 수 있는 짐을 들고 알래스카 항공사의 DC-3기에 탑승했다. 그 짐이라는 건 N. G. 핸슨 무역회사의 종이 쇼핑백에 든 것들을 뜻했다. 어머니는 세이굴리크 누나와 오울레니크 형, 내 어린 조카딸 비벌리와 함께 나를 전송해주러 나왔다. 누나와 나는 의좋게 지내온 터라 내가 떠날 때가 되자 누나는 슬퍼했다. 그 당시 누나는 상처 받기 쉬운 나이인 열여덟 살이었다. 누나는 결핵에 걸렸고, 그 뒤로 끝내 고등학교에 진학하지 못했다. 내가 어렸을 적에는 누나가 친구들과 놀려고 할 때마다 그 뒤를 졸졸 따라다니면서 귀찮게 했지만 그 무렵에는 더 이상 그렇게 하지 않았다.

우리 어머니도 역시 슬퍼했다. 어머니는 이제 예순 살이 되었고 그간의 고된 삶으로 많이 지쳐 있었다. 어머니는 그로부터 불과 팔 년 뒤에 사망한 세이굴리크 누나와 마찬가지로 얼마 더 사시지 못했지만 당시의 나로서는 그걸 알 도리가 없었다. 어머니는 돌아가시는 날까지 내가 곁에서 돌봐드리고 내가 어렸을 때 당신이 해주셨던 것처럼 당신을 사랑으로 감싸 안아주기를 내심 바라셨던 것 같다. 하지만 어머니는 내게 바깥세상을 돌아보겠다는 그런 엉뚱한 생각을 버리라고 요구하지 않으셨고, 내가 해야 할 도리를 다하라고 다그치지도 않으셨으며, 우리의 전통적인 삶을 버리지 말아달라고 사정하지도 않으셨다. 지금 생각해보면, 내가 바깥세상으로 떠나는 것을 어머니가 허락해주신 것은 타고난 너그러운 성정 때문이 아닐까 싶다. 훗날 내가 내게 너무나 소중했던 가족과 친구들과 친숙한 땅에 대한 그리움으로 몸살을 앓았을 때 나는 어머니의 그 너그러움과 인자함을 종종 떠올리곤 했고, 그 덕에 힘을 얻어 계속 앞으로 나아갈 수 있었다.

내가 떠날 때 어머니가 눈물을 흘렸는지 어땠는지는 기억이 나지 않아 잘 모르겠다. 대체로 우리 민족은 고통과 추위와 굶주림 같은 것과 맞닥뜨려도 전사처럼 의연하게 견뎌내야 했고 또 실제로 그렇게 살아왔다. 내가 얼마나 배은망덕한 결정을 내렸는가를 뒤늦게 깨달았을 때는 내가 탄 비행기가 이미 코체부에 해협 위를 날아가고 있어 돌아가려야 돌아갈 수가 없었다.

대체 무엇이 나를 미지의 세계로 이끌었는지는 나 자신에게도 아직까지 수수께끼로 남아 있다. 나는 유능한 사냥꾼이 될 수도 있었다. 아니면 몇몇 다른 기술들을 배워서 고향에 그대로 남아 결혼을 한 뒤 내 친구들과 우리 가족에게 익숙한 삶을 살았을 수도 있다. 어쩌면 나는 어부나 엄마에 조각을 하는 사람, 오지를 나는 항공기 조종사, 교사가 되었을지도 모른다. 그런데 나는 그때까지 내가 알고 있던 모든 것으로부터 8천 킬로미터나 떨어진 낯선 고장을 향해 떠나고 말았다.

아마도 나를 그렇게 하도록 부추긴 건 약간의 모반적 기질이 가미된 성향이었을 것이다. 내 유전자 암호 속에는 나로 하여금 다음의 곳, 미지의 강어귀, 석호의 맞은편 기슭을 살펴보러 나서게끔 부추기는 한두 개의 염색체가 깃들어 있는지도 모른다. 우리 조상들이 베링 육교를 건너고 북미 대륙의 맨 위 지역을 가로질러 그린란드까지 건너가도록 부추긴 것과 똑같은 염색체들이. 아마 나는 불안정한 신경다발과 유약하고 다감한 감성을 지닌 이 작은 존재도 미지의 세계와 직면해서 새로운 기술들을 체득할 수 있고 훌륭하게 살아남을 수 있다는 것을 보여주고 싶었을 것이다.

나는 아는 게 너무 없었다. 우리 식구들, 코체부에서 우리가 영위했던 삶, 코체부에 가까운 지역을 넘어선 세계에 대해서는 거의 깜깜절벽이다시피 했다. 나는 이 지상에 거주하는 수많은 민족에 대해서 거의 아무것도 알지 못했다. 미국 역사도 알지 못했다. 나는 원래 아메리카 원주민들이 그 땅 전체를 차지하고 있었으나 나중에 해외에서 이주해 온 사람들에 의해서 밀려났다는 것도 몰랐다. 노예제도가 무엇인지도 몰랐다. 남북전쟁도 몰랐다. 코부크 강 바로 위쪽에 살았던 아타파스카 인디언들의 경우에도 그들이 예전에 우리 민족의 적이었다는 것 말고는 아는 게 거의 없었다.

우리는 우리 마을 사람 몇이 한국에 가서 북한 사람들과 싸웠다는 건 알고 있었다. 우리는 일본인들이 제2차 세계대전 때 우리의 적이었다는 것도 알고 있었다. 우리는 이제 러시아인들이 우리의 적이라고 들었다. 어째서 그렇게 됐는지, 그리고 그게 무슨 뜻인지는 잘 몰랐지만. 내가 열두 살 무렵에는 어떤 위대한 지도자가 죽었다는 소식을 들었다. 나는 그저 막연히 그 사람이 미국의 어떤 사람이라고만 생각했다. 그 당시 미국은 우리와는 아주 이질적이고 까마득하게 먼 나라였다. 그로부터 많은 세월이 지난 뒤에야 비로소 나는 그해에 죽은 지도자가 이오시프 스탈린이라는 걸 알았다.

어렸을 때 나는 아는 게 너무 없어서 다양한 문화들이 나를 둘러싸고 있다는 것을 미처 깨닫지 못했다. 인디언사무국 부설 학교에 근무하는 교사들 자체가 인상적인 인종적 편차를 드러내고 있었다. 예컨대 버지니어 포웰은 아프리카계 미국인이었고, 비엘롭스키 씨는 아마 폴란드계였을 것이다. 그리고 몇몇 아타파스카 사람들이 교사 연수 과정을 밟고 있었다. 오늘날 나는 그 아타파스카 사람들이 우리를 어떻게 가르쳤는지, 그리고 원주민들의 언어와 문화를 교묘하게 억압할 목적으로 설계된 인디언사무국의 교육철학을 어떻게 생각하고 있었는지 가끔 궁금할 때가 있다.

코체부에 살았던 사람들의 인종적, 민족적 구성 양상도 그에 못지않게 다채로웠다. 그 당시 코체부에에는 강한 오스트리아 억양이 섞인 영어를 썼던 휴고 에크하르트 씨, 편지 왕래를 통해서 그와 결혼한 그레첸이 살고 있었다. 루이스 로트만은 제1차 세계대전 때 폴란드군에 징집되지 않으려고 폴란드를 탈출한 이였다. 나의 친아버지였던 보리스 매지즈와 작은아버지인 샘 매지즈는 원래 리투아니아 출신이었다. 자기보다 키가 삼십 센티미터 이상 작은 아름다운 이누피아트 여성과 결혼한 포르슬룬트 씨는 스웨덴 출신이었다.

하지만 내게는 그들 모두가 이누피아트 사람들과 전혀 닮지 않은 외국인들이었고, 따라서 그들을 몽땅 한목에 몰아서 날로우르미트, 즉 백인들이라고 불렀다. 이누피아트 사람들 중에는 그들의 다양한 출신 배경들을 조금이라도 파악할 정도로 그들을 잘 알았던 이가 거의 없었다.

내가 처음 코체부에의 새 가족과 합류했을 때 공항에서 우리 집까지 나를 업고 갔던 오울레니크 형은 이누피아트 사람들 가운데서 백인들과 어울리는 걸 겁내지 않은 아주 드문 사람들 중 하나였다. 오울레니크는 약간 수줍은 성격이면서도 사근사근한 데가 있어서 외지에서 우리 마을을 찾아온 사람들과 금방 친해졌고 가끔 그들의 현지 가이드 같은 역할도 했다.

하지만 그건 극히 드문 경우였다. 우리 자신의 정체성은 혈통과 생활 공간과 언어에서 유래했고, 그런 식의 기준은 우리 가운데서 살고 있던 날로우르미트의 그것과는 전혀 달랐다. 그들은 영어라는 같은 언어, 정치와 경제와 법률에 관한 서구적인 개념들을 공유하고 있었다. 우리는 사냥과 어업, 덫으로 잡기, 구비전승이라는 전혀 다른 우주, 그들이 도통 이해하지 못하는 문화권에서 살고 있었다. 원주민들이 아닌 이들 가운데서 이누피아트인들의 지혜와 북극권에 관한 지식을 존중하는 이들은 얼마 되지 않았다. 대체로 그들은 자기네가 우리보다 우월하다고 여겼다. 그리고 얼마 지나지 않아 나는 세상의 다른 지역들에 사는 날로우르미트 가운데서도 그런 경향을 가진 이들이 적지 않다는 걸 알았다.

알래스카에서 머나먼 남쪽에 있는 목적지인 테네시 주 멤피스(테네시 주 남서부 미시시피 강 중류의 항구도시)까지 가는 동안 비행기를 몇 번이나 갈아타야 했다. 멤피스에서는 딕 밀러의 아버지가 차를 몰고 마중 나왔다. 그는 공항에서 나를 태운 뒤 평탄한 경작지를 가로질러 미시시피 주 머틀로 갔다. 딕의 가족은 내게 입을 옷을 사주고는 자기네 이웃들에게 외국에서 온 젊은 친구라고 소개했다. 그들은 나를 자기네 교회와 퍼시 레이한테도 소개해주었다. 퍼시 레이는 머틀에서 시온 캠프라고 하는 신앙부흥센터를 지은, 그 지역에서 유명한 전도사였다.

레이는 시온 캠프에서 쓸 자금을 모금하기 위해 열정적인 설교를 하면서 남부 전역을 순회했다. 그해 늦여름쯤에는 그가 내 새 학교 근방에서 설교할 예정이었기에 그는 나를 자기 차에 태우고 시속 140킬로미터로 내달리면서 여행하다가 테네시 주 시모어에 있는 해리슨 칠로위 침례교 부설 학원까지 나를 데려다주었다. 그 학교에서는 숙박비와 식비, 수업료를 다 합쳐 일 년에 4백 달러만

받았다. 딕 밀러가 그 돈의 일부를 대주었고, 나머지는 내가 학교에 다니면서 다양한 아르바이트를 해서 마련했다.

후텁지근한 팔월 어느 날 오후, 레이는 칠로위의 남학생 기숙사인 벽돌 건물의 높다란 하얀 기둥들 앞에다 나를 내려주고는 여러 사람의 영혼을 구원해주기 위해 자신의 핑크색 캐딜락을 몰고 떠났다. 그렇게 해서 나는 스모키 산맥 밑자락에 혼자 남았다.

해리슨 칠로위 침례교 부설 학원이 위치한 곳은 내가 과거에 늘 봐왔던 풍경과는 판이하게 달랐다. 내가 어린 시절을 보낸 황량한 산들과 야생의 숲들, 싸늘한 툰드라와 폭풍우에 휩싸인 해안선과는 정반대로 이 지역은 부드럽게 굽이치는 산들, 골짜기를 향해 구불구불하게 내려가는 시골길들, 그런 골짜기들 곳곳에 흩어져 있는 곡물 저장고 곁에서 한가로이 풀을 뜯어 먹는 소들, 하얀 목조 가옥을 둘러싼 작은 숲들로 이루어진 곳이었다.

칠로위를 통과하는 이들은 미식축구장 바로 곁에 서 있는 급수탑에 적힌 글씨를 보고 거기가 칠로위라는 걸 알 것이다. 고속도로에서 점멸하는 노란 불빛을 보고도 그렇게 짐작할 수 있을 것이고. 하지만 내가 살았던 코체부에와는 달리 그 마을에는 마을 중심가라고 할 만한 곳이 없었다.

나로서는 그 학교를 다니기로 한 결정을 뒤집을 수 있는 길은 전혀 없는 것 같았다. 아무튼 그때는 그런 느낌이 들었다. 죽이 되든 밥이 되든 거기서 최선을 다할 수밖에 없었다. 만일 내가 칠로위와 연결된 끈을 끊어버릴 경우 나는 알래스카로 돌아갈 방도도 없는 상태에서 거기서 8천 킬로미터나 떨어진 곳에 혼자 고립되어버릴 것이다. 그렇게 해서 칠로위는 다음 4년간 내 새로운 안식처가 되었다.

처음에 나는 방을 혼자 썼고, 나로서는 그 편이 더 좋았다. 모든 게 다 새롭고 낯설었으며 가끔 두렵기도 했다. 어느 날 밤에는 천둥이 쳤다. 그때까지 그런 천둥은 처음 겪어봤다. 코체부에서 살 때 이따금 멀리서 나직하게 우르릉거리는 소리는 들어봤지만 그건 내륙 멀리서 울리는 소리에 지나지 않았다. 그런데 여기 천둥은 귀가 다 멍멍할 정도로 엄청난 굉음을 냈다. 번개가 아주 가까운 데서 번쩍, 하는 걸 보고 나는 우리 건물에 벼락이 떨어진 게 분명하다고 확신했다.

그 학교에서 처음으로 나한테 말을 건 두 동급생이 여학생들이었다는 것은 별로 놀라운 일이 아니었던 것 같다. 그 여학생들은 그 지역 학생들이었다. 요컨대 기숙생이 아니라는 뜻이다. 그들은 침례교파 학교에 다니기 위해 그 학교를 선택한 그 지역 사람이었다. 그 부모가 그들을 위해 그 학교를 선택했을 수도 있고.

제인 셀프는 하얀 피부에 아름다운 푸른 눈을 지닌 데다 지극히 여자다운 아이였다. 제인은 남학생 기숙사에서 돌을 던지면 닿을 만큼 가까운 곳에 있는 아담한 하얀 집에서 살았다. 그 애는 그 일대에서 사는 대부분의 학생들보다 세계를 향해 좀 더 열린 듯한 분위기를 풍겼다. 그로부터 오십 년이 지난 뒤에야 비로소 나는 제인이 그 무렵 칠로위와 시모어에서, 테네시 주에서 벗어나고 싶어 몸살을 앓았다는 사실을 알았다. 결국 제인은 캘리포니아에서 말을 키우며 살게 되었다. 제인과 친한 사이인 제릴린 크리스천베리는 제인과 정반대의 외모를 지니고 있었다. 그 애는 검은 머리에 주근깨가 박힌 얼굴, 꼬리가 약간 처진 눈, 육감적으로 보이는 입술을 갖고 있었다. 그 두 여학생의 기억은 오십 년이 지난 지금까지도 생생하게 남아 있다.

제인은 오리엔테이션 기간에 내게 다가와서 이름이 뭐냐고 물었다. 하지만 그 이튿날 나는 그 애 이름을 까먹은 바람에 어쩔 수 없이 이름을 다시 물어봐야 했다.

"너 자신yourself을 생각해봐. 그러면 내 이름이 생각날 거야."

제인의 성은 셀프Self였다. 하지만 제인이 알려준 친절한 요령도 소용이 없었다. 내가 아무리 머리를 쥐어짜도 그 이름이 떠오르지 않아 결국 제인이 다시 알려줘야 했다.

지금 와서는 나도 당시의 제인과 제릴린이 남부의 전형적인 양갓집 처녀들이었다는 걸 알 수 있다. 약간 수줍음을 타면서도 아주 매력적인 처녀들. 그리고 나는 고향에서 8천 킬로미터나 떨어진 곳에 홀로 와 있는 외로운 젊은이에게 말을 걸어준 그들의 친절을 결코 잊지 못한다.

나는 유난히 두드러진 학생이었다. 그곳 학생들 사이에서 나는 알래스카 아이, 에스키모, 북극에서 온 아이였다. 나는 약간의 곱슬기가 있는 부푼 머리에 검은 뿔테 안경을 끼고 있었고, 바짓단을 십 센티미터쯤 접어 올린 구겨진 청바지를 입고 구슬들이 달려 있는 코체부에 가죽 벨트를 끼고 있었다. 나는 모두에게 구경거리였다. 나는 그걸 잘 알고 있다. 그것을 입증할 만한 사진들도 갖고 있다. 당시의 나는 중국과 같이 아득히 먼 데서 온 아이처럼 보였을 것이라 생각한다. 새로 만난 일부 학생들은 분명 그렇게 생각했을 것이다. 시모어에 집이 있는 내 친구 데이비드 버넷은 내가 마치 우주선에서 막 지구에 첫발을 내디딘 아이처럼 아주 색달라 보였다고 말했다.

    나로서는 가족과 친구들과 고향 땅에서 너무나 멀리 떨어진 그 낯선 환경에서 어떻게 적응해야 좋을지 난감하기만 했다. 하지만 이런 경우에 흔히 그렇듯이 시간이 지나면서 나는 반 친구들과 점차 가까워졌고, 그들 역시 그랬다. 기숙사에서 내 첫 룸메이트였던 대니 앨런은 테네시 주 벨버클에 사는 훌륭한 부부의 외동아들로 생기기도 잘생긴 데다 조용하고 점잖았으며 또 솔직하기도 했다. 대니의 어머니는 밴더빌트 대학에서 교직 과정을 이수하고 있었고, 그의 아버지는 미국 곳곳을 누비고 다니는 트럭 운전사였다. 휴일이 되면 우리는 그의 집에 가서 가족 농장의 덤불 속에서 토끼몰이를 했고, 그렇게 해서 잡은 토끼들은 저녁 식탁에 올랐다. 대니는 노래를 아주 잘했고, 그의 애창곡은 '대니 보이'였다.

    내가 테네시를 떠나고 나서 오십오 년이 흐른 어느 날 아침 대니의 어머니 바이올렛이 우리 집에 전화를 했다. 그리고 다짜고짜 유람선을 타고 알래스카로 오고 있는 중이라고 했다. 그분은 그 옛날에 내가 우리 집 얘기하는 걸 잘 새겨들은 뒤 당신이 직접 둘러보러 오고 있었다.

그곳에는 내가 적응해야 할 것들이 아주 많았다. 음식도 그중 하나였다. 고향에서 우리는 아주 어렸을 때부터 음식 투정을 해서는 안 된다고 배웠다. 남의 집에 가서 식사를 할 때는 더 말할 나위도 없었고. 우리 고향 사람들은 쉽게 구할 수 있는 딱 한 가지의 먹을거리를 내놓는 경우도 있었는데 호의로 베푼 음식이 입에 맞지 않는다고 해서 손을 대지 않는 건 대단한 모욕이었다. 그래서 나는 테네시의 음식들에 아주 잘 적응했다. 하지만 나 같은 사람에게도 한계는 있었다. 파마산치즈가 곁들여진 파스타. 이런 말을 하는 걸 용서해주시기 바란다. 하지만 솔직히 그것은 미레이크(토사물) 같은 맛이 났다. 그리고 피망 치즈 샌드위치도! 미국 남부의 일부 지역 사람들은 그 샌드위치를 대단히 좋아했지만 나는 왜 그런지 이유는 잘 모르겠으되 그게 끝내 좋아지지가 않았다. 그러나 피자와 문파이는 그런대로 먹을 만했다.

칠로위의 스포츠들 역시 내게는 아주 새로웠다. 그곳 사람들은 골프와 테니스를 즐겼지만 나는 배우지 못했다. 우리 고향에는 팀 스포츠라는 게 전혀 없었다. 나는 농구를 배워보기로 마음먹고 농구 팀을 하나 만들었다. 내 농구 실력은 별로였다. 하지만 나는 그 활달하고 경쾌한 몸놀림과 움직임, 동료애, 테네시 주 동부 곳곳에 흩어져 있는 학교들의 라이벌 팀들과 경기하기 위해 돌아다니는 걸 좋아했다. 요즘에도 댄드릿지, 세비어빌, 프랜즈빌 같은 마을 이름들을 들으면 그리움으로 가슴이 뭉클해진다.

칠로위에 처음 갔을 때 나는 미식축구란 게 뭔지 전혀 몰랐다. 하지만 나는 이내 미식축구 시즌만 되면 매주 온 마을이 흥분에 휩싸이는 그 역동적인 분위기와 시합 전의 요란한 이벤트들을 좋아하게 되었다. 그리고 시간이 지날수록 그 경기의 좀 더 세밀한 관전 포인트들을 조금씩 더 이해하고 음미할 줄 알게 되었다. 그것은 내가 우리 고향에서 즐겼던, 기술을 연마하는 시합들과는 성격이 아주 다른 경기였다. 첫해에 나는 칠로위 라이언즈를 응원하는 관중의 일원으로만 머물렀다. 가뜩이나 체구가 우람하고 억센 편인 미식축구 선수들이 팽팽하게 달라붙는 바지를 입고 어깨에 큼직한 패드를 착용한 데다 검은색 저지 상의에 황금색 백넘버를 달고 뛰는 모습이 그렇게 멋져 보일 수가 없었다. 그리고 그 선수들에게 가장 예쁜 여학생 친구들이 몰리는 것 같다는 점도 당연히 내 관심을 끌었다. 나는 그런 점에 아주 혹했다.

나는 일 년 동안 구경만 하다가 결국 그 팀에 들어가서 뛰어보기로 했다. 그 학교에서 나와 가장 친했던 친구들 중의 하나인 그렉 스니더는 미식축구 선수로서의 내 데뷔를 이렇게 평했다.

"윌리는 미식축구 패드를 한 번도 본 적이 없었다. 아니, 미식축구 경기조차도 본 적이 없었다. 그래서 나는 속으로, 녀석은 제대로 뛰지도 못할 거야, 라고 생각했다. 그런데 이런 내 생각은 빗나갔다!"

내 몸무게는 기껏해야 68킬로그램 정도에 불과했다. 하지만 나는 북극의 오지에서 오랫동안 일해왔기에 강인했고 몸놀림도 아주 재빨랐다. 나는 잘 달리고 잘 잡고 잘 찰 수 있으며, 태클도 잘 할 수 있는 능력이 있었기에 경기하는 법만 배우면 되었다. 경기하는 법을 익히는 건 쉽지 않았다. 하지만 결국 나는 그 방법을 제대로 터득했고, 그 덕에 3학년 때는 데이비드 버넷과 함께 우리 팀의 공동 주장이 되었다.

나는 여학생들에게 아주 관심이 많았고, 얼마 지나지 않아 몇 명의 여학생도 내게 관심을 보이기 시작했다. 나는 알래스카에서 온 에스키모라는 점 때문에 유달리 눈에 띄는 학생이긴 했지만 그렇다고 해서 내가 뛰어난 선수요 수업도 충실히 받는 학생이라는 사실이 어디 가는 건 아니었다.

차츰 시간이 흐르면서 나 역시 그 시절의 유행에 적응하기 시작했다. 처음에 아무렇게나 방치했던 내 괴상한 머리 모양은 친구들 사이에서 아주 인기 있었던 '상고머리'로 변했다(우리는 왁스를 흠뻑 발라 머리가 고르게 착 가라앉도록 했다). 나는 아랫단을 접어 올린 헐렁한 청바지 대신 위는 넓고 아랫단은 아주 좁은 여러 종류의 바지를 입고 다니기 시작했다. 그리고 위에는 반소매 셔츠를 입고 거기에다 울퉁불퉁한 알통이 잘 보이도록 소매를 접어 올리고 다녔다. 얼마 지나지 않아 나도 매력적인 여자애들과 돌아가며 사귀기 시작한 걸로 미루어 이렇게 모양을 내고 다닌 것이 어느 정도 효과가 있지 않았나 싶다.

물론 내가 다닌 침례교 부설 기숙학교에서는 여학생들과 진한 연애를 할 수 있는 폭넓은 기회를 제공해주지 않았다. 이때는 로

큰롤 시대의 여명이 막 움틀 무렵이어서 우리 모두는 휘파람으로 그 시절의 히트곡들을 불 수 있었다. 하지만 칠로위에서는 춤추는 것을 담배 피우고 술 마시고 애무하고 지나치게 진한 화장을 하는 것과 마찬가지로 죄받을 짓으로 여겼다. 우리의 데이트란 건 기껏해야 마을에 있는 식당에서 함께 식사를 하거나 전화통을 붙잡고 여러 시간 동안 수다를 떠는 정도에 지나지 않았다.

하지만 어른들이 제아무리 신경을 쓴다 해도 십 대 아이들의 모든 행동을 일일이 다 통제할 수는 없었다. 우리는 교회에 가는 길에 손을 잡고 갔고, 어두운 복도에서 주말마다 오는 편지를 기다리는 동안 어른들의 눈을 피해서 몰래 키스를 했다. 미식축구 선수가 되어서 누릴 수 있는 또 한 가지 이점은 다른 마을이나 시에서 열리는 경기들 때문에 학교 버스를 타고 이리저리 이동해야 한다는 점이었다. 그럴 때는 감독이나 단장이 모든 선수를 계속 주시하고 있을 수가 없었기에 여자 친구가 있는 선수는 기회를 봐가며 그 친구와 포옹을 할 수 있었다. 우리가 정말로 일을 낼 마음이 있을 경우에는 해마다 열리는 농산물 경진대회에 참석한다거나 친구를 만난다는 핑계를 대고 녹스빌(테네시 주 동부의 상공업도시)에서 여자 친구하고 남몰래 만날 수도 있었다.

2학년 가을, 린다 쿨리지가 우리 캠퍼스에 등장했다. 칠흑같이 까만 머리와 완벽하게 고른 치아, 끝내주는 몸매를 지닌 린다는 믿을 수 없으리만치 아름다웠다. 그리고 칠로위의 고위직 선생님들은 린다가 화장을 너무 짙게 하고 다닌다는 의견을 갖고 있었다. 린다는 우리 학교보다 규율이 훨씬 더 엄한 학교에서 새로 전학해 왔으며, 행동이 다소 방만한 것 같은 경향이 있어 보였다. 어쩔 수 없이 나는 린다한테 홀딱 반했고, 우리는 몇 달 동안 떨어지려야 떨어질 수가 없는 사이로 지냈다.

우리는 우리가 함께 출연한 연극을 공연할 때 헤어졌다. 우리가 같이 등장하는 한 장면에서 나는 두 팔로 아기를 안고 있어야 했는데 우리 관계가 깨진 것에 너무나 상심한 나머지 계속 울음을 터트리기 일보 직전인 상태로 있었고, 그 바람에 내가 맡은 대사도 제대로 하기 힘들었다. 오랜 세월이 지난 뒤에야 비로소 나는 린다가 아메리카 인디언이고, 배우이자 작곡가인 크리스 크리스토퍼슨의 아내인 가수 리타 쿨리지의 동생이라는 걸 알았다.

3학년 때 내가 사귀었던 여자 친구는 멤피스 출신의 금발 여학생인 린다 홀드먼이었다. 린다와 함께 지낸 시간은 무척이나 즐거웠다. 방학 때 한번은 린다가 나를 자기 집에 오라고 초대했다. 린다의 집은 상당히 큰 벽돌집으로 멤피스 시에서 얼마 떨어지지 않은 작은 언덕 위에 자리 잡고 있었다. 린다의 아버지는 가난한 집안 출신의 배관공이었지만 배짱과 의지력을 갖고서 열심히 일한 덕에 결국 가난을 떨쳐버리고 잘나가는 세탁소 몇 군데를 운영하는 성공한 사업가가 되었다. 그분은 아주 거칠고 억센 분이었고, 세 딸을 꽤 엄격하게 대하는 것 같아 보였다.

그러던 어느 날 밤, 나는 한밤중에 문득 깨어났다가 린다가 내 방에 들어와 있다는 걸 알았다. 그 순간 나는 겁에 질려 그만 정신이 아득해졌다. 나는 딸이 내 방에 있다는 것을 린다 아버지가 눈치챌 경우 댓바람에 엽총을 들고 그 방으로 뛰어 들어올 거라 확신하고는 감히 린다를 침대에 끌어들일 엄두를 내지 못했다. 그 침대는 내가 몸을 움직일 때마다 꽤나 요란한 소리를 내곤 했으니까. 그래서 나는 린다에게, "쉿, 조용히 해." 하고 속삭이면서 얼른 방 밖으로 내보냈다.

이튿날 린다는 내게 자기네 집안에서 키우는 테네시 주 공식 지정마(장거리를 빨리 달릴 수 있는 말)를 타볼 수 있는 기회를 베풀어주었다. 말을 타보기는 생전 처음이었다. 하지만 그날 나는 아주 근사해 보이는 사진을 몇 장 찍었다. 웃통을 벗은 채 말 위에서 제대로 균형을 잡고 앉아 있는 모습을 찍은 사진들을.

얼마 후 나는 우리 학년의 우등생이었던 로이스 리건과 좋은 짝이 되어 여러 가지 일을 함께 했다. 우리는 졸업 기념 앨범과 학교 신문을 함께 만들었다. 내게는 그런 일들이 좀 힘에 부쳤지만 로이스는 늘 효율적이고도 짜임새 있게 일을 잘 해나갔다. 훗날 로이스는 신문기자가 되었다.

이제 나는 그 당시 내가 옛 남부연방의 흔적이 진하게 배어 있는 곳에 발을 들여놓았었단 걸 잘 알고 있다. 하지만 민권운동은 바야흐로 미국 남부뿐만 아니라 미국 전체를 뒤바꿔놓으려 하고 있었다. 나는 전도사 퍼시 레이가 도와준 덕분에 영원히 사라질 운명에 처한 세계 속으로 들어간 것이다. 나는 교회에 다녔고 침레교 교단이나 감리교 교단에서 주최하는 여름캠프에 참가했으며, 시온 캠프에서 주최한 열화와 같은 신앙부흥회도 경험했다. 나는 불룩하게 부풀어 오른, 아름답고 화사한 드레스 차림의 아가씨들이 아직도 오월제 기둥 주위를 돌면서 춤을 추는 현상에 대해 누구도 이의를 제기하지 않을 것 같은 시대의 목가적인 남부에서 청춘 시절의 한때를 보냈다.

내가 칠로위에 온 지 일 년인가 이 년쯤 되었을 때 우리 학교 미식축구부에서 아메리카 원주민으로 나 말고 유일한 선수였던 존 로스 스미스가 자기네 가족이 살고 있는 노스캐롤라이나의 체로키 인디언 보호 구역으로 나를 데려갔다. 그때까지 나는 체로키족에 관해서 아무것도 알지 못했다. 백인들의 강제에 의해 이루어진 끔찍한 행진인 '눈물의 이주'도 알지 못했다. 1838년, 미 연방군은 1만 7천 명의 체로키 사람들을 그들의 옛 고향인 미시시피강 동쪽 지역에서 내몰아 오클라호마로 가게 했고, 그렇게 옮겨 가는 과정에서 4천 명의 원주민이 목숨을 잃었다.

다른 한편으로 나는 남부의 찌는 듯이 무더운 날에 목화밭에서 힘겹게 일하던 아프리카계 미국인들을 봤다. 1957년, 미시시피주에서 여름을 날 때는 흑인들과 백인들이 따로 이용하는 식당들과 버스정류장들도 보았다. 나는 인종차별의 본질을 제대로 이해하지 못했다. 하지만 나는 관찰력이 뛰어나고 주의 깊은 편이었다. 예컨대 나는 내가 흑인도 아니고 백인도 아니라는 걸 잘 알고 있었다. 그래서 남부에서는 버스에 탈 때마다 백인들이 앉는 앞쪽 좌석에도, 흑인들이 앉는 뒤쪽 좌석에도 앉지 않았다. 나는 늘 정확히 중간쯤 되는 좌석을 골라 앉았다.

1960년에 칠로위 고등학교를 졸업할 즈음 나는 종이가방 속에 소지품을 넣어갖고 처음 그곳에 왔던 때와는 아주 다른 사람이 되어 있었다. 인디언사무국에서 자랑스럽게 여길 만한 젊은이가 되었다. 나는 사 년 동안 우리 부족과 떨어져서 생활한 뒤에는 새로운 언어를 자유롭게 구사하고 새로운 생활 방식을 따랐다. 말쑥하다고 할 만큼 깨끗한 옷차림과 몸차림을 한 데다 교인이요 스포츠맨다운 운동선수요 학생이었다. 나는 학생회장이자 기숙사 반장으로 일했고 성가대의 일원이었으며 상당히 뛰어난 연기자가 되었다. 우리 동기생들은 나를 '모든 면에서 가장 뛰어난 학생'으로 뽑아주었다.

나는 내게 의미가 있는 모든 사람들로부터 8천 킬로미터나 떨어진 상태에서 지내는 데서 오는 외로움을 학업과 스포츠, 친구들과의 관계에 몰입하는 것으로 극복해왔다. 생존해나가기 위해서는 진취적이고 용기 있는 노력이 필요하다는 점을 제외하고는 알래스카와 비슷한 점이 거의 없다시피 한 남부에서의 생활에 적응했다. 프라이드치킨, 거칠게 찧은 곡식, 검은눈콩, 튀긴 오크라를 즐겨 먹게 되었고, 이따금 한 번씩 하는 주머니쥐 사냥도 즐기게 되었다.

거기서 나는 굉장한 시간들을 보냈으며, 그 시절을 회고할 때마다 온갖 추억이 한꺼번에 밀려오곤 한다. 과학 시간에 무성한 풀밭에서 나비들을 쫓아다녔던 일은 아직까지도 기억에 생생하게 남아 있다. 대니 앨런과 내가 여름철에 쓸 수영장 청소하는 일을 맡았을 때 수영장 밑바닥으로 깊숙이 잠수해 들어가 겨울철에 떨어진 낙엽들을 치우고 밑바닥 마개를 뽑았던 기억도 난다. 미식축구 경기 전에 한껏 들끓어 올랐던 긴장 어린 흥분감, 빠르고 기민한 몸놀림을 이용해서 적진을 돌파할 때의 스릴을 아직까지도 느낄 수 있다. 그때 나는 내가 가진 잠재력을 드러내고 자신의 힘으로 바로 서는 법을, 내 삶과 내게 주어진 시간과 내가 이행해야 할 의무들과 관련된 결단을 내리는 법을 배우는 중이었다.

그러나 나는 그렇게 다양한 능력들을 키워나가는 동안 더없이 소중한 경험들을 얻을 수 있는 기회를 잃어버렸다. 우리 가족과 더불어 사냥하고 고기 잡고 덫을 놓아 짐승들을 잡을 수 있는 시간을 잃어버렸다. 내가 어른이 되었을 때 소중한 것이 될 수도 있을 많은 배움의 기회들을 건너뛰어버렸다. 남부에서의 생활은 그 모든 것을 새로운 관점으로 바라볼 수 있는 기회를 제공해주었다. 그 생활은 내가 알래스카에서 익혔던 삶의 방식이 더없이 힘겨운 것이기는 해도 내가 아주 자랑스럽게 여기는 훌륭한 가치관과 인성을 지닌 사람들을 낳았다는 사실을 깨닫게 해주었다.

1956년 8월, 내가 탄 비행기가 코체부에 활주로 끝 부분을 박차고 올라 그 해변 위를 날던 순간부터 나는 어느 하루도 고향 생각을 하지 않은 적이 없었다. 외로울 때면 가족과 어렸을 적 친구들의 얼굴을 떠올렸다. 보름달이 휘영청 뜬 날 하얀 눈밭에 아른거리던 달무리를, 영하 25도의 매서운 날씨에 맹위를 떨치던 폭풍을, 짐을 잔뜩 실은 무거운 썰매를 끌고 힘차게 짖어대며 맹렬히 내달리던 개들의 모습을 그려보았다. 결코 이울지 않는 여름빛 아래 고요히 드러누운 매끄러운 거울 같았던 코부크 호의 수면을, 드럼통 난로에서 모락모락 피어올랐던 이스트 빵의 향기를 떠올렸다.

나는 그런 추억들 덕분에 계속 앞으로 나아갈 수 있었다. 우리말을 잊지 않기 위해, 새롭게 되새기기 위해 가끔 속으로, 혹은 소리 내어 우리말로 나 자신에게 이야기를 하곤 했다. 아아리가아 이누우루니! 나쿠우루크 마니 누나!(살아 있다는 건 좋은 일이야! 여기는 좋은 곳이야!)

내 모험의 여정이 나를 미국 본토의 어느 곳으로 이끌었든 간에 알래스카는 항상 내 본향으로 남아 있었다. 그래서 나는 칠로위 고등학교를 졸업한 뒤 연어가 자신이 태어난 시내로 돌아가듯 북쪽을 향해 떠났다.

7
누나부트 티구미이웅! —우리 땅을 지키자!

우리 민족이 처한 위험성을 제대로 깨달은 순간
나는 심한 충격을 받았다.
우리가 아무것도 하지 않을 경우 한 세기 전의 본토 인디언들처럼
우리는 우리의 땅을 모조리 잃고 말 것이다.

나는 하루빨리 코체부에로 돌아가 어머니와 우리 가족을 다시 만나고 싶은 마음이 간절했지만 테네시를 떠나는 일도 그리 쉽지는 않았다. 그동안 나는 내 친구들의 삶의 일부가 되었고, 그들 역시 내 삶의 일부가 되었다. 하지만 나는 가야 했다. 그래서 짐을 꾸린 뒤 고향을 향해 출발했다.

하지만 가진 돈이 넉넉하지 않아 곧장 고향으로 돌아갈 수가 없었다. 나는 일단 페어뱅크스까지만 가서 그곳에 있는 대학에서 입학 수속을 밟아야 했다. 그리고 그 대학이 개강하기 전에 내가 아는 곳에서 일자리를 얻을 수 있었다. 내게는 돈이 필요했다.

그해 여름, 나는 세 군데서 일했다. 맨 나중에는 페어뱅크스에서 남쪽으로 50킬로미터가량 떨어진 데서 통신설비 공사를 하던 전기공사 청부업자에게서 가장 좋은 일거리를 얻었다. 시간당 3달러를 벌 수 있는 일이었다. 하지만 내가 운전을 할 줄 알아야 한다는 단서가 붙어 있었다. 나를 고용하려던 사람은 교회에서 사귄 버드 스마이스라는 친구였다. 개썰매 경주 선수로 나선 지 얼마 되지 않았던 그는 내게 운전을 할 줄 아느냐고 물었다.

솔직히 말해 대답은 "아니."였다. 내가 어렸을 때 코체부에에는 도로라는 게 아예 없다시피 했다. 내가 미시시피 주에 있는 딕 밀러의 부모님 집에서 여름 한때를 보낼 때 딕의 형수가 몇 번이나 나를 운전석에 앉혀서 운전을 해보게 했지만 결과는 실망스러웠다. 나는 딕의 형수는 물론이고 나 자신마저도 혼겁을 하게 만들었다. 내가 모는 차가 한참 요동을 하다가 큰길로 나간 뒤 딕의 형수는 더 이상 참아낼 수가 없어 차를 세우게 했다. 그녀는 팽팽하게 곤두선 신경을 가라앉히기 위해 담배를 한 대 피운 뒤 본인이 직접 운전해서 집으로 돌아왔다. 버드 스마이스에게는 차마 그런 얘기를 할 수가 없어서 나는 "조금."이라는 식으로 대충 얼버무리고 말았다.

그러자 버드는 과거 스쿨버스로 쓰이다가 이제는 화물용으로 개조된 큼직한 버스 안으로 나를 데려갔다. 그는 내게 기어 변속하는 시범을 보여주면서 설명했다.

"우선 왼발로 클러치를 밟고 1단기어를 넣어. 그런 뒤 다시 클러치를 밟고 2단으로 바꿔. 그런 식으로 하면 돼."

나는 동굴같이 넓은 차 안을 돌아봤다. 거기에는 직경이 25센티미터쯤 되고 검은 타르를 입힌 전선 통과용 파이프들이 앞뒤로 빼곡하게 들어차 있었다. 나는 그 차를 몰고 공군기지 곁을 지나 어느 산꼭대기까지 올라가야 했다. 버드는 그 꼭대기에서 목수 두 사람이 짐 내리는 걸 도와줄 거라고 했다. 그런 뒤에는 페어뱅크스로 돌아오면 되었다.

버드는 내게 운전면허가 있느냐고 물어보지 않았다. 아마 그는 없으리라는 걸 알고 있었을 것이다.

내 평생 그렇게 무서웠던 적은 다시없었다. 나는 무면허 운전으로 경찰에 체포되거나 차를 골짜기에 처박아서 목숨까지 잃을 가능성이 농후했다. 하지만 가을학기가 시작되기 전에 쏠쏠한 돈을 벌 수 있는 기회는 이것밖에 없었다. 나는 버스를 운전하기 전부터도 진땀을 흘리기 시작했다.

나는 가까스로 1단기어를 넣고는 회사 안마당을 빠져나왔다. 그런 다음 차를 살살 굴려 하이웨이에 올라선 뒤 남쪽을 향해 달려갔다. 나는 버드가 대충 그려준 지도를 보면서 내내 2단기어로만 달리다시피 했다. 그렇게 해서 가까스로 산꼭대기까지 올라간 것까지는 좋았는데 알고 보니 다른 산이었다. 할 수 없이 나는 하이웨이로 되돌아가 얼마간 달린 끝에 마침내 목적지인 산으로 올라가는 갈림길을 찾아냈다. 하지만 그 산꼭대기 가까이 이르렀을 때 엔진이 툴툴거리더니 갑자기 버스가 멈춰 서고 말았다. 나는 경사가 40도나 되는 가파른 비탈길에서 죽지 않으려고 두 손으로는 핸들을 꽉 움켜쥐고 두 다리로는 클러치 페달과 브레이크 페달을 있는 힘껏 밟은 채 버텼다. 거기서 그런 자세로 완전히 얼어붙은 채 얼마나 오래 있었는지는 나도 모른다. 나는 그저 내가 조금이라도 움직일 경우에는 버스가 뒤로 정신없이 굴러갈 것이라는 생각만 했다.

오늘날까지도 나는 그때 내가 어떻게 해서 다시 시동을 걸고 무사히 급경사 길을 올라가는 데 성공했는지 전혀 모르고 있다. 막상 산꼭대기에 이르고 보니 거기 있을 거라던 목수들은 보이지 않았다. 나는 얼마쯤 기다리다 대단치도 않은 일을 하고 시간당 3달러씩을 받아 챙기는 게 미안하다는 생각이 들어 통신케이블들을 감싸주는 기능을 할 그 무거운 파이프들을 내가 직접 하나하나 끌어내려 그 부지 한쪽에다 나란히 늘어놓기 시작했다.

나중에 알고 보니 그것들은 소련의 동향을 감시하다 소련군이 공격해 올 경우 즉각 미 당국에 경보를 전해주는 역할을 할 레이더장치의 일부였다. 나는 내가 러시아인들의 공격으로부터 미국을 지켜줄 마지막 방어선을 구축하는 일에 일조를 했다는 사실을 세월이 한참 지난 뒤에야 비로소 알았다.

날이 저물 무렵이 되었을 때 나는 하이웨이를 향해 차를 몰고 내려갔다. 그리고 회사 쪽으로 막 방향을 틀려는 순간에 두 목수를 만났다. 나는 그들에게 파이프들을 다 내려놓았다고 얘기하고는 이울어가는 석양 녘을 향해 달려가기 시작했다. 하이웨이에서 나는 다른 모든 차들이 내 곁을 추월해 갈 만큼 천천히 차를 몰았다. 하지만 내가 여전히 살아 있고 최소한 24달러를 벌었다는 사실에 기분이 여간 뿌듯하지 않았다. 버드가 별일 없었느냐 물었을 때 나는 점잖게 아무 일 없이 무사히 다녀왔다, 다음에도 다시 그 일을 할 수 있었으면 좋겠다고 말했다. 그 뒤에도 나는 가끔 그 일을 맡아 했다.

그 당시를 돌이켜볼 때마다 내가 대학을 졸업한 건 둘째 치고 우선 입학한 것 자체부터가 신기하기만 하다. 나는 앞으로 무엇을 하면 좋을지 몰랐다. 그리고 우리 집안 사람들 중에는 학교를 다닌 사람도 없어서 이 인적미답의 영역을 안내해줄 수 있는 사람이 아무도 없는 형편이었다. 우리 식구들과 만난 적도 아주 드물었다. 어머니 노운라레이크는 영어를 거의 할 줄 몰랐고 영어로 글 쓰는 건 조금 할 줄 알았다. 대학 일 학년 때 나는 어머니가 보내준 편지를 한 통 받았다. 그 편지는 오래도록 보관해왔다. 그 내용은 이러했다.

안녕, 소니.
나한테 10달러를 보내준 것 정말 고맙다. 너한테서 소식을 들어 너무 기뻤다. 나도 이제는 늙어서 할 수 있는 게 거의 없다. 네가 코체부에에 곧 올 거라는 소식을 들었다. 어서 그날이 왔으면 좋겠구나. 네 생각을 하느라 가끔 잠을 못 잔단다. 그런데 네 소식을 들어서 이제는 괜찮다.

나는 수업할 때 배운 내용을 시험 때 그럭저럭 써먹을 수 있게 하려고 아등바등하면서 늘 힘겹게 지냈다. 그리고 늘 빈털터리여서 과연 내가 다음 달 수업료와 숙박비와 식비 낼 돈을 벌 수 있는지 알 수 없는 불안정한 상태에서 학기를 보내곤 했다. 입학한 첫해에 간신히 낙제를 면한 건 별로 놀라운 일이 아니었다. 어찌어찌해서 1학년 과정을 통과하기는 했지만 학년이 채 끝나기도 전에 나는 또다시 필사적으로 일거리를 찾아 나서야만 했다.

어느 봄날 오후에 나는 캠퍼스 게시판에서 포스터 한 장을 보았다. 그 첫 문장은 '북서 알래스카'로 시작되었기에 내 고향을 언급하는 그 글귀는 대번에 내 시선을 끌었다.

'북서 알래스카가 여름방학 일거리를 찾는 엔지니어링이나 광산학 관련 학생들을 구하고 있습니다.'

포스터에 전화번호가 적혀 있기에 나는 엔지니어링이나 광산학하고는 아무 관련이 없는 학생임에도 그리로 연락을 해봤다. 그것은 '한대지역 탐사와 엔지니어링 연구소CRREL'란 이름을 가진 단체의 전화번호였다. 내가 코체부에 출신이라고 얘기했더니 그들은 내게 우리 고향 마을에서 해안선을 따라 바로 위쪽에 있는 톰슨 곶에서 일해보지 않겠느냐고 제안했다. 그들은 시간당 2.12달러를 지급하고, 오후 6시에서 오전 6시 사이에 초과근무를 할 경우에는 50퍼센트의 수당을 별도로 지급해주겠다고 했다. 나는 그 제안을 받아들였다.

나는 CRREL이 연방정부와 모종의 관련이 있는 단체라는 것 정도는 알고 있었지만 내가 물의를 일으킬 가능성이 아주 많은 사업에 고용되었다는 사실은 전혀 알지 못했다. 원자에너지위원회가 주도하는 '채리엇(전차) 프로젝트'라고 하는 그 사업의 아이디어는 영화 〈닥터 스트레인지러브〉(스탠리 큐브릭이 감독한 1964년 영화. 핵무기로 소련을 공격하려 하는 광적인 스트레인지러브 박사가 주인공으로 나온다)에서 나왔을 가능성이 있다.

우리는 톰슨 곶 해역과 잇닿은 땅의 단단한 혈암에 여덟 개의 구멍을 파고 들어가 지하 깊은 곳에 여덟 개의 방을 만들라는 지시를 받았다. '원자에너지의 평화적 이용'을 목적으로 하는 그 회사에서는 그 방들에 여덟 기의 원자탄을 들여놓고 폭파시켜 그곳에 항구를 건설할 계획이었다.

하지만 그 당시 나는 그런 계획을 전혀 알지 못했다. 내가 거기 있는 동안 현장을 연이어 방문한 대학교수들의 상당수는 그 프로젝트가 그곳의 환경과 그 일대에 사는 이누피아트 사람들에게 앞으로 몇십 년 동안 엄청난 재앙을 안겨주리라 확신했지만 나는 그런 사실을 전혀 눈치채지 못했다.

굴착작업을 하는 인부들 중에서 맨 아래 서열에 해당했던 나는 빗발이 내 안경을 두드리고 맹렬한 바람이 포효하고 굴착기 엔진이 굉음을 발하는 가운데 밤부터 새벽까지의 시간대에 혈암에 구멍 뚫는 작업을 했다.

나는 그때 일을 돌이켜볼 때마다 우리의 작은 팀이 채리엇 프로젝트가 폐기되도록 하는 데 약간이나마 기여를 했다고 생각하면서 흐뭇해한다. 그해 여름, 우리는 우리가 파야 할 여덟 개의 구멍 중에서 네 개만 파는 데 그쳤으며, 우리가 가진 장비로는 단단한 혈암을 뚫고 들어갈 수가 없어서 지하 깊은 곳에 마련해야 할 폭탄 저장고를 만드는 일이 불가능했다. 내 관점에서 볼 때 그 결과는 더없이 만족스러웠다. 스트레인지러브 유형의 그 프로젝트는 결국 와해되고 만 데다 나는 다음 학기 등록금을 내고도 남을 만한 돈을 벌었으니까.

하지만 이 학년 때의 생활은 일 학년 때의 그것보다 훨씬 더 힘겨웠다. 나는 몇 주간 기온이 영하 45도 정도에 머물고 밤만 계속되는 겨울철 몇 달을 보내는 동안 이듬해에 알래스카 대학에 돌아가지 않겠다고 결심했다. 나는 당분간 돈을 벌면서 지내다가 본토에 있는 대학에 다닐 계획이었다.

나는 코체부에로 돌아와 작은 트레일러 하나를 세낸 뒤 어머니를 내 곁에 모셨다. 그건 아주 근사한 시간이었다. 그 트레일러는 우리 둘이 지내기에 딱 알맞은 정도의 크기였으며, 마침내 나는 잠시나마 어머니를 보살펴드릴 수 있었다. 어머니가 어린 나를 양자로 맞아들였다는 건 내가 크고 어머니가 노쇠해졌을 때는 어머니를 모셔야 한다는 걸 뜻했으니 그건 내가 마땅히 해야 할 일이었다. 나는 어머니가 오랫동안 내게 해주신 것처럼 어머니를 안전하고 따뜻하게 모셨다.

그해 여름 내내 나는 예인선과 바지선을 운영하는 회사에서 일했고, 그렇게 일해서 번 돈을 착실히 저축했다. 가을철이 되었을 때는 알래스카 윈 항공사에서 일자리를 얻었다. 처음에 그 항공사 사람들은 먼 데 있는 고등학교에 가기 위해 해마다 고향을 떠나는 아이들에게 표를 끊어주는 일을 내게 맡겼다. 나는 한동안 그 일을 하다가 나중에는 일반 승객들에게 표를 끊어주는 위치로 승진해서 외진 마을들에 비행기 편을 배정하고, 승객들이 어떤 비행기를 타야 하는지와 각각의 비행기들에 얼마만 한 양의 우편물과 화물을 배정해야 하는지를 결정하는 일을 했다. 그 일은 그때까지 내가 해본 일들 중에서 가장 마음에 드는 일이었다. 안개와 폭풍, 심한 눈보라, 눈폭풍, 빈약한 활주로에도 불구하고 알래스카 사람들을 여기저기로 태워다 주는 우리의 영웅, 곧 용감한 오지 항로 비행사들과 더불어 일하는 즐거움이 따르는 일거리이기도 했고.

겨울 중반쯤 되었을 때 나는 대학에서 한 학기를 버티기에 충분할 만한 돈을 저축해서 워싱턴 D. C.에 있는 조지워싱턴 대학에 입학원서를 보냈다. 나는 내가 잘 알지도 못하는 기나긴 여정을 거쳐서 그 대학에 나타날 경우 그 대학 당국자들이 차마 나를 떨어뜨리지는 못할 것이라 계산하고 입학 담당자의 회신을 받기도 전인 한겨울에 워싱턴을 향해 떠났다. 워싱턴으로 가는 길에 나는 페어뱅크스에서 하룻밤을 묵어가야 했기에 우체국에서 근무하는 남자와 결혼한, 친척뻘 되는 여자 집에서 하룻밤을 잤다. 그런데 바로 그 사람이 조지워싱턴 대학에서 코체부에의 내 주소로 보낸 편지를 중간에 빼내어 내게 건네주는 게 아닌가! 그 대학에서는 나를 학생으로 받아들여주었다.

나는 아는 사람 하나 없는 워싱턴에 도착해서 2100번가에 있는 구중중하고 살풍경한 건물에 들어갔다. 그 건물은 조지워싱턴 대학에서 학생 기숙사로 쓰기 위해 구입한 건물이었다. 나는 옷가지와 책들이 들어 있는 여행가방 하나가 전부인 짐을 내 방에 들여놓은 뒤 창문을 열고 그 건물에서 불과 몇십 센티미터 정도밖에 떨어지지 않은 데 서 있는 또 다른 흉측한 건물을 바라보면서 그만 울고 싶어졌다. 나는 사랑하는 모든 것과 모든 사람하고 아득히 멀리 떨어진 데서 친구 하나 없이 혼자 덩그러니 서 있었다. 그리고 나는 이불과 베개 살 돈도 없는 형편인 데다 앞으로 하루 이 달러 정도 되는 돈으로 연명해야 할 처지였다. 도대체 내가 무슨 짓을 한 거지?

그러나 결국 나는 서서히 학업에 열중하기 시작했다. 나는 경제사상사와 미국사의 한 강좌를 특히 더 좋아했다. 나는 사람들도 만나기 시작했다. 그리고 몇 주 동안 혼자서 방을 쓰다가 룸메이트를 맞았다. 인도 출신 학생인 라즈 크리슈나 나랑은 그때까지 내가 만난 어떤 사람과도 닮지 않은 친구였다. 그가 우리 방에 들어온 지 얼마 되지 않았을 때 좌식변기 시트 위에 발자국들이 찍혀 있는 광경이 자주 보여 나는 왜 그런 일이 생기는지 여간 궁금하지 않았다. 나중에 알고 보니 라즈는 화장실에서 일을 봐야 할 때마다 고향에서 했던 것처럼 변기 시트 위에 올라서서 일을 봤다. 나는 미국에서는 앉아서 일을 봐야 한다고 설명해주었다.

얼마 후 라즈가 떠나고 새 룸메이트가 들어왔다. 진 로저 해리스라고 하는, 모험을 즐기는 친구였다. 진은 오리건 주 엔터프라이즈에서 말을 타고 다니고 소와 양을 키우는 집안에서 성장했다. 나와 처음 만났을 때 그는 이미 내가 상상도 할 수 없는 이국적인 나라들을 두루 다녀봤다. 모로코, 멕시코, 인도 같은 나라들을. 그는 또 더없이 따뜻한 마음을 가진 친구였다. 그는 내가 조지워싱턴 대학의 살풍경한 콘크리트 캠퍼스에서 뼈저리게 외로운 일 년을 무사히 보낼 수 있도록 도와주었다. 나는 점차 다른 친구들과 사귀기 시작했고 워싱턴에서 앞으로 나아갈 수 있는 길을 찾아나가기 시작했다.

나는 공부하지 않을 때면 영화를 보러 가거나 고향 소식을 접하기 위해 국회도서관에서 알래스카 신문들을 읽었다. 나는 스미스소니언 박물관의 북극 전시관을 즐겨 찾았다. 그 전시관에서는 우리 민족이 사용했던 의상과 도구들을 보여주고 내게 아주 친숙한 생활 방식을 자세히 설명해주었다. 그러나 나는 내 시각 지평도 확장해나가기 시작했다. 나는 생전 처음으로 미 본토의 아메리카 원주민들을 알게 될 기회를 얻었다.

1963년 8월에 내가 워싱턴 행진(흑인들의 권리를 위해 25만 명이 링컨 기념관 앞에 모인 대규모 시위)에 참가했을 때 나는 내 친구인, 아시니보네 수우 족 출신의 행크 애덤스와 함께 걸었다. 행크는 훗날 워싱턴 주의 인디언들이 어로 조약상의 권리를 내세우며 투쟁할 때 핵심적인 전략가로서 활약했고, 영화배우 말론 브란도와 가까운 사이가 되었다. 그날은 잊지 못할 날이었다. 마틴 루터 킹 목사가 링컨 기념관에서 저 유명한, "나에게는 꿈이 있습니다."라는 주제로 연설을 한 날……. 이십만 명이 국회의사당 앞에서 출발했다. 그 행진에 참가한 이들 속에 낀 내 모습을 찍은 사진이 한 장 있는데, 바로 그 행진 덕에 민권운동이 전국 일간지들의 톱뉴스가 되었기 때문에 내게 그 사진은 소중한 기념물이다.

그 운동은 모든 소수민족 혹은 소수파 사람들에게 잘못된 현실을 바로잡기 위해 정치 시스템을 얼마든지 뒤흔들 수 있다는 사실을 보여주었다. 그리고 그 운동 덕에 모든 미국인은 우리나라를 지상의 다른 모든 나라보다 앞서는 나라로 만들어주는 중요한 원칙들 속에는 정의와 공정함도 포함되어 있다는 사실을 깨닫게 되었다.

나는 아메리카 인디언 전국 대회에 깊은 관심을 갖게 되었고, 온갖 부류의 원주민들이 직면하고 있는 다양한 쟁점들도 어느 정도 파악하게 되었다. 알면 알수록 내 궁금증은 자꾸 더 커져갔다. 어째서 인디언사무국은 있는데 이누이트사무국은 없는 것일까? 인디언들은 많은 보호구역을 갖고 있는데 어째서 알래스카에는 손바닥만 한 보호구역 하나밖에 없는 것일까? 알래스카에는 원주민 부락들의 숫자가 이백 개도 넘는데.

이런 말을 하면 순진한 사람처럼 비칠 수도 있을 것이다. 하지만 나는 미국 역사의 본질을 이해하려고 애썼다. 아메리카 대륙에는 다양한 원주민들이 이미 터 잡고 있었는데 어떻게 유럽 사람들이 건너와서 깃발을 꽂고는 왕이나 여왕의 명의 아래 이 땅을 자기네의 식민지로 만들 수 있었을까?

나는 인디언사무국에서 타이프 치는 일자리를 얻었다. 내 동료 직원들의 대다수는 인디언 여성들이었다. 그들은 바로 1960년대에 인디언사무국이 아메리카 원주민 교육을 대표하는 기관으로 설립했던 실업고등학교 출신들이었다. 우리 모두는 싸구려 공동주택에서 힘겹게 살고 있었고, 라디오를 친구 삼아 켜놓고 노상 고향 생각을 하면서 지냈다. 우리가 하는 일은 따분하고 지겨웠다. 하지만 나는 짬이 날 때마다 내무부 도서관에 내려가서 알래스카에 관한 온갖 자료를 뒤적이는 데서 작은 즐거움을 맛봤다.

연방정부가 한 가지 잘한 일은 온갖 기록을 잘 보관해두었다는 점이다. 그 자료들 중의 일부는 중요한 사실들을 알게 해주었다. 예컨대, 어느 날 나는 1940년대에 코체부에 근방의 코부크 강 상류 지역에서 열린 청문회의 녹취 기록을 우연히 찾아냈다. 그 마을 사람들은 금 채굴업자들과 그 밖의 투기꾼들로부터 자기네 부족이 대대로 살아왔던 땅을 지키기 위해 보호구역을 설정하려 애썼다.

그 녹취록을 읽는 것은 고통스러운 일이었다. 코부크 이누피아트 사람들이 몇천 년간 살아왔던 1,600제곱킬로미터의 땅이 일거에 날아갈 위험에 처했다. 그들은 그저 자기네가 조상들처럼 살아갈 수 있도록 가만 놔둬주기만을 바랐다. 하지만 그 이누피아트 사람들은 영어를 제대로 할 줄 몰라 자기네의 주장을 설득력 있게 제시하지 못했다. 그런 반면 그들의 적, 즉 그 땅에 들어오고 싶어 하는 광산업자들과 투기꾼들은 미 본토에 있는 보호구역들 때문에 생겨난 여러 가지 폐해들에 관해 열변을 토하면서 알래스카에도 그와 비슷한 거류지들을 세우는 것에 강력하게 반대하고 나섰다. 그 이누피아트 사람들이 자기네가 상대하고 있는 시스템을, 그리고 그 땅 속에 파묻혀 있는 귀한 자원들의 가치를 잘 아는 사람들이 지닌 힘을 제대로 이해하지 못하고 있는 판국에 어떻게 상대를 이길 수 있단 말인가?

그즈음 나는 가장 중요한 핵심 하나를 깨닫기 시작하고 있었다. 우리 민족에게는 투사들이 전혀 없다는 것을.

1966년 1월, 나는 조지워싱턴 대학을 졸업한 뒤 또다시 고향으로 돌아갔다. 나는 고향에서 어떤 현실과 맞닥뜨릴지 전혀 예상하지 못했고 따라서 대비도 전혀 되어 있지 않았다. 예전에 우리의 루핑 집이 서 있었던 곳에는 자갈밭과 무성한 잡초 말고는 아무것도 남아 있지 않았다. 그 집은 형체도 없이 사라져버렸다. 우리 어머니는 교회당 한구석의 맨바닥에서 피난살이를 하고 있었고, 다른 식구들은 사방으로 뿔뿔이 흩어졌다. 우리는 우리의 조그만 땅을 잃어버렸다.

그 땅은 19세기에서 20세기로 접어들 무렵 우리 집안이 일어선 곳이다. 우리 아버지 아크파유크의 아버지 시쿠프시라크는 거기서 우리 아버지를 키웠고, 아크파유크와 노운라레이크는 거기서 많은 자식을 키웠다. 그 땅은 몇십 년 동안 우리 집안 사람들이 개들을 묶어두고, 흰돌고래를 해변으로 끌어올리고, 물범고기와 연어를 말리고, 카약과 우미아크를 정박시켰던 곳이었다. 그 땅은 아버지와 아들들이 사냥하러 떠나기 전에 해변에 나가 바다와 구름과 바람의 상태를 가늠해보던 곳이었다. 그런데 이제 우리는 우리 고향 땅에서 집도 없는 처지로 전락해버렸다.

우리 이누피아트 사람들 대다수에게 사유재산권이라는 개념은 아주 낯선 것이었다. 우리는 알래스카 전역에 흩어져 살면서 우리 조상들이 그랬던 것처럼 알래스카 땅을 적절히 활용해왔고, 그 땅이 가끔 우리를 위협하기도 하면서 그런대로 살아남을 수 있도록 허용해주는 생활 방식에 알맞게 적응해왔다. 우리는 직선들과 종이쪽지들이 그 땅과 우리의 관계를 적절히 설명해줄 수 있다고 생각하지 않았다. 우리는 그 땅을 딛고 살았고, 그 안에서 번영해왔다. 수천 년이나 전승되어 내려온 우리의 유산은 그 땅거죽 바로 밑에 묻혀 있고 그 가운데는 우리 조상들의 뼈도 섞여 있었다. 우리는 맥맥이 살아 숨 쉬는 조상들의 숨결을 거의 느낄 수 있었다.

우리 집안 사람들이 마을에 있는 우리 집과 이카투크에 있는 우리 땅을 왔다 갔다 했던 것처럼 우리 이누피아트 사람들은 각 집안이 생존하기 위해 대대로 특정한 어떤 지역으로 돌아가곤 하는 것을 존중해주었다. 한 가족의 가장이 지은 집은 대략 그와 그의 식구들의 것이었다. 다른 가족은 그 가족의 친척이거나 특별한 친분이 있지 않는 한 그 근처의 땅을 차지하려 들지 않았다. 만일 어떤 가족이 알래스카의 악명 높은 혹독한 날씨 때문에 부득이 다른 가족의 집을 사용해야 할 경우에는 그 집을 잘 돌봐주었고, 그 집에 있는 먹을거리와 땔나무에 손을 댔을 경우에는 그만큼을 보충해주고 떠났다.

알래스카가 주가 되기 전에는 부족 법령이 코체부에 같은 마을들을 다스렸다. 1936년에 미 의회가 통과시킨 인디언재조직법IRA은 부족회의가 알래스카의 각 마을을 다스리도록 하는 형태의 통치구조를 부여해주었다. 이런 통치구조는 미국인들이 과거에 본토에서 아메리카 원주민들과 오랫동안 부딪치면서 접촉해온 경험을 기반으로 한 것이었다. 알래스카 원주민들이 주체가 되어 운영하는 그런 시스템은 우리가 대대로 그 땅을 공유해왔던 방식을 크게 변화시키지 않았다. IRA 법에서는 원주민이 아닌 이들이 공직에 오르는 걸 허용하지 않았다.

1955년, 알래스카를 주로 승격시키기 위한 준비의 일환으로 알래스카 헌법을 만들기 위한 헌법제정회의가 열렸다. 그 회의에는 55명의 대표가 참석했다. 그중에서 알래스카 원주민은 딱 한 사람뿐이었고, 그는 대세의 흐름을 따랐다. 그 당시 알래스카 원주민들의 의사를 제대로 대변해준 유일한 인물은 날로우르미트였다. M. R. 무크투크(마스턴)는 알래스카 역사에서 아주 소중한 인물이었다. 그는 제2차 세계대전 때 알래스카 정찰대를 창설했다. 주로 알래스카 원주민들로 이루어진 그 부대는 영웅적인 활약상을 보였으며 그 후 그 부대원들은 알래스카 주 방위군의 전신인 알래스카 수비대의 중추 세력이 되었다. 하지만 헌법제정회의의 대표들은 사실상 그를 무시하다시피 했다.

알래스카가 주가 되면서 그곳을 통치하는 방식은 엄청나게 변화했다. 이제 마을을 다스릴 권한을 가진 통치 주체는 부족회의가 아니었다. 그 권한은 시의회로 넘어갔다. 그리고 일부 지역 시의회에서는 비원주민들이 이내 다수를 차지했으며, 이로써 그런 지역의 시의원들은 해당 지역에서의 정치, 경제적 영향력을 확대시

킬 수 있는 기회를 얻었다. 그로부터 얼마 지나지 않아 그런 이들은 알래스카 마을들에서 재산권을 주먹구구식으로 행사하던 관례를 합리적으로 개편하려 들었다. 그들은 연방토지관리국BLM에 자기네 마을의 토지를 측량해달라고 요청했다.

그러자 BLM에서는 우선 전체 필지의 숫자를 정했다. 그런 다음 측량하는 데 드는 비용을 그 숫자로 나눈 뒤 그 액수를 각 필지의 기본 가격으로 정했다. 그렇게 해서 측량작업이 완료된 뒤 연방법은 각 가구나 사업체들이 그 필지들을 사들이는 걸 허용해주었다.

코체부에의 경우, BLM 측량기사들은 그 마을에 와서 우선 해변에서 석호에 이르는 길이 5킬로미터가량 되는 곳 전체를 측량한 뒤 300개 필지의 땅을 경매에 붙였다. 훗날 코체부에 시의 아버지들이라 할 수 있는 원로들은 자기네가 이미 자기 땅을 갖고 있던 사람들에게 필지당 25달러에서 30달러 정도를 내고 간편하게 공식적인 소유권을 얻게 해주려고 여러모로 애를 썼다고 내게 이야기했다.

설사 그 말이 사실이라 하더라도 그곳의 이누피아트 사람들은 끝내 자기네 땅을 소유할 기회를 얻지 못했을 것이다. 경매가 열렸을 때 많은 이누피아트 사람들은 겨울철에 먹을 걸 마련하기 위해 마을을 떠나 있었다. 마을에 있었다 해도 그들에게 '경매'라는 개념은 아주 생소했으며, 경매에 참여하는 걸 고려할 수 있을 정도의 돈을 가진 사람도 거의 없었다.

결국 코체부에의 넓은 땅은 비원주민들이 필지당 25달러나 50

달러, 혹은 100달러 정도의 돈을 내고 몽땅 차지하고 말았다(오늘날 그 땅값은 대략 4만 달러에서 5만 달러 정도에 이른다). 그 경매 때문에 원주민 자손들은 토지를 소유할 수 있는 가능성을 원천봉쇄 당해 훗날 남의 땅으로 간주되는 곳에 세 들어 살거나 불법 거주 하는 신세로 전락해버렸다.

이 모든 것의 일환으로, 어떤 사람이 법을 이용하여 우리 가족의 땅을 차지했고 그 바람에 우리는 땅도 집도 없는 처지가 되고 말았다. 그 사실을 알았을 때 나는 분노로 치를 떨었다. 우리 형한테서 그 땅을 산 사람은 이누피아트 사람이었다. 그것도 위스키 한 병을 주고. 그 사람이 이웃 사람이요 이누피아트 사람이라는 사실 때문에 더 속이 쓰렸다. 당국에서 이누피아트 사람들 모르게 슬쩍 통과시킨 새로운 토지보유권 협정만 아니었더라면 그런 일은 결코 일어나지 않았으리라.

어느 날 밤 두 시경에 내가 친구 두 사람과 파티를 하고 있을 때 그자가 위스키를 얻어 마시려고 그 자리에 나타났다. 그자와 나는 눈을 마주친 순간 곧장 싸움을 벌였다. 그자는 몸무게가 나보다 근 50킬로그램이나 더 나가는 판이라 나는 그자와 떨어진 상태에서 주먹다짐을 했다간 내가 골로 갈 가능성이 있다는 걸 알았다. 그래서 나는 왼팔로 그자의 목을 휘감고 있는 힘을 다해 졸랐다. 그 자세로 둘이 함께 바닥을 뒹구는 동안 나는 오른쪽 주먹으로 그자에게 연방 펀치를 먹였다. 결국 내 친구들이 달려들어 우리 둘을 뜯어말렸고, 그자는 그곳을 떠나고 말았다. 나중에 그자는 우리 셋이 한꺼번에 달려들었다고 주장했다. 우리 셋은 그 사건의 진상을 잘 알고 있다.

나는 그때까지 학교만 다녔을 뿐 직장 경험은 거의 없었고 취직하기에 좋은 기술도 별로 갖추고 있지 못한 데다 워싱턴에서 삼 년간 심한 향수병에 시달린 터라 알래스카 페어뱅크스 대학교 대학원에 진학하기로 마음먹고 거기에 입학원서를 집어넣었다. 나는 운용할 수 있는 돈이 한 푼도 없는 처지였지만 거기서 경영학 석사 학위를 취득할 작정이었다.

나는 합격했다. 나는 경영학을 전공할 계획임에도 알래스카 주 대법원 현직 법원장이요, 젊고 재기 발랄한 제이 라비노위츠가 가르치는 헌법학 강좌에도 수강 신청을 했다. 나는 라비노위츠 판사가 그 강의를 듣는 여덟 명의 학생을 본인이 판사석에서 맞부딪치곤 하는 쟁점들에 대한 일종의 공명판 같은 것으로 활용하고 있다는 인상을 받았다.

그는 그 강좌의 일환으로 우리에게 자신이 연구하고 싶은 법률적 주제에 관한 논문을 한 편씩 제출하라고 지시했다. 헌법과 관련된 주제라면 뭐든 다 좋았다. 학부 시절에 나는 어엿한 어른이 다 되었음에도 여전히 고향에 대한 짙은 향수에 시달리면서 알래스카에 관한 수많은 책과 자료를 읽어온 터라 내가 연구하고 싶은 게 뭔지 정확하게 알고 있었다. 알래스카의 광대한 땅. 그리고 원주민들의 토지소유권과 관련된 복잡하면서도 더없이 중요한, 아울러 가끔 내 개인적인 이해관계도 걸려 있는 쟁점들. 나는 그런 것들을 연구하고 싶었다.

나는 우선 전체적인 상황을 자세히 조사해봤다. 그때는 알래스카가 주가 되고 나서 7년의 세월이 흐른 1966년이었다. 그 무렵 그 신생 주의 인구는 30만 명이 채 되지 않았고 세금을 거둘 수 있는 사유지가 거의 없다시피 했다. 나는 우리 주가 탄생하는 과정과 관련된 수많은 쟁점들을 조사하다가 알래스카 전역이 사실상 연방정부의 지배 아래 있다는 걸 알았다. 알래스카 주의 산파 역할을 한 연방의회법은 그 신생 주가 생존할 수 있도록 해주기 위해 주정부에 주 소유의 땅 42만 제곱킬로미터를 자유롭게 고를 수 있는 권한을 부여해주었다. 그러자 주 당국자들이 석유와 가스, 각종 광물이 매장되어 있을 가능성이 가장 큰 땅을 고르려 했던 건 지극히 당연한 일이었다. 그리고 그들은 그 땅에 대한 원주민들의 권리와 이해관계 따위에는 아무 관심도 없었다. 사실, 그들은 그 땅을 우리가 눈치채지 못하는 사이에 통째로 훔쳐 가려 하고 있었다.

이제 알래스카가 공식적으로 미국 땅이 된 상황이라 나는 미 본토의 초기 역사에 관해, 그리고 유럽에서 이주해 온 사람들과 아메리카 원주민들 간의 초창기 거래에 관해 좀 더 자세히 알고자 했다. 나는 초기의 개척자들이 '발견'이라는 개념을 사용하여 자기네가 찾아낸 땅들에 대한 권리를 주장했다는 걸 알았다. 그들은 그런 식의 획득을 좀 더 '합법적인' 것으로 만들기 위해 그 새 땅과 거기 있는 자원, 그곳에 거주하는 사람들에 대한 지배권을 얻는 대가로 흔히 약소한 금액의 돈을 지불했다.

하지만 나는 그 유럽인들이 자기네가 얻을 수 있는 것이면 뭐든 다 가졌고, 자기네의 요구를 따르려 들지 않는 무모한 원주민들의 거의 대부분을 학살했다는 결론을 내렸다. 그 결과, 이백 년에 불과한 짧은 미국 역사가 흘러간 뒤 알래스카 이외의 지역에 거주했던 아메리카 원주민들은 사실상 그 대륙 전체를 빼앗겼다. 그리고 이제는 보호구역이라는 형식의, 다 합쳐봐야 20만 제곱킬로미터에 불과한 정도의 땅만 소유하고 있었다. 그들은 근 800만 제곱킬로미터에 달하는 그 외의 땅을 모조리 잃었다.

나는 알래스카 역사를 특히 더 자세히 조사했다. 러시아가 720만 달러에 알래스카를 미국에게 판다는 내용을 담고 있는 1867년의 영토 할양 협정이라는 더없이 중요한 사건에 관해서도. 나는 알래스카가 러시아인들의 수중에서 미국인들의 수중으로 넘어간 뒤 알래스카 원주민들은 훨씬 더 당혹스러운 상황에 처했다는 결론을 내렸다. 미국인들이 그들에게 따르라고 요구한 법들은 아무리 잘 봐줘도 모호한 것에 지나지 않았다. 원주민들이 미국시민권을 취득할 수 있는 방법을 규정한 어떤 기준도 없었고, 또 그들이 시민권을 자유롭게 취사선택할 수 있는지조차도 불분명했다.

그보다 한층 더 당혹스러운 것은 비원주민들이 이런 모호함을 이용하여 원주민들이 대대로 거주하면서 이미 사용하고 있던 땅들의 소유권을 차지해버리는 관행이었다. 비원주민들은 원래 공동체적인 관점으로 땅을 바라봤기에 사유재산이라는 개념에 대해서는 완전히 백지나 다름없었다.

그러나 알래스카를 미연방의 일원으로 인정하는 1959년의 의회법을 보면 일말의 희망이 남아 있는 것 같았다. 그 내용은 이러했다.

"미국과의 계약에 따라서 알래스카와 거기에 살고 있는 주민들은 모든 땅과 그 밖의 재산(어업권을 포함해서)에 관한 권리와 명의, 모든 인디언들과 에스키모들과 알류트인 등이 자기네 것이라 주장할 가능성이 있는 모든 권리와 명의, 또는 미국이 앞서 언급한 원주민들을 보호하기 위해 보유하고 있는 모든 권리와 명의를 영구히 포기한다는 데 동의하고 이를 내외에 선언한다."

미국은 전쟁을 통해서 알래스카 원주민들로부터 어떤 땅도 획득한 적이 없었다. 미국은 알래스카 원주민들과 어떤 협정도 맺은 적이 없었다. 이런 현실과 관련된 판례는 아주 분명했다. 만일 전쟁을 통해서 얻은 땅이 아니거나 의회법에 의해서 획득된 땅이 아닐 경우 연방 법정들은 아메리카 원주민들이 그 땅에 대한 '원초적 권리'를 보유하고 있다는 일관된 평결을 내려왔다. 그것은 우리가 아직도 알래스카 땅의 대부분을 소유하고 있는 게 분명하다는 것을 뜻했다!

나는 우리가 만일 주 당국으로 하여금 42만 제곱킬로미터의 땅을 '고르는' 작업에 착수하도록 허용할 경우 끝내 그 땅을 되찾을 수 없으리라는 걸 본능적으로 감지했다. 우리는 어떻게 해서든 그렇게 고르는 작업을 중단시켜야 했다. 그렇게 하지 않을 경우 앞으로 우리는 평생에 걸쳐 소송을 벌이거나, 미 본토 인디언들이 그랬던 것처럼 에이커당 몇 센트의 돈을 내고 형편없는 정착지를 얻거나, 땅도 없는 상태로 떠돌아다니는 신세로 전락해버리고 말 것이다.

우리 민족이 처한 위험성을 제대로 깨달은 순간 나는 심한 충격을 받았다. 우리가 아무것도 하지 않을 경우 한 세기 전에 본토의 인디언들이 그랬던 것처럼 우리는 우리의 땅을 모조리 잃고 말 것이다.

나는 논문에서, 우리 땅과 우리의 살림과 우리 문화에 대한 지배권을 상실할 경우 우리의 미래는 암담하다, 어떤 일이 있어도 갓 탄생한 주정부나 개별적인 세력들이 우리 땅에 대한 우리의 원초적인 권리를 차지하게 해서는 안 된다고 강력하게 역설했다. 나는 1966년 봄에 논문 쓰는 일을 마쳤고, 라비노위츠 판사는 그 논문에 A학점을 주었다.

그로부터 몇 주가 지난 뒤 작은 뉴스 기사 하나가 내 눈길을 끌었다. 그 당시 알래스카에서 정치적으로 가장 큰 힘을 갖고 있던 인물 중의 하나인 민주당 출신의 연방 상원의원 어니스트 그루어닝이 싼 전력을 얻을 수 있도록 하기 위해 유콘 강에 댐을 세울 계획이라는 기사였다. 그 기사에서 가장 중요한 대목은 이러했다.

'우리가 해야 할 일은 원주민들에게 돈을 지불하고 그 땅에 대한 개발을 진행시키는 것이다.'

나는 분노했다. 그루어닝은 원주민들의 권리를 꽤나 존중해주는 것 같은 냄새를 피우고 있었다. 하지만 흥분이 좀 가라앉은 뒤 나는 그 상원의원의 발언이 좀 더 폭넓은 내용을 함축하고 있다는 걸 깨달았다. 나는 생각했다.

'가만. 이 권세 있는 지도자께서 우리가 이 땅에 대한 어느 정도의 권리를 갖고 있다고 말씀하고 계시잖아. 만일 우리에게 그런 권리가 없다면 그 사람이 무엇하러 우리한테 돈을 지불하고 싶어 하겠어?'

나는 즉각 책상 앞에 앉아서 그 상원의원에게 보내는 공개장을 썼다. 나는 그 공개장에서, 알래스카 원주민들은 알래스카에 있는 모든 토지의 형질을 결정할 권리를 갖고 있다고 주장했다. 그리고 이것은 공적인 문제이기에 나는 그 편지 내용을 내가 알고 있는 모든 알래스카 신문사에 보냈다. 대부분의 신문이 다 내 편지를 실어주었다.

아직도 굶주림에 허덕이는 한낱 스물다섯 살 난 학생에 불과한 나는 그다음에 일어난 사태 때문에 겁을 잔뜩 집어먹었다. 나는 뉴욕에서 알래스카에 온 한 여류 화가와 알고 지내는 사이였는데 그 화가는 마침 그루어닝 상원의원의 친구이기도 했다. 어느 날 밤 그 화가가 내 기숙사로 전화를 걸어 그 무시무시한 상원의원이 나를 직접 만나보고 싶어 한다는 얘기를 전했다. 화가는 상원의원이 '나한테 원주민들이 알래스카 땅의 주인이라는 식의 역겨운 편지를 보낸 이 헨슬리란 자'에 관해 좀 더 자세히 알고 싶어 한다고 했다.

그루어닝 상원의원을 만나기 위해 페어뱅크스에 있는 고풍스런 호텔로 걸어가는 동안 나는 초조해서 연신 진땀을 흘렸다. 나는 그의 방문을 조용히 노크했다.

그는, "들어와, 윌리." 하고 소리쳤다.

일흔아홉 살 먹은 상원의원은 작은 침대에 걸터앉아 영리해 보이는 눈으로 나를 바라보면서 싱긋이 웃었다. 바닥 위에 떠 있는 그의 두 다리가 허공에서 대롱거렸다. 그는 바닥으로 내려선 뒤 나와 악수를 나누었다. 그리고 내게 딱 하나밖에 없는 의자에 앉으라고 권하고는 다시 침대 위에 올라앉았다.

나는 본인이 처한 입장을 설명하고자 하는 그루어닝 상원의원의 뜻은 존중했다. 그러나 나는 이것이 대결이라는 것을 본능적으로 알아차렸다. 그는 알래스카를 주로 승격시키기 위해 싸워온 사람이었다. 그의 입장에서 볼 때는 알래스카가 부유한 주로 순조롭게 발전하리라는 전망, 또한 그 전망을 보장해줄 42만 제곱킬로미터의 땅이 위험에 처한 셈이었다. 또한 알래스카는 우리 땅이고, 만일 주 당국이 먼저 우리의 권리를 인정해주고 보호해주려 하지 않을 경우 주에는 아무 권리도 없다는 것이 내 입장이었다.

상원의원은 말했다.

"자네가 신문사에 보낸 편지에서 무슨 얘기를 하려고 했는지는 잘 알고 있네, 윌리. 한데 우선 자네가 이걸 알아주었으면 해. 나는 1940년대에 알래스카 지사로 근무할 때 알래스카에서 원주민들에 대한 차별을 하지 못하도록 막은 사람이야. 원주민들에게 정치에 참여하도록 권한 사람이기도 하고. 몇몇 사람들은 공화당원으로 출마하기도 했지. 게다가 나는 내무부 장관에게 원주민 토지 문제에 관해 뭔가 조처를 하라고 압력을 가해왔어. 그 사람은 아무 조처도 하지 않았지만."

그는 입을 다물고 내 대답을 기다렸다.

나는 그가 인권을 위해 애쓴 업적은 인정했다. 과거에 식당과 호텔, 극장 등에서 흔히 볼 수 있었던, '개와 원주민은 출입을 금함'이라는 팻말을 없애버리게 한 공로도 인정했고. 하지만 그 말에 이어 나는 이렇게 말했다.

"알래스카 원주민들의 원초적 권리라는 쟁점을 해결할 수 있는 주체는 의회뿐이기 때문에 내무부 장관은 원주민들의 토지청구권에 관해 아무 조처도 할 수 없습니다. 과거 의원님과 의회는 '알래스카 주 정부의 지위에 관한 법령'의 초안을 만들면서 내무부 장관이 42만 제곱킬로미터가 넘는 우리 땅을 제삼자에게 양도할 수 있도록 허용해주셨습니다. 우리는 결단코 그런 일이 일어나게 방관하지 않을 겁니다!"

상원의원에게 다른 약속이 있어 우리의 만남은 그것으로 끝났다. 나는 약간 역겨운 기분과 함께 그곳을 떠났다. 나는 그 친절한 상원의원이 이 문제에서 원주민의 편에 서지 않으리라는 걸 알았다. 독일계 이민의 자손으로 동화주의자인 그는 아마도 우리가 알래스카 원주민이라는 본래 신분을 완전히 잊어버리고 알래스카 주 정부가 우리의 유서 깊은 땅을 마음대로 처리하게 가만 내버려둬야 한다고 생각했을 것이다. 하지만 그보다 좀 더 중요한 것은 그가 알래스카를 미국의 한 주로 만들기 위해 오랫동안 애써왔기에 무슨 일이 있어도 알래스카를 소수 원주민들에게 넘기지 않으려 들 것이라는 점이었다.

 나는, 이제 원주민들이 '알래스카 주 정부의 지위에 관한 법령'에 포함된 난해한 법률용어들의 참뜻을 꿰뚫어 보기 시작했으므로 앞으로 내무부 장관에게 엄청난 압력이 가해질 것이라는 것을 감지했다. 알래스카 주의 실력자들은 내무부 장관에게 주 당국이 적절한 땅을 선정할 수 있도록 허용해달라, 원주민들에게 보상을 해주는 문제는 먼 훗날 어느 땐가 원주민들이 스스로 알아서 나서게 가만 내버려둬도 된다고 주장하면서 집요하게 졸라댈 것이다. 그리고 과거의 역사 사례를 더듬어볼 때 그 보상이라는 것은 보잘 것없을 것이 불을 보듯 뻔했다.

 바로 그해인 1966년 늦봄 무렵 나는 중요한 고비에 처해 있었다. 가족과 고향으로부터 아주 멀리 떨어진 데서 여러 해 동안 공부하고 생활하느라 힘겹게 지낸 뒤 대학원에서 선택한 한 강좌가 내 삶의 흐름을 엄청나게 뒤바꿔놓았다. 이제 생전 처음으로 나는 더없이 중요한 의미를 지닌 분명한 소명을 깨달았다. 나는 나와 같은 민족에 속하는 원주민 5만 명의 행복과 복리에 영향을 미칠 수 있는 지식과 통찰력을 갖고 있었다. 그 사람들도 역시 언제고 무일푼에 집도 없는 우리 가족과 똑같은 신세로 전락할 가능성이 있다는 생각을 하자 나는 더 이상 참을 수 없는 심경이 되었다. 나는 과거 만여 년 동안 우리 민족을 부양해주었던 땅을 모조리 빼앗길 위기에 처해 있다는 사실을 한시라도 빨리 그들에게 알리고 싶어 몸살이 날 지경이었다. 그리고 그 '새로운 세계'의 유서 깊은 문화와 문명에 속한 이들은 자기네에게 어떤 운명이 닥쳐오고 있는지 까맣게 모르고 있었다.

하지만 나는 아무 힘도 없는 빈털터리였다. 내가 가진 모든 물건을 다 그러모아도 여행가방 하나를 겨우 채울 수 있을 정도에 지나지 않았다. 그리고 내게는 당장 페어뱅크스 시내로 가는 버스를 탈 돈조차도 없었다. 나는 좌절감과 분노에 휩싸인 채 알래스카 정계에는 우리 민족의 친구들이 전혀 없다는 생각을 하면서 히치하이크를 해서 기숙사로 돌아왔다. 우리가 우리 땅을 보호하는 데 성공하려면 우리 스스로의 힘으로 싸울 방법을 찾아내야 했다.

8
티굴루구!―권리를 요구하자!

그렇다, 나는 성나 있었다.
나는 우리의 가난에,
우리 목숨을 빼앗아가는 질병에,
우리 가운데 만연한 끊임없는 굶주림에,
우리가 아무것도 모를 것이라 단정하고
비행기를 타고 떼거지로 마을에 날아오는
거만한 관료들에게 성나 있었다.

 나는 코체부에 근방에 거주하는 알래스카 원주민들, 즉 내 동족인 이누피아트 사람들과 그 주변의 다른 부족 사람들에게 임박한 위험을 경고해주어야 했다. 만일 우리가 하루빨리 우리 권리를 요구하지 않을 경우에는 우리의 유서 깊은 땅을 주정부나 연방정부에, 혹은 그 양자에게 빼앗길 가능성이 있었다. 물론, 미국 내무부가 우리의 청구권을 인정해줄 것인지의 여부를 알 길은 없었다. 만일 내무부 장관이 아메리카 원주민들이 지닌 권리들을 보살펴줄 자신의 책무를 제대로 의식하고 있는 훌륭한 인물이라면 우리는 우리 자신을 보호하는 데 성공할 수도 있으리라. 그렇지 않은 인물이라면 모든 걸 다 잃을 수도 있고.
 1966년 5월 6일, 나는 코체부에 일대에 있는 열한 개 마을 모두에 편지를 보냈다. 그 편지에서 나는 '주 정부의 지위에 관한 법령'에 포함된 토지 선택 조항 때문에 우리가 직면하고 있는 위험을 가급적 간략하게 요약하고, 이 문제를 논의하기 위해 마을마다 대표를 한 사람씩 뽑아 코체부에서 만나자고 썼다.
 나는 우표 값이 없어 십 달러를 빌려야 했다. 그리고 페어뱅크스에서 고향으로 돌아갈 방법을 찾아내야 했다.

레바 울프와 루비 탠시는 내가 논문을 쓸 때 원주민 토지보유권에 관해 치를 떨면서 외쳐대는 소리를 묵묵히 들어줄 만큼 좋은 친구들이었다. 레바와 루비는 그 당시 페어뱅크스에서 제대로 된 원주민 단체로는 유일한 단체라고 할 수 있는 페어뱅크스원주민연합FNA이 곧 모임을 가질 것이라는 알았다. 나는 그 모임에 참석할 수 없는 입장이었다. 하지만 두 사람은 자기네가 그 모임에 참석해서 그 단체 사람들에게 내 코체부에행 비행기 표를 사달라고 요청하는 일을 대신 해주겠다고 했다.

그들은 그 모임에 참석하고 돌아와 실망스러운 대답을 들려주었다. FNA 지도자들은 그들에게 이렇게 말했다고 한다.

"윌리 헨슬리라는 사람이 대체 누구요? 그리고 어째서 그 사람은 우리가 본인에게 돈을 줘야 한다고 생각하는 거죠?"

그래도 나는 굴하지 않고 다른 방법을 찾아봤다. 그 당시 미 하원의원 선거에 출마한 마이크 그래벌은 잘나가는 건설회사 집안 출신인 헬렌카 브라이스라는 여성에게 나를 소개시켜주었다. 키가 152센티미터 정도 되고 터질 것 같은 에너지로 넘치는 헬렌카는 성마른 탁한 목소리로 거의 쉴 새 없이 이야기하곤 했다. 그녀는 고맙게도 내게 고향으로 돌아가는 데 필요한 여비 54달러를 빌려주었다.

내가 해야 할 일은 분명했다. 사람들을 자극해서 주정부와 연방정부, 그리고 우리 땅을 차지하려 드는 그 어떤 이들과도 과감히 맞서 싸울 수 있게끔 하는 것. 나로서는 사람들이 과연 내 말에 관심을 가져줄지 여간 궁금하지 않았다.

나는 사람들과 접촉할 수 있는 유일한 방법은 거리를 걸어다니면서 가급적 많은 이누피아트 사람들에게 우리가 당면한 문제를 설명하는 것이라 판단했다. 나는 또 원주민이 아닌 사람들에게도 이야기를 해줘야 한다고 생각했다. 그렇게 하지 않았다간 그 사람들이 놀라서 "저기서 윌리가 사람들을 선동하고 있어."라고 하면서 대뜸 경계심을 품게 될 것이다. 나는 그 사람들의 반대를 최소화하는 것을 내 첫 번째 목표들 중의 하나로 삼았다. 나는 우리가 어떤 사람의 땅도 빼앗을 의도가 없고, 또 지역사회에 긍정적인 효과를 가져다줄 개발사업을 저지할 의도도 없다는 뜻을 전하는 데 초점을 맞췄다. 하지만 그와 동시에 비원주민들은 우리가 과거부터 대대로 살아온 땅들의 일부에 대한 권리를 갖고 있다는 사실을 이해해주어야 했다.

나는 우선 내가 존경하는 비원주민 두 사람을 만났다. 그 사람들은 이제 막 모습을 드러내기 시작하는 새로운 세계의 규칙들을 잘 이해하는 사람들이었다.

에디스 블록은 과거 시의원을 역임했고 이 무렵에는 'B&R 예인선과 바지선'이란 회사를 경영하는 여성이었다. 우리는 내가 어느 해 여름에 그녀의 회사에 고용되어 일한 뒤부터 줄곧 가깝게 지내왔다. 사실, 내가 조지워싱턴 대학에 갈 때 들고 갔던 B-29 가방은 그녀의 전남편 것이었다. 에디스는 자갈로 이루어진 코체부에 해변에서 노른자위에 해당하는 땅을 갖고 있었다. 코부크 호로 흘러드는 두 강이 쏟아낸 강물의 흐름이 수심을 깊게 해줘 예인선과 바지선들이 얼마든지 드나들 수 있는 곳의 땅을.

그녀는 그 지역에서 가장 유능하고 존경받는 이누피아트 사람들 몇을 고용해서 쓰고 있는 데다 본인이 마음만 먹었다 하면 많은 이누피아트 사람들을 내 적으로 돌려세울 수도 있었다. 그런 반면 그녀의 사업체가 계속 잘나가려면 그 사업체가 보유한 상품들과 서비스를 사주는 그 지역의 모든 사람들과 계속 좋은 관계를 유지해야만 했다. 그러니 그녀에게 내가 그 지역에 이익이 되는 일을 하고 있다고 설득할 수만 있다면 그녀는 내게 해되는 일을 하지 않을 공산이 컸다.

에디스는 내 말을 끝까지 다 들어주었다. 물론 이 단계에서 우리가 정확히 어떤 목표를 지향하는지를 아는 사람은 아무도 없었다. 나조차도 몰랐다. 원주민들에게 토지를 배정해달라는 것? 아니면 보호구역의 설정? 권리증 같은 것으로 명시된 원주민 마을 부지 같은 것? 그럴 경우 에디스의 회사 같은 사업체들은 해당 지역 원주민들에게 세금을 내야 하는 걸까? 이 중 어떤 것도 분명하지 않았다.

나는 에디스가 개척민적인 성향을 가진 사람이라 원주민들이 아주 복잡다단한 과정을 거쳐야 하는 정착지 획득 같은 걸 목표로 삼으리라고는 믿지 않았을 것이라 생각한다. 하지만 그녀는 또 공정한 사람이기도 해서 일이 어떻게 돌아가는지 잠자코 기다리면서 지켜볼 의향을 갖고 있었다. 적어도 그 시점에서 그녀는 나나, 토지청구권에 대한 내 생각과 맞설 의향이 없었다. 그것은 작으면서도 중요한 승리였다.

내가 두 번째로 만난 비원주민은 미 공군 대령 출신으로 알래스카에서 오지 항로 비행사로 이름을 떨치다가 이 무렵에는 코체부에 시장으로 일하던 존 크로스였다. 크로스 씨는 처음 코체부에에 왔을 때 퀘이커교 교단 땅의 일부를 세내서 지냈다(1900년에 제정된 '선교법'에 따라 종교단체들은 알래스카에서 2.6제곱킬로미터 이내의 땅을 소유할 수 있었기에 코체부에에 들어온 퀘이커교도들은 그 마을 중심가의 땅을 얻곤 했다). 그 후 그는 이런저런 경로를 거쳐 정착할 만한 땅을 구해 그곳에다 집을 짓고 살았다. 코체부에 사람들 사이에서 그 문제를 두고 약간의 논란이 일었던 적이 있었다. 그때 그는, 자기 같은 사람들이 땅을 사들이도록 허용해줄 "법이 있어야 한다."고 응답했다.

존 크로스는 조용하고 겸손한 사람이었다. 그는 쉬시마레프 지역 출신의 이누피아트 여성인 베시와 결혼했고, 그 부부의 아들 해리는 테네시 주의 해리슨 칠로위 고등학교에서 나와 함께 공부했다. 나는 크로스 씨가 토지청구권에 관해 내가 이야기하는 내용을 잘 이해해주리라 기대했다.

나는 크로스 씨 밑에서 일하는 한 시청 직원으로부터, 자기네가 원주민 토지를 둘러싼 분쟁의 역사에 관한 내 편지를 접수했으며 그들이 내 주장에 많은 관심을 갖고 있다는 뜻을 밝힌 메모를 전달받았다. 나는 에디스에게 그랬던 것처럼 존 크로스에게도, 우리는 지역경제를 무너뜨리거나 지역 개발 사업을 방해할 의도가 전혀 없으며 그저 우리 민족을 위한 땅을 확보하고자 하는 목적만 갖고 있다는 점을 분명히 했다. 우리는 공항 확장 공사나 꼭 필요한 그 밖의 공공시설 공사를 방해할 생각이 없다, 그저 우리가 얻을 수 있는 만큼의 땅이나 우리가 얻을 수 없는 땅들에 대한 보상을 요구하려 할 뿐이라고 말했다. 결국 시장은 내 말을 듣고 흡족해했다. 내가 그의 방을 떠날 때 그는 내게 행운을 빌어주었다.

나는 사람들의 존경을 받는 비원주민 두 사람에게 이렇게 내 의도를 전달한 뒤, 코체부에 거리 곳곳을 걸어다니면서 귀 기울여줄 의향이 있는 사람만 있다 하면 무조건 붙잡고 토지청구권에 관한 이야기를 전했다. 나는 주정부와 연방정부가 스스로를 보호하려는 우리의 노력을 방해할까 두려워 필사적으로 우리의 권리를 역설하고 다녔다. 우리는 최대한 빨리 행동에 나서야 했다.

그러나 알래스카에 거주하는 이누피아트 사람들의 입장에서 볼 때 봄여름은 모임을 갖기에 가장 안 좋은 때였다. 이때엔 모두가 다 해변, 호숫가, 강가의 야영지로 나가서 기나긴 겨울을 나는 데 필요한 먹을거리를 구하기 위해 사냥과 낚시를 하고 식용식물과 야생딸기를 채취했다. 그 점에서 나는 흐름을 거스르고 있었다.

내게는 다른 이들의 도움이 절실히 필요했으며, 내 앞에는 그 밖에도 넘어야 할 장애가 무수히 많았다. 이누피아트 사람들 가운데 적지 않은 숫자가 바로 우리가 맞서 싸우려는 정부에 고용되어 일하고 있다는 것도 그중 하나였다. 나는 비원주민들의 지시를 받는 데 오랫동안 길들여져온 사람들을 향해 정부 당국에게 "아니오."라 말하라고 요구하고 있었다. 사실상, 나는 그들에게 "결단코 아니오."라고 말하라고 요구하고 있었다. 우리 땅을 얻으려면 그처럼 강하게 거부하고 나서는 자세가 꼭 필요했다.

한데 그렇게 하기는 아주 어려웠다. 우리 민족은 맞서 싸우는 일에 익숙하지 않았다. 과거 수천 년 동안 우리는 가급적 조화롭게 살아갈 수 있도록 원만한 대인 관계를 중시하는 협조적 작업 방식을 발전시켜왔다.

나는 페어뱅크스로 돌아온 뒤 6월에 코체부에서 모임을 가질 계획을 세우기 시작했다. 코체부에 주변 마을 대표들이 그 회의에 참석할 수 있도록 하기 위해 나는 인디언사무국을 설득해서 재정 지원을 얻어냈다. 페어뱅크스의 BLM 직원인 보우먼 힝클리는 내가 토지청구권에 관해 연구하는 동안 내게 소중한 많은 정보를 제공해준 이로, BLM의 토지청구권 규정들을 설명해주기 위해 우리 회의에 참석해도 좋다는 상부의 허락을 얻어냈다. 인디언사무국은 주노에서 대표 한 사람을 보내주는 데 동의했다.

그렇게 해서 1966년 6월 10일, 우리가 코체부에의 인디언사무국 부설 초등학교에서 정보를 공유하기 위한 첫 모임을 가졌을 때 75명이 참석했다. 그들은 암블러, 노아타크, 키아나, 키발리나 같은 코체부에 일대의 여러 마을 대표들이었다.

우리는 이누피아트어로 회의를 진행했다. 우선, 나는 우리가 직면하고 있는 상황을 가급적 간략하게 요약해서 설명했다. 그런 뒤 대표들은 네 시간여 동안 그 문제를 논의했다. 논의가 끝날 무렵 나는 거기 모인 이들에게 우리가 우리의 유서 깊은 땅에 대해 어떤 조처를 하면 좋겠느냐고 물었다. 그러자 그들은 거의 한목소리로 "권리를 요구하자!"고 외쳤다.

나는 커다란 검은 펜을 집어 들었다. 그러고는 크롤 사의 간략한 알래스카 지도에 12만 제곱킬로미터가량의 면적을 아우르는 원을 하나 그렸다. 코체부에 해협 일대가 전부 들어가는 원을. 나는, "좋습니다, 우리의 열세 개 마을을 대표해서 우리가 요구하는 건 이겁니다."라고 선언했다. 그런 다음 나는 그 목적을 이루기 위해 우리가 결성한 '북서알래스카원주민연합NANA'을 대표해서 편지 한 통을 작성한 뒤 서명했고, 그 회의에 참석한 다른 모든 대표도 거기에 서명을 했다.

회의가 끝났을 때 나는 안도의 한숨을 내쉬었다. 적어도 그 시점에서 우리는 주정부와 연방정부에 공식 통고를 발한 셈이었다. 우리는 그 땅에 우리의 말뚝을 박아 넣었다. 이제 공적인 주체든 사적인 주체든 간에 어떤 주체가 우리 지역에서 땅을 얻으려 할 때는 청원번호 035294에 해당하는 소유권 청구자들, 곧 코체부에 일대의 이누피아트 사람들과 교섭을 해야 했다.

우리 권리를 요구한 다음에 이어진 여름철에 나는 평생 두 번 다시 없을 만큼 정신없이 바쁜 시간을 보냈다. 알래스카 땅에 대한 우리 권리를 확정하는 일은 우리 이누피아트 사람들뿐만 아니라 유피아트, 알류트, 아타파스카, 틀링기트, 하이다 사람들에게도 중요한 이슈가 되었다. 다시 말해 그것은 그 거대한 신생 주 전역에 거주하는 모든 원주민의 사활을 좌우하는 중대한 이슈가 되었다. 이들을 효과적으로 조직하고 다양한 정치적 접촉을 벌이는 데 따르는 일거리는 엄청나게 많았다. 우리에게는 돈도, 조직도, 통신망도, 도로도, 유용한 인맥도, 강력한 동맹자도 없었다. 우리가 하나로 뭉치려면 문화적인 차이와 엄청난 거리, 오랜 경쟁 관계를 극복해야 했다.

돌이켜보면 그때 나는 성난 젊은이였다. 사방 어디를 돌아봐도 해결해야 할 문제들이 산적해 있었다. 미국에서 가장 추운 그 지역에는 집다운 집이 거의 없었다. 해마다 맹렬한 바람이 상하수도 설비도 없고 안전한 물도 공급받지 못하는 우리의 초라한 오두막을 뒤흔들었다. 놈, 베델, 코체부에, 배로 같은 큰 마을을 벗어난 곳에는 나이 든 사람들이나 병약한 사람들을 치료하고 지원해줄 어떤 시설도 없었다. 거기에는 우리의 생존에 꼭 필요한 끊임없는 작업을 하는 데 도움이 되어줄 전기도 없고 단백질 중심의 음식들을 보존해줄 어떤 냉장시설도 없었다.

교육 당국에서는 아직 어린 우리 아이들을 고향에서 수백 수천 킬로미터나 떨어진, 그리고 부모들이 교육 과정에 아무 발언권도 없는 학교들에 보내 자기네 멋대로 교육했다. 거기에는 우리가 생존 중심의 옛 세계에서 벗어나 새로운 자원경제에 효과적으로 적응할 수 있도록 도와줄 만한 제대로 된 어떤 훈련 프로그램도 존재하지 않았다. 우리의 삶에 많은 영향을 미치는 기관들, 곧 법원, 학교, 병원, 어로와 사냥을 통제하는 관계 기관들에서는 이누피아트인들과 그 밖의 알래스카 원주민들의 의견을 거의 들으려 하지 않았다.

그곳은 우리 땅이요 우리 고향이었다. 북서 알래스카에서는 우리가 그곳 인구의 압도적인 다수를 점하고 있었다. 그런데도 우리는 우리와 관련된 모든 일에서 아무 발언권도 없다시피 했다. 내게는 그런 현실이 평생의 도전 과제로 비쳤다.

그렇다, 나는 성나 있었다. 나는 우리의 가난에, 우리 목숨을 빼앗아 가는 질병에, 우리 가운데 만연한 끊임없는 굶주림에, 우리가 아무것도 모를 것이라 단정하고 비행기를 타고 떼거지로 마을에 날아오는 거만한 관료들에게 성나 있었다. 내가 주정부와 연방정부가 우리 땅을 우리 모르게 슬쩍 빼앗아 가려 한다고 호소한 뒤 정부의 관용기 하나를 가득 채울 만큼 많은 숫자의 연방토지관리국 관리들(오리털 파카를 입은 국장을 앞세운)이 나를 만나기 위해 코체부에 날아온 적이 있었다. 내가 보기에, 상대방에게 '충격과 공포'를 안겨줄 목적으로 엄청나게 많은 관리들이 한꺼번에 떼로 달려드는 이 같은 접근 방식이야말로 약한 이들을 못살게 구는 그들의 무도한 전략의 한 전형이었다.

나는 남부에서 고등학교에 다닐 때 노예제도의 남은 자취들을 목격했다. 나는 식수대와 그 밖의 편의시설들을 백인들과 흑인들이 따로 사용하고 흑인들이 들판에서 고된 노동에 시달리는 광경을 보았다.

대학에 다닐 때인 1965년 여름, 나는 폴란드에 가서 폴란드 사람들이 소련인들과 공산당의 압제에 시달리는 광경을 보았다. 누더기 옷을 걸친 주름살투성이의 폴란드 농민들은 바르샤바에 가서 닭과 채소를 팔기 위해 딱딱한 나무의자뿐인 시커먼 열차에 올라타곤 했다. 나는 한 가족이 미국 이민 허가를 받았다고 해서 이를 축하하는 동네잔치가 열린 걸 봤다. 처음에 그 잔치는 흥겹게 진행되었는데 공산당원 한 사람이 동네에 나타났다는 이유 하나만으로 대번에 사람들이 두려움에 얼어붙으면서 파흥이 되고 말았다. 공산당과 러시아의 압제를 받는 상황에서 폴란드 사람들이 과연 자기네의 삶이 더 나아지리라는 희망을 가질 수 있을까?

이런 모든 체험은 이누피아트인으로서 내가 조직화하기 시작한 일의 앞날을 예고해주었다. 과거 삼백 년 동안 미 본토에서 인디언들을 통제해온 시스템이 이제는 우리 민족에 대한 통제를 강화하기 위해 이용되리라는 것을.

나는 젊은 혈기에 분노를 이기지 못해 이따금 한 번씩 주먹다짐을 했다. 가끔 나는 우리 이누피아트 사람들이 날로우르미트에게 너무 의존하는 상태가 되는 바람에 홀로 서려는 의지가 남아 있지 않고 기존의 현실에 도전할 능력을 가진 사람이 아무도 없다는 느낌을 받았다. 우리 민족은 백 년 이상 우리를 지배해온 법과 규칙들에 너무나 익숙해졌다. 우리는 그런 법과 규칙을 만든 성직자들과 정부 관리들에게 군말 없이 복종했다. 무엇을 바꾼다는 생각을 하는 것만으로도 사람들은 금방 불안해했다. 우리 역사의 이 시점에서 우리의 지도자들은 주정부와 연방정부, 우리의 유서 깊은 땅속에 묻혀 있을 공산이 큰 부를 탐욕스럽게 노리는 막강한 사업체들과 맞서 싸우려는 의지를 갖고 있지 않았다.

하지만 나는 그런 현실을 바꿔야 한다는 걸 잘 알고 있었기에 앞으로 큰 변화를 이루어내겠다고 결심했다. 나는 잃을 게 하나도 없었다. 직업도, 집도, 아내도, 자식도 없었다. 나는 그런 목표에 내가 가진 모든 걸 쏟아부었다. 1966년 여름, 분노가 내 내면에서 들끓는 에너지에 기름을 부었다. 그러나 나는 투사이긴 했어도 우리가 체제 안에서 싸워야 한다고 믿었다. 우리가 변화를 이루어내고자 한다면 우리 민족이 그간 거의 외면해오다시피 한 정치적 도구들을 활용하는 법을 배워야 했다. 따라서 적당한 때가 되었을 때 내가 주 하원의원 선거에 출마하기로 한 것은 필연적인 일이었을 것이다.

나는 설사 당선이 되지 않는다 해도 우리 민족에게 약간의 도움은 줄 수 있을 것이라 계산했다. 폴 리비어(미국독립전쟁의 국민적인 영웅. 1775년 4월 18일 폴 리비어는 영국군의 침입을 알리기 위해 한밤중에 말을 달린다. 그는 두 시간 동안 20킬로미터를 달리며 자신이 지나치는 모든 마을에 들러 문을 두드렸고 그의 제보 덕분에 민병대는 승리할 수 있었다)가 말을 타고 매사추세츠 곳곳을 돌아다니면서 영국군이 곧 올 거라고 경고한 것과 같은 효과가 있을 것이라고. 나는 마을에서 마을로 돌아다니면서 우리의 조국이 위태롭다, 우리의 생활 방식과 처지를 거의 알지 못하는 사람들이 만들어낸 알래스카 주 정부가 우리 땅을 곧 탈취해 갈 가능성이 있다는 사실을 모든 알래스카 원주민에게 경고하는 캠페인을 벌일 수 있었다.

1966년의 선거에서는 민주, 공화 양당 모두가 원주민들의 표를 얻으려고 애썼다. 갑자기 원주민들이 선거라는 정치적 과정에 깊은 관심을 갖고 있다는 사실이 드러났다. 나는 그들 덕분에 승리했다. 1966년 8월 23일 늦은 시각에 내가 알래스카 오지 마을들의 투표 결과를 중계해주는 라디오 보도를 듣기 위해 자전거를 타고 알래스카통신 사무실로 달려갔던 때의 일은 지금까지도 기억에 생생하다. 선거 결과가 한쪽으로 크게 기울었다는 게 이내 분명해졌다. 나는 민주당 예비선거에서 압승을 거두고 있었다.

나는 완전히 실용적인 이유에서 민주당원으로 출마했다. 그 선거 체제에서 나는 어느 한 당을 선택해야 했는데 그런 오지에서 공화당 후보로 나섰다간 이기는 것이 거의 불가능했다. 루즈벨트 시대 이래 알래스카는 내내 민주당의 텃밭이 되어왔다. 원래 나는 당적 없이 출마하고 싶었고, 평소 우리 이누피아트 사람들이 마을에서 일해나가는 방식, 곧 전체의 의사에 따라서 일하는 걸 더 좋아했다. 그리고 나중에 주 하원의원이 되어 주노에 갔을 때도 나는 그런 방식으로 일했다. 양당에 속한 내 동료들 모두에게 주목해야 할 필요가 있는 쟁점들에 관심의 초점을 맞추게 하려고 애쓰는 식으로. 하지만 알래스카 총선거에서는 거의 항상 민주당원들이 승리했기 때문에 나는 어쩔 수 없이 민주당원이 되었다.

나는 민주당 예비선거에서 승리한 뒤 더할 나위 없이 기뻤다. 그것은 과거 객지에서 혼자 외로움에 시달리면서 오랫동안 힘겹게 공부한 것이 헛된 일이 아니었다는 것을 뜻했다. 그리고 이누피아트 사람들은 내게 자기네를 대표해서 일할 기회를 주고 싶어 했다. 그들은 내가 그들의 삶을 개선하기 위해 모든 노력을 다할 것이라 믿어주었다. 나는 그 신뢰를 아주 진지한 자세로 받아들였다. 그렇게 해서 날이면 날마다 우리 민족이 당면한 온갖 쟁점들을 처리하면서 보낸 이십 년 세월이 시작되었다.

물론 그 당시 가장 시급한 문제는 토지청구권 문제였다. 시월 들어 우리는 이누피아트 대표들과 알래스카 전역의 다른 원주민 집단 대표들을 총망라한 성대한 모임을 가질 수 있었다. 그 모임에서 우리는 알래스카 전역을 아우르는 최초의 범알래스카 기구인 '알래스카원주민연맹AFN'을 창설했다. 나는 우리의 첫 번째 대표자 회의에서 토지청구권위원회 의장이 되어 그 쟁점에 대한 우리의 입장, 곧 알래스카에는 본질적으로 어떤 '공유지'도 없다는 점을 밝히는 성명서를 작성했다. 과거 연방정부가 공적인 용도로 쓰기 위해 획득한 땅이 없을 경우 알래스카의 모든 땅은 원주민들의 땅이었다. 그리고 만일 그런 땅이 있다고 한다면 우리는 그에 대한 보상을 받을 권리가 있었다.

11월 들어 내가 주 하원의원에 정식으로 당선되었을 때 나는 공적인 인물이 되었다. 그 당시 라디오방송을 들었거나 신문을 읽은 알래스카의 모든 사람들은 안경을 낀 한 젊은 에스키모가 다음 해 1월에 알래스카의 주도인 주노에 갈 것이라는 걸 알았다. 나는 알래스카 주 의회에 진출한 최초의 원주민은 아니었지만 그때까지 원주민 출신의 주의원은 드문 편이었고, 또 우리 세대의 젊은이들 가운데서는 최초로 당선된 사례라 할 수 있었다. 그 전에 당선된 원주민 의원들은 미국에 동화된 사람들로서 현실을 그대로 받아들였고 자기 민족의 땅을 지키기 위해 싸우려는 의지가 전혀 없었다. 하지만 새로운 세대는 달랐다. 우리는 열정적인 지지자들의 응원에 힘입어 큰 변화를 이루는 일에 우리의 젊은 에너지를 쏟아붓기로 결심했다.

주 하원의원이라는 새로운 역할은 내게 몇 가지 이점을 안겨주었다. 그 하나는 내가 창설작업을 도운 북서알래스카원주민연합과 알래스카원주민연맹이라는 새로운 원주민 단체들이 어느 정도의 사회적 지위를 얻을 수 있었다는 점이다. 토지청구권 논쟁에 참여한 이들의 대다수는 나와 같은 이십 대 청년들이었다. 우리는 원로들의 인가도 받지 않고 몇 가지의 큰 개혁을 추진하고 있었기에 우리에게 정당성이나 정통성을 부여해줄 만한 것이면 뭐든지 다 중요했다.

내가 얻은 또 하나의 이점은 형이상학적인 면에서는 그다지 중요하지 않을지 몰라도 본질적인 면에서는 아주 중요했다. 평생 처음으로 손가락만 빨면서 살지 않아도 되는 처지가 되었다는 것. 나는 매달 5백 달러의 고정수입을 얻게 되었다!

그때까지 내가 돈을 벌기 위해서 한 일들이라는 건 완곡하게 표현해서 보잘것없는 일들에 지나지 않았다. 코체부에서 우리가 '꿀통'이라는 근사한 이름으로 부르곤 한 똥통들 비우기, 피트 리의 내기당구장 바닥 청소, 극북식당의 쓰레기 내다 버리는 일, 딕 밀러가 그때그때 요청했던 온갖 잡일, 오지 항로 비행기를 마중하는 아이들을 촬영하는 영화 장면에 우리 반 아이들과 함께 엑스트라로 동원되어 이틀 동안 눈밭을 거듭 달려 내려가기, 핸슨 무역회사와 B&R 예인선과 바지선 회사의 사무원 일 등등. 칠로위 고등학교에서 나는 남학생 기숙사 바닥 청소를 했고, 시간당 오십 센트를 받기로 하고 담배밭에서 김을 맸으며, 남학생 기숙사의 청소와 세탁 독점권을 얻은 뒤 그런 일을 의뢰하는 학생이 있으면 건당 이십오 센트씩 받고 일했다. 워싱턴 컬럼비아 특별구에서는 인디언사무국의 타이피스트로 일했다. 페어뱅크스에서는 날품팔이 노동자로 일하기도 하고 소형 굴착장비로 땅 파는 일을 하기도 했다.

사람들은 가끔 내게 여러 가지 질문을 던졌다. 무슨 이유로 그렇게 젊은 나이에 주 하원의원 선거에 출마하기로 결심했는가? 십여 년간 타향에서 지내 코체부에는 가족과 친구들 말고는 아는 사람이 거의 없는 처지에서 어떻게 당선될 수 있었다고 생각하는가? 당신은 그 선거에서 평생을 그 지역에서 지낸, 경험이 풍부한 어른들과 겨룬 것이 아닌가? 당신은 이런 길을 걸어갈 만한 어떤 능력을 갖추고 있는가?

내가 출마하게 된 가장 중요한 동기가 되어준 것은 원주민의 땅을 지키기 위해 뭔가를 할 수 있었으면 하는 희망과 기원이었다. 하지만 그 외에도 여러 가지가 있었다. 나는 우리 민족이 살아남기 위해 영위해온 다양한 일상 체험들을 속속들이 잘 알고 있었다. 어렸을 때 나는 친부모의 무관심, 굶주림, 추위를 겪었다. 나는 야생의 환경에서 살아남으려면 얼마나 고된 노동을 해야 하는지를 알고 있었다. 몸을 따뜻하고 건조하게 유지하기 위해 어떻게 해야 하는지, 의료시설이 전혀 없는 곳에서 병에 걸린다는 것이 얼마나 고통스러운 일인지 알고 있었다. 최소한의 생필품들을 살 돈도 없다는 것이 어떤 것인지 알고 있었다. 또한 꼭 필요한 현금을 얻기 위해 덫을 놓고 잡은 짐승들의 모피를 벗겨서 말리는 데 얼마나 많은 품이 드는지도 알고 있었다.

학생 때 나는 각종 경제체제, 토지 보유권이나 소유권의 구조를 알게 되었다. 나는 정치체제와 통치를 공부했고 철학 공부도 좀 했다. 그리고 우리 민족에게는 우리 삶에 영향을 미치는 가장 중요한 것들을 적절하게 표현할 수 있는 도구가 거의 없다시피 하다는 사실을 깨닫기 시작했다. 당국자들은 우리의 언어에 아무 관심도 없었다. 그리고 그들은 우리 민족이 변화하고 있는 세계 속에 순탄하게 진입하도록 돕는 데 우리 언어가 큰 쓸모가 있다는 사실에 아무 관심도 갖지 않았다.

의사가 이누피아트 사람을 수술하려 할 때마다 그가 그 환자에게 어떤 일을 하려고 하는지를 우리 언어로 전해줄 수 있는 사람이 없었다. 항공사 직원들이 안내방송을 통해서 안전 지침을 전달할 때는 항상 영어로 했고, 그럴 때마다 이누피아트 승객들 중에서는 그 말뜻을 이해하지 못하는 이들이 꽤 많았다. 그런 현실은 이 세상에 우리 민족과 언어 같은 것들은 전혀 존재하지 않는 것 같은 느낌을 안겨주었다.

우리가 만여 년 동안 우리 자신을 다스려왔다는 사실을 이해하는 이는 아무도 없었다. 우리를 위임 통치한 이들은 우리를 고유한 민족으로 만들어준 것들의 정수, 곧 우리의 언어와 이름, 종교, 관습, 가치관을 공격함으로써 우리를 변화시키려 했으며 그런 목적으로 규칙과 법을 만들었다.

내가 지향했던 목적은 우리 이누이트 사람들이 그들의 삶과 자식들의 삶에 영향을 미치는 결정을 내리는 일에 참여하도록 하자는 것이었다. 나는 비록 경험은 부족했지만 우리 이누이트 사람들에게 가장 중요한 것은 사실을 그러모으고, 규칙을 배우고, 힘차게 밀고 나아가고, 동맹을 맺고, 거점을 얻기 위해 투쟁하면서도 예와 정중함을 잊지 않는 법을 배우는 것이라는 걸 깨달았다. 하지만 나는 원주민들의 강력한 권력 지반을 구축하고 힘을 하나로 결집하는 것이 가장 중요하다고 생각했다. 우리에게 그런 게임은 생소했지만 우리는 아주 진지한 자세로 그 게임에 임해야 할 입장이었다.

우리는 젊었고, 미국의 정치 시스템을 제대로 이해하지 못했으며,
우리의 적들은 거의 모든 면에서 우리를 능가하고 있었다.
하지만 우리는 더없이 중요한 두 가지 자산을 갖고 있었다.
넘치는 열정, 그리고 시종일관 우리를 떠받쳐주는 역할을 한,
본질적으로 낙관적인 사고방식을.

9
사쿠우크퉁가―열심히 일하다

　나는 스물다섯 살의 나이에 갑자기 텍사스 주 만큼이나 넓은 지역을 대표하는 사람이 되었다. 나는 경험이 너무 부족해서 이게 얼마나 이상하고 색다른 일로 비칠 것인지를 미처 깨닫지 못했다. 내가 처음 당선되었을 때 공화당원들이나 민주당원들 모두가 과거 원주민들이 당한 수많은 고통에 관해 고래고래 악을 쓰면서 온갖 풍파를 불러일으킬 대단한 과격파 의원을 만날 각오를 하지 않았을까 싶다. 그리고 대부분의 알래스카 개척자들은 자기네가 선거에 관심을 갖지 않은 것을 개탄하는 마음이 되었을 것이다. 여기서 '개척자들'은 골드러시 때나 그 직후에 알래스카에 이주해 온 백인들을 뜻한다. 이들은 그로부터 한참 뒤에 들어온 이들과는 달리 '진짜' 알래스카인으로 통했다.

　요컨대, 이 시절은 1960년대였다. 인권을 내세우면서 항의하는 이들이 한창 기세를 떨치고 있고, 각 집단의 정체성에 입각한 정치의 시대가 도래하고 있으며, 베트남전쟁 반대 시위가 거세어지고 있고, 자유언론 운동이 미국의 모든 학생들을 들썩이게 하고 있었다. 알래스카도 그와 비슷한 항의 사태에 직면하지 않을까?

그 사람들이 그런 사태를 예상했다면 그들은 이누이트 사람들이나 알래스카 원주민들이 어떤 사람들인지 제대로 알지 못한 것이다. 우리는 열정적이기는 해도 어리석지는 않았다. 우리가 우리에게 먹을 것을 제공해주는 손을 뿌리치거나 앞으로 우리가 필요로 할 가능성이 있는 다리(실제의 다리나 비유적인 다리 모두를 아우르는)들을 무너뜨리는 짓은 할 수 없다는 걸 우리는 잘 알고 있었다. 게다가 우리는 널리 흩어져 살고 있고, 또 알래스카 전역은 네 가지 시간대로 나뉘어 있었다. 이렇게 시간대가 나뉘어 있다는 건 조직적인 대규모 항의를 하기에는 별로 좋지 않은 조건이었다. 알래스카는 1983년에 이르러서야 비로소 그 주의 대부분을 하나의 시간대로 통일하기로 결정했다.

  우리 의원들이 우리에게 배정된 얼마 되지 않는 운영비를 두고 다툰 것은 아마도 우리 주가 가난한 신생 주였기 때문일 것이다. 위원회 모임이 열릴 때마다 사무직원은 딱 한 명씩만 배정되었다. 우리는 법안 제정하는 일을 마친 뒤에는 밤늦게까지 춤추며 흥겹게 놀았고, 이튿날 아침에는 일찍 일어나서 기자회견에 응했다. 그것은 일찍이 경험해보지 못한 새로운 패턴의 생활이었다.

  그러나 우리 모두는 주정부가 원주민들의 열악한 생활 조건들에 어느 정도 책임을 져야 할 때가 왔다는 것을 분명히 인식하고 있었다. 동료 의원들과 나는 알래스카 원주민들이 개척자들이 세운 양로원에 들어가는 걸 금하는 법을 바꿨고 코체부에 양로원 하나를 세웠다. 고등학교에 진학하려는 알래스카 원주민 아이들은 아직까지도 시트카에 있는 기숙학교나 본토에 있는 두 개의 기숙학교에 다니는 수밖에 없었다. 나는 내 고향 지역에 세 개의 고등학교를 신설할 수 있게 해주는 법안을 통과시키는 데 앞장섰고, 주 당국에 압력을 가해 본토의 인디언사무국 부설 고등학교들에 다니는 우리 아이들을 돌려보내게 했다.

나는 우리 지역 마을들에 비영리 주류 판매점 설립을 허용해줌으로써 주류 판매에서 생기는 수익이 각 마을에 그대로 돌아가게 하는 변화를 추진했다. 그리고 우리가 세계의 다른 지역들과 원활하게 소통하도록 하기 위해 알래스카 곳곳에 비영리 라디오방송국들을 설립하는 일에 힘을 보탰다. 그 두 번째 방송국은 KOTZ라는 이름으로 코체부에에 세워졌다. 이 방송국은 '코체부에를 위한 새로운 방송'이라는 구호를 내세웠다.

알래스카 횡단 송유관 부설작업이 진행되는 동안 외지에서 2만 명이나 되는 신규 노동자들이 알래스카에 들어왔을 때 나는 집세가 폭등하는 걸 막기 위해 알래스카 임대료 규제 법안을 의회에 제출했다. 나는 인종차별을 하고 또 주류 판매에서 수익의 대부분을 얻는 사업체들에는 주류 판매 허가를 금하는 법안을 후원하기도 했다. 사람들은 그 법안에 '고집불통들에게는 술을 주지 말기'라는 별명을 붙였다.

날로우르미트 가운데는 영역의 관점에서 '원주민' 문제에 접근하는 이들이 많았다. 우리 역시 알래스카 주민들임에도 불구하고 우리의 문제는 연방정부의 소관이라서 주정부는 아무 상관 없다는 정서가 지속되고 있었다. 그 신생 주는 병원, 학교, 후생복지, 훈련, 주택 공급, 위생시설, 마을 사람들에게 물품을 수송해주는 일 등의 부문들을 연방정부가 나서서 맡아주기를 기대하고 있었다. 그리고 주지사는 알래스카로 들어오는 연방 자금을 자신이 직접 관할하고 싶어 했다. 그렇게만 된다면 그는 그 자금을 소비할 주체나 방법을 선정하는 일에 영향력을 미칠 수가 있고, 또 그 자금을 사용하는 과정에서 좋은 결과가 발생할 때 그 공이 자기에게 돌아오기 때문이었다.

주 당국은 154만 제곱킬로미터나 되는 드넓은 땅 곳곳에 흩어져 살고 있는 시골 마을 사람들 몇만 명에게 시급해 보이지도 않는 공공서비스를 제공해줄 의향이 전혀 없었다. 한데 주정부는 도시지역에 살고 있는 시민들조차도 돌봐줄 여력이 없었다. 재산세로 들어오는 돈이 거의 없어 예산은 빠듯한데 적은 인구가 엄청나게 넓은 지역에 흩어져 살고 있어서 주 당국은 그 적은 돈으로 어찌해야 할 바를 몰라 쩔쩔맸다. 그 때문에 주 당국에서는 알래스카 원주민들을 위한 학교와 보건시설을 짓고 도로를 건설하는 일 같은 중요한 과제들을 연방 인디언사무국에 떠넘기고 싶어 했다. 현실이 그렇기에 알래스카에서 원주민들을 위한 사업을 진행하는 방식을 변화시키는 과정은 길고도 험난한 길이 될 수밖에 없었다.

미국 시스템이 갖고 있는 아름다운 점의 하나는 발언을 장려한다는 점이다. 그리고 나는 할 얘기가 많은 사람이었다. 알래스카 사람들 가운데서 시골 마을 사람들이 영위하는 삶의 본질을 제대로 이해하고 있는 사람은 극히 드물었다. 겨울철은 고사하고 여름철에 마을을 방문하는 사람도 거의 없었다. 대부분이 알래스카에서 오래 살았음에도 불구하고 우리 문화를 거의 알지 못했다. 내 원주민 동료들과 나는 이중의 과제를 안고 있었다. 즉, 우리 민족을 하나로 뭉치게 하고 도시 사람들을 계몽시키는 일. 후자의 과제에는 우리가 우리 조상들이 아득한 옛 시절부터 점유해온 땅의 공정한 몫을 가질 권리가 있고 다른 알래스카 사람들이 향유하는 공공서비스를 동등하게 누릴 권리가 있다는 것을 그 사람들에게 분명하게 알려주는 일이 포함되어 있었다.

그래서 나는 절차의 규칙을 배우고 정치적 절차의 일부를 이루는 예절을 익혔다. 나는 양당을 상대로 해서 쉬지 않고 일했다. 주 하원 의사당이건 상원 의사당이건 위원회실이건 총회석상이건 가리지 않고 발언했다.

우리가 어떤 상황을 변화시키려 애쓰고 있는데 도시 출신 의원들이 애초의 의사를 바꿀 의사가 전혀 없어 꿈쩍도 하지 않는 바람에 내가 너무나 화가 나서 눈물을 흘린 경우도 가끔 있었다. 우리는 알래스카가 주의 지위를 얻은 뒤 그 주의 부와 자결권에 대해 높은 기대치를 갖고 있던 다수가 나아가려는 길에 걸림돌들을 늘어놓는 소수였다. 하지만 그래도 그 시스템은 눈에 띌 정도의 반응을 보여주었다. 우리 마음에 들 만큼 빠르고 넉넉한 정도는 아닐지 몰라도 어쨌든 응답을 해주긴 했다.

그 당시 주노는 개스티노 해협의 해안선을 따라 이어진 600여미터의 산맥 밑자락에 자리 잡은, 2만이 조금 넘는 인구를 거느린 작은 도시였다. 예전에 그 도시에는 미국 최대의 금광이 있었다. 하지만 금은 이미 오래전에 고갈되었고 이제 그 도시의 가장 중요한 산업은 행정이었다. 주의회가 열리는 1월에서 4월, 5월, 6월까지의 기간에는 알래스카 전역에서 몰려온 의원들을 수용할 만한 공간이 넉넉하지 않았다. 그 때문에 우리는 3개월에서 6개월에 이르는 회기 동안에 쓸 집을 구하느라 난리를 피웠다. 그 도시는 시가지 전체가 산 밑자락에 바짝 달라붙어 있고 모든 식당과 바가 중심 도로인 프랭클린 가에 모여 있었기 때문에 아는 사람을 만나지 않고 지나가기가 불가능한 곳이었다.

나는 의회에서 활동하는 기간이 아닐 때도 북서알래스카원주민연합, 알래스카원주민연맹, 토지청구권위원회 등과 같은 사십 여 개 단체들에서 활동했다. 나는 프로젝트 NECESSITIES 위원회의 일원이기도 했다. '인디언과 에스키모 학생들의 효과적인 사회과학 훈련과 교육을 위한 국립교육위원회'라는 그 단체의 약칭이 유사 이래 가장 긴 약칭일 거라고 나는 확신하고 있다. 나는 그렇게 일하는 과정에서 기념비적이라 할 만한 사업을 추진하는 '알래스카마을전기화사업조합AVEC'의 회장으로도 선출되었다.

나에게는 그 엄청나게 많은 일거리를 처리할 수 있도록 도와줄 직원 하나 없었다. 나는 선거구민들에게 봉사하고, 새로 설립한 NANA가 제대로 돌아가게 하고, AFN을 설립하고, 마을들에 전력을 공급하고, 우리 아이들을 기숙학교에서 고향으로 데려오는 등의 일을 하려고 애쓰면서 정신없이 돌아다니는 금욕파 수도자와 비슷했다. 그리고 다른 이슈들의 아우성 밑자락에는 내게 가장 중요한 이슈 하나가 항상 깔려 있었다. 우리 땅을 보존하기 위한 투쟁이라는 이슈가.

인간이 사회적 동물이라는 관점에서 볼 때 나는 낙제점을 받을 만한 사람이었다. 친구들이 기껏 나를 자기네 집에 초대해서 저녁식사를 베풀어주면 나는 문자 그대로 방바닥에 쓰러져 곯아떨어지곤 했다. 하지만 나는 혼자가 아니었다. 우리 단체들의 리더들은 알래스카 전역에 영향력을 미치고 있었다. 우리 동료들의 대부분은 가족을 부양하고 생계비를 벌기 위해 생업에 종사하면서도 주와 연방으로부터, 그리고 제멋대로 횡포를 부리고 있는 석유산업계의 거물들로부터 조상 대대로 물려받은 땅을 지키려 애쓰고 있었다. 우리는 저 유명한 북극곰의 꼬리를 붙잡고 있었고, 계속 그렇게 붙들고 늘어지는 일은 여간 힘겹지 않았다.

우리 대부분은 우리가 자진해서 맡겠다고 요청한 책임들을 감당할 준비가 제대로 되어 있지 않았다. 우리는 젊었고, 미국의 정치 시스템을 제대로 이해하지 못했으며, 우리의 적들은 거의 모든 면에서 우리를 능가하고 있었다. 하지만 우리는 더없이 중요한 두 가지 자산을 갖고 있었다. 넘치는 열정, 그리고 시종일관 우리를 떠받쳐주는 역할을 한, 본질적으로 낙관적인 사고방식을.

알래스카원주민연맹을 결성하려 애쓰던, 대체로 젊은 사람들로 이루어진 우리들은 알래스카의 모든 부족과 마을을 대표하는 신뢰할 만한 기구를 만들고 싶어 했다. 우리 중의 일부는 이제 도시 사람들이 되었고, 과거에 외지의 대학이나 기술학교에서 공부한 사람들이었다. 그러나 우리의 정체성은 북극권 부근의 해안에서, 유콘 강 유역에서, 남동 알래스카의 숲이 우거진 피오르드에서, 노상 안개에 휩싸여 있고 나무 하나 없이 헐벗은 바위투성이의 알류산 열도에서 형성되었다.

우리가 연맹을 창설하는 일에 뛰어든 지 3년째 되던 해인 1969년에도 우리는 변변한 연맹 사무실 하나 마련할 수가 없었고, 연맹 의장에게 봉급도 제대로 지불해줄 수가 없는 처지였다. 우리의 의장은 아타파스카 인디언 출신의 에밀 노티였다. 에밀은 이탈리아인 아버지와 아타파스카 어머니 사이에서 태어나 코유코크 강 유역에서 성장했다. 키가 작고 잘생긴 얼굴에 예의 바른 태도를 지닌 그는 주 전체를 아우르는 원주민 단체를 대표하기에 더없이 적합한 인물이었다.

우리는 인적 자원과 물적 자원, 경험이 부족함에도 불구하고 유서 깊은 원주민 영토의 소유권을 주장하고 주정부가 우리 땅을 차지하는 것을 막으려고 애쓰면서 알래스카 주 정부 자체와 연방정부에 도전하기로 결심했다. 그것은 어느 면에서는 우리의 마을지도자들과 부족 지도자들에게 도전하는 일이 되기도 했다. 그렇다고 해서 우리가 우리 지도자들을 존경하지 않았다는 걸 뜻하는 건 아니었다. 우리가 그렇게 한 것은 그들이 볼 수 없는 것을 보았기 때문이었다. 어쩌면 그들도 보긴 보았을 것이다. 하지만 그들은 우리 민족이 이 싸움에서 이길 수 있을 것이라 믿지 않았다.

알래스카 원주민들은 우리의 원초적 권리 주장을 근거로 해서 '알래스카 주 정부의 지위에 관한 법령'에 명시된 사실상의 모든 영토에 대한 청구권을 주장하면서 미국 의회가 나서서 이 문제를 해결해주기를 바랐다. 우리가 이렇게 청구권을 주장하고 나서는 바람에 알래스카에서는 모든 땅의 처리, 처분 작업이 완전히 정지되었고 주정부와 제삼자들이 어떤 땅의 소유권도 얻을 수 없는 상황에 처하고 말았다.

내무부 장관 우달은 알래스카 원주민들이 소유권을 주장하는 모든 땅은 주정부나 제삼자가 그 권리를 주장하는 이들의 동의 없이 처분할 수 없다고 규정하면서 우리 편을 들어주었다. 그런 조처가 없었더라면 우리는 아주 어려운 처지에 빠졌을 것이다. 내게는 미국 서부에 깊이 뿌리내린 우달이 추장의 면모를 갖춘 사람처럼 보였다. 개발을 추진하는 이들에게 그는 저주받아 마땅한 인간이었고 우리에게는 구세주였다. 그 얼어붙은 땅에 대한 그의 결정이 없었더라면 우리 노력은 물거품이 되었을 것이다.

이것은 작지 않은 문제였다. 그 당시 그 신생 주는 22만 6천 명에 불과한 희박한 인구에다 세금을 매길 만한 사유지도 거의 없다시피 해서 빈약한 세입으로 적자 운영을 하는 터라 경제적으로 무력한 처지에 빠져 있었다. 주 관리들은 바로 자기네의 코앞에서 그런 문제들의 해답을 볼 수 있었다. 무지개 끝자락에 있는 황금,

성배, 거대한 바위사탕산(일종의 이상향을 뜻한다)이 하나로 합쳐진 것 같은 그 근사한 해결책은 바로 1968년에 나의 이누피아트 유권자들의 고향 땅 한복판의 프루도 만에서 발견된 100억 배럴의 석유였다.

그들과 엄청난 세입원이 될 잠재력을 지닌 곳의 개발 사이에 가로놓인 것은 그 골치 아픈 원주민 토지청구권이었다. 그러니 알래스카 주 정부와 그 신생 주의 성공에 이해관계가 걸려 있는 다른 모든 사람들이 우리를 밀어내기 위해 자기네가 갖고 있는 모든 권력을 다 동원한 것은 하등 이상한 일이 아니었다.

우리는 양보할 의사가 전혀 없었다. 1966년과 1971년 사이 기간에 우리 원주민 지도자들은 줄곧 토지청구권 문제에 초점을 맞추고 거기에 총력을 기울였다. 1967년 초, 알래스카 입법부 대표단과 주지사가 원주민 토지청구권 문제에 관해 뭔가 결정을 내리기 위해 워싱턴에서 우달 내무부 장관과 만나려 한다는 정보를 입수했던 때의 일도 그 한 예에 해당했다. 우리는 주정부가 엄청난 부가 매장되었을 가능성이 많은 땅의 대부분을 주정부 소유의 땅으로 확보하기 위해 주정부의 토지선택권을 관철하려고 맹렬히 밀어붙이려 한다는 걸 잘 알고 있었다.

우리는 워싱턴 회의에 초대받지 못했다. 그럼에도 에밀 노티와 나는 우리도 그 회의에 참석해야 한다는 결정을 내렸다. 우리는 우리를 지원해줄 의향을 가진 모든 사람들에게서 기금을 모아—여기서 5달러를 얻고, 저기서 10달러를 얻는 식으로 해서—비행기를 타고 밤새 날아갔다. 그리고 워싱턴에 도착해서는 느닷없이 회의장에 난입하다시피 했다. 우리는 그곳에 모인 위대한 백인 아버지(과거 인디언들이 미국 대통령이나 대권력자들을 지칭하던 말)들에게 이 땅은 원주민 땅이요, 주정부의 지위에 관한 법령이 알래스카 땅 42만 제곱킬로미터를 주정부에 넘겨준 것은 1884년의 '기본법'을 위반한 것이라는 사실을 알려주었다. 1884년의 기본법은 금을 채굴할 수 있는 합법적인 권리를 얻고 싶어 했던 금 채굴업자들의 요구에 답하기 위해 통과된 법으로, 그 가운데는 원주민의 토지소유권을 보호해주겠다고 약속하는 조항도 들어 있었다. 우리는, 내무부 장관은 우리를 보호해줄 의무가 있으며 의회는 그 쟁점을 해결해줘야 할 의무가 있다고 주장했다.

그 여행을 기점으로 해서 그다음 5년 동안 나는 편도 비행을 하는 데만 거의 24시간이나 걸리는 워싱턴으로의 여행을 무려 120회나 거듭했다. 우리는 밤새 워싱턴으로 날아가는 비행기 안에서 선잠을 잔 뒤 국회의사당까지 걸어서 갈 수 있는 범위 내에 있는 싸구려 여인숙 방을 구하고는 최대한 많은 인원이 들어가서 짐을 풀었다. 우리는 거기서 샤워를 하고 면도를 하고 구겨진 셔츠와 바지를 걸친 뒤 국회의사당으로 가서 하루 종일 로비활동을 벌였다. 그리고 밤이 되면 한곳에서 만나 저녁을 먹고 맥주를 마시고 새벽녘까지 파티를 즐긴 뒤 몇 시간 동안 눈을 붙인 다음 다시 국회의사당으로 출근했다.

그것은 아주 피곤한 생활이었고, 또 수입이 급격히 줄어드는 대가를 치러야 하는 생활이기도 했다. 우리 지도자들 중의 일부는 일자리를 잃기도 했고, 신생 주의 목을 죄는 일에 발 벗고 나섰다고 해서 고용주들로부터 심한 질책을 당하기도 했다. 아내와의 사이가 나빠지고 심신이 아직 여린 상태에 있는 아이들이 방치되기도 했으며 급기야는 아내와 이혼하는 사례가 잇달아 일어났다.

나 자신의 첫 번째 결혼 생활도 그런 범주에 들어갔다. 나는 주노에서 에이프릴 퀴젠베리를 처음 만났다. 캘리포니아에서 이주해 온 집안 출신인 그녀는 그 당시 내 동료 의원의 비서로 일하고 있었다. 우리는 곧 결혼해서 코체부에로 이주했다. 우리는 상하수도 설비도 없는 전형적인 마을 집 한 채를 세내서 살았으며, 나는 코체부에 오자마자 일 때문에 삼 주간의 여행을 떠났다.

주의회가 열리자 에이프릴은 주노에 왔으며, 그녀의 아버지와 나는 돈을 합쳐 수수한 집 한 채를 구입했다. 그녀와 나는 그 집의 작은 방에서 생활했다. 하지만 나는 신혼 시절임에도, 그리고 1970년에는 주 상원의원에 당선되었음에도 전과 다름없이 자주 여행을 떠났다. 에이프릴에게 그것은 힘겨운 생활이었다. 나는 그녀가 마을에서 지내야 하는 생활을 달가워하지 않았으리라 생각한다. 그녀의 마음은 언제나 폐쇄적인 마을 생활 너머에 가 있었으며, 1971년이 되었을 때 우리 사이는 멀어졌다. 그리고 1973년에 우리는 이혼했다.

그렇게 개인적인 어려움들이 잇달았음에도 우리는 토지청구권 쟁점을 거의 쉬지 않고 끈질기게 밀고 나갔다. 우리가 전달하고자 한 메시지는 늘 똑같았다. 알래스카 원주민들은 그 땅에 대한 권리를 갖고 있으며 이 문제의 해결 방식에 대한 결정권을 갖고 있다는 것. 이 결정권은 달리 말해 우리가 알래스카 주 정부에 토지를 양도할 때 다른 땅이나 돈을 받을 것인지, 혹은 그 양자가 결합된 형태의 것을 받을 것인지를 우리가 결정할 수 있다는 것을 의미했다.

나는 토지소유권에 관한 논문을 쓴 뒤 연방정부로서는 우리 땅을 얻는 대가로 이를 대체할 수 있는 다른 땅을 제공하기보다 돈을 제공하는 편이 더 수월할 것이라는 걸 깨달았다. 결국 그런 방식이야말로 미국적인 방식이었다. 미국이 과거 몇백 년 동안 아메리카 원주민들과 교섭할 때 썼던 방식. 애초에 그 나라는 그 땅과 그곳의 부를 얻고 싶어 했고, 결국 그것을 차지하고야 말았다. 우리는 의회로 하여금 우리한테 땅을 양도하게 하는 일이 쉽지 않으리라는 걸 잘 알고 있었다.

지금 생각해보면, 그 시절 우리는 그 세계가 움직이는 방식들에 관해서 아는 게 너무 없었다. 그 세계와 정면으로 맞서 싸웠는데도 말이다. 우리 가운데서 힘의 정치가 참으로 어떻게 작동하는지 조금이라도 알고 있었던 사람은 아무도 없었다. 우리는 홍보활동을 해봤거나 언론을 상대해본 경험도 전혀 없었다. 하지만 우리는 급하게 허겁지겁 배워나갔고, 지금 와서 그런 배움의 과정들을 돌아보면 입가에 미소가 어린다.

1960년대 중반에 나는 코체부에서 멀리 떨어진, 알래스카라는 프라이팬의 손잡이에 해당하는 남동부 지역 출신인 샘 키토와 아주 가까운 사이가 되었다. 샘의 어머니는 틀링기트 족 출신이었고 아버지는 일본인 이민 출신으로 통조림공장에서 일했다. 샘은 알래스카 원주민들에게 강한 유대감을 갖고 있었다. 스칸디나비아 출신의 어부들이 다수를 이루고 있어서 '작은 노르웨이'라는 별칭을 갖고 있던 남동 알래스카에서 그런 식으로 사는 건 쉬운 일이 아니었다. 그는 인디언사무국의 지원을 받아 전자공학을 전공했지만 위성을 추적하는 보수 좋은 일자리를 버리고 봉급이 그 반밖에 되지 않는 페어뱅크스원주민연합 실무자로 일했다. 그는 또 지역 교육위원 선거에 출마해서 당선되었다. 그는 알래스카 원주민 사회에서 좀처럼 뿌리치기 힘든 매력을 지닌 일, 곧 자기 민족을 위한 봉사라는 올가미에 걸려들고 있었다.

어느 주말, 샘과 내가 워싱턴에서 우리의 대의를 관철하기 위한 로비활동을 벌이고 있을 때 상원의원 마이크 그래벌의 비서들이 우리더러 세난도 강에 가서 카누를 타려고 하는데 같이 가지 않겠느냐고 했다. 우리 둘 다 그런 놀이를 할 만한 장비를 전혀 갖추고 있지 않았다. 하지만 우리는 젊었기에 어떤 상황과도 과감히 맞닥뜨릴 자세가 되어 있었다. 그리고 그 당시 우리는 사람들이 우리 목소리를 들을 수 있게 하려면 우선 권력층 사람들에게 쉽게 접근할 수 있는 통로를 가져야 하고, 그런 통로를 얻는 비결은 상하원 의원들의 비서들과 좋은 관계를 유지하는 데 있다는 교훈을 배우는 중이었다. 우리에게는 이 점이 더 중요했다. 그래서 우리는 햇빛이 찬란한 토요일에 야외로 나갔다.

그래벌 상원의원의 비서들은 샘과 나를 같은 카누에 태웠다. 우리 둘 다 카누를 타본 건 그게 처음이었지만 그들에게는 아무 말도 하지 않았다. 카누는 아타파스카 사람들의 전유물이었다. 우리 이누피아트 사람들은 카약과 우미아크만 탔고, 샘의 고향 사람들은 삼나무로 지은 큼직한 원양어선을 주로 탔다. 하지만 우리는 둘 다 운동 능력이 뛰어난 편이라 주저하지 않고 올라탔다. 샘이 앞에 앉고 내가 뒤에 앉았다. 물론 그것은 대실패로 끝나고 말았다. 함께 간 모든 사람이 야외활동의 대가들일 것이라 믿어 의심치 않았던 두 명의 알래스카 원주민은 강물의 흐름이 별로 급하지도 않은 데서 카누를 뒤집어엎고 말았다. 그건 아주 민망하고 당혹스러운 일이 아닐 수 없었다. 나중에 우리가 묵는 호텔로 돌아온 뒤 샘은 그 후 사십 년 동안 우리 둘 다 좀처럼 잊을 수 없었던 말을 내게 던졌다.

"아무래도 우리는 조상들에게서 카누 젓는 솜씨는 물려받지 못했는가 봐, 윌리!"

이튿날, 우리는 메릴랜드에 있는 그래벌 상원의원의 집에 초대받았다. 그러나 바로 그날 아침, 지역신문 중의 하나에 그래벌 의원의 추문을 보도하는 기사가 실렸고 그 기사는 곧 그 지역의 주요 화젯거리가 되었다. 그 기사에는 그래벌이 자신의 한 표를 넘겨주는 대가로 동료 의원의 요트에서 성접대를 받았다는 내용이 실려 있었다. 샘과 나는 그래벌 의원이 그 끔찍한 기사 때문에 심기가 아주 불편할 테니 아무래도 가지 않는 게 좋겠다는 판단을 내렸다. 하지만 우리는 호기심 때문에 결국 그 집으로 향하고야 말았다.

샘과 내가 워싱턴 정치가들의 사교 모임에 초대받은 건 그게 처음이었기 때문에 우리는 앞으로 어떤 일이 벌어질지 좀처럼 감을 잡을 수 없었다. 우리는 그런 세계에서 처신하는 법을 이제 막 배우고 있는 중이었기에 포크를 잘못 사용하거나 바보 같은 소리를 해서 사람들의 웃음거리나 되지 않았으면 하는 바람 정도만 갖고 갔다.

그래벌이 직접 현관문을 열고 천하에 아무 근심 걱정도 없는 사람처럼 태평한 얼굴로 우리를 맞아주었다. 그는 우리를 집 안으로 안내했고, 우리는 리타 그래벌에게 인사를 했다. 그녀는 상원의원의 아내라는 역할에 완벽하게 잘 어울리는 멋진 여성이었다. 집 안에서는 파티가 한창이었다. 나는 마치 우리가 바깥세상에서 맹위를 떨치는 당혹스러운 뉴스라는 폭풍으로부터 완전히 차단된, 아늑한 고치 속에 들어가 앉아 있는 것 같은 느낌을 받았다. 그때 우리는 워싱턴 사람들이 논쟁과 스캔들, 부정적인 기사 같은 것들을 으레 있을 수 있는 일 정도로 가볍게 치부하고 무난하게 잘 대처하면서 살아가는 모습을 처음 보았다.

내 친구 샘 키토에 관한 이야기 한 토막. 그로부터 몇 년 뒤, 내가 '내면세계'라 부르는 것과 관련된 일, 곧 알래스카 원주민의 정신과 정체성을 유지하는 일에 우리가 깊은 관심을 갖기 시작했을 때 나는 샘에게 자신의 문화적 유산에 관심을 가지라고 권하곤 했다. 그러던 어느 날 그가 전화를 걸어 반가운 소식을 전했다.

"요즘 자네의 조언을 받아들이기로 하고 어학연수반에 등록했어, 윌리."

그 얘기를 듣고 나는 너무도 기뻤다. 남동 알래스카에서 틀링기트어는 조만간 사멸할 위기에 처해 있었기 때문이다. 나는 그에게 참 좋은 결정을 내렸다, 축하한다고 했다. 그러고 나서 그에게 틀링기트어 공부는 언제부터 시작할 작정이냐고 물었다. 그다음에 나온 그의 대답을 듣는 순간 나는 하마터면 졸도할 뻔했다.

"내가 등록한 데는 일본어 연수반이야!"

나는 얼른 정신을 수습하려고 애쓰면서 말했다.

"일본어 좋지. 그런데 우리한테 필요한 건 우리 동지들과 제대로 소통할 수 있게 해주는 틀링기트어야, 샘."

바로 그해에 CBS 텔레비전의 뉴스 매거진 〈60분〉의 뉴스캐스터인 마이크 월리스가 알래스카에 관심의 초점을 맞추자는 결정을 내렸다. 원래 그는 그 프로그램에서 그 당시 프루도 만에서 일어나고 있던 엄청난 오일러시에 관한 이야기를 다룰 계획이었다. 그런데 노스슬로프 근방의 악천후 때문에 십 년 전에 주정부의 지위에 관한 법령의 규정에 따라 그 일대의 드넓은 토지를 합법적으로 강탈해간 사건에 보도의 초점을 맞추기로 했다.

월리스는 비행기를 타고 배로로 날아가려 했으나 비행기가 짙은 안개를 만나는 바람에 코체부에로 방향을 돌려야 했다. 그리고 코체부에에 사는 누군가가 그에게 나를 만나보라고 권했다. 그때 나는 주노에서 하원의 회기를 마치고 막 코체부에로 돌아온 터였다. 그는 마을에 있는 내 작은 루핑 집으로 나를 찾아왔다.

나는 월리스에게 우리가 갖고 있는 토지청구권의 법적인 근거에 관해 상세히 이야기하고 알래스카 원주민들과 주 모두에게 협정이 꼭 필요한 이유를 설명했다. 그는 코체부에 사람들이 이런 모든 문제들을 어떻게 생각하는지 알아보기 위해 마을에 있는 평범한 한 가정을 방문하고 싶어 했다. 나는 내 원룸 집 뒤에서 살고 있는, 엘머 데이비스와 로라 데이비스라는 이누피아트 노인 부부를 만나보는 게 어떠냐고 제의했다. 그들은 서구적인 형태의 학교 교육을 전혀 받지 못한 전통적인 사람들이었다. 나는 그 부부가 우리 땅을 보존해야 할 필요성을 제대로 잘 대변해줄 것이라 생각했다.

엘머와 로라는 과거 셀라윅에서 코체부에로 이주해 와 많은 자식을 낳아 길렀다. 엘머는 베니어판과 천, 그리고 자기네 식구를 추위로부터 보호해줄 수 있을 만한 온갖 재료들을 다 그러모아 오두막을 한 채 지었다. 나는 그 침침한 작은 집에 들어가 마이크 윌리스와 촬영 팀이 그들과 인터뷰를 하고 싶어 찾아왔는데 그 사람들을 집 안에 들일 마음이 있느냐고 물었다. 엘머와 로라는 막 점심식사를 하려던 참이었는데도 선선히 승낙했다. 그들은 말린 북미순록고기와 물범기름으로 이루어진 먹을거리들을 한쪽으로 치위놓고 큰방에 작은 탁자 하나를 펼쳐놓았다. 나는 그 부부가 서툰 영어로나마 자기네가 하고 싶은 말을 거침없이 하는 광경을 보고 은근히 놀랐다.

찰칵, 하는 소리와 함께 카메라 렌즈가 열리자 마이크 월리스는 부드러운 어조로 로라에게 온갖 재료를 이어 붙여 지은 그 집이 누구 거냐고 물었다.

로라는 엘머를 쳐다보면서 말했다.

"내…… 저이 거죠."

월리스는 물었다.

"이 집이 당신 건가요, 엘머?"

엘머가 대답했다.

"예, 우리 겁니다."

"이 땅도 당신들 건가요?"

엘머는 대답했다.

"예."

"당신들이 이 땅의 주인이라는 걸 증명해줄 서류 같은 게 있나요?"

엘머는 대답했다.

"아뇨."

그 간단한 대화를 통해서 엘머는 10만 명의 알래스카 원주민들이 직면하고 있는 상황의 본질을 제대로 전했다. 우리는 만여 년간 그 땅을 소유하고 다스려왔다. 그런데 우리는 세상의 다른 지역 사람들이 인정해줄 만한 서류 같은 걸 갖고 있지 않았다. 그리고 오로지 연방의회만이 그 쟁점을 해결해줄 수 있었다.

그 노부부는 우리 조상들의 땅을 지키고자 하는 우리의 투쟁에서 자기네가 어떤 역할을 했는지 제대로 이해하지 못했을 것이다. 하지만 〈60분〉 측에서 그 프로그램을 방송했을 때, 2천만 명의 미국 시청자들은 우리가 주장하는 내용의 핵심을 아주 선명하게 전달받고 깊은 인상을 받았다. 그것은 우리의 대의를 관철해나가는 과정에서 더없이 중요한 순간에 해당했다.

그로부터 한참 세월이 흐른 2005년, 나는 미국 국회의사당에 있는 어느 상원의원 사무실에 들어갔다가 벽에 걸린 사진들을 유심히 바라보기 시작했다. 놀랍게도 알래스카 풍광을 찍은 사진들 한복판에 이미 오래전에 사망한 엘머 데이비스와 로라 데이비스의 아름다운 컬러 사진 한 장이 붙어 있는 게 아닌가. 엘머와 로라의 얼굴을 바라보는 순간, 내 마음속에서는 수많은 기억들이 한꺼번에 떠올랐다. 비록 교육을 받지는 못했어도 따뜻하고 지혜로운 내 이웃들이 내가 토지청구권 메시지를 미국 사람들에게 전하고 다닐 때, 그리고 누군가의 도움이 절실히 필요했을 때 나를 도와주었던 수많은 기억들이.

외계에서 지구의 밤풍경을 찍은 사진들을 보면 강과 해변과
고속도로를 따라 늘어선, 환한 빛으로 가득한 전 세계의 도시들이
마치 아름답게 엮어진 진주들처럼 빛난다.
알래스카를 보면 그곳에 있는 마을들은 거의 보이지 않는다.
하지만 주의 깊게 살펴보면 그곳에도 아주 작은 빛의 발자국들이 찍혀 있다.

10
나니카크투구트! — 우리에게는 빛이 있다!

1966년, 내가 고향에 돌아왔을 때 그곳은 십 년 전과 별반 달라지지 않았다. 여름의 끝 무렵, 자정의 태양이 이울면서 어둠이 그 극지의 땅을 뒤덮기 시작하면 알래스카의 강가와 해변 곳곳에 흩어진 만여 개의 작은 집들에서 사는 이들은 콜맨랜턴에 휘발유를 붓고 성냥을 그어서 불을 붙였다. 콜맨랜턴이 제대로 작동하지 않으면 등유램프나 양초를 사용했다.

전기가 들어오기 전 시대에 우리 어머니가 북미순록가죽 매트 위에 앉아서 희미한 등잔불에 의지해 꼼꼼하게 일하는 광경을 나는 수없이 많이 봤다. 어머니는 가죽에 바느질을 해서 벙어리장갑, 파카, 장화, 바지를 지었다. 같은 자리에서 어머니는 또 양말, 장갑, 토시를 지었고, 실내화와 장화에 달기 위한 정교한 구슬 장식이나 파카에 달기 위한 예쁜 장식을 만들었다. 그 시절에 여성들이 어둠 속에서 일하면서도 시력을 잃지 않은 건 참으로 불가사의한 일이 아닐 수 없다.

이런 사정은 남성들의 경우에도 크게 다르지 않았다. 특히 엄니에 바다쇠오리, 거위, 개, 곰, 물범, 바다코끼리를 비롯한 각종 동물들의 모습을 실물과 똑같은 모양으로 꼼꼼하게 조각하던 이들의 경우에는 더 말할 나위도 없었고. 우리에게 시력은 아주 중요했다. 우리 선조들에게는 늘 빛이 부족했으며, 겨울철이면 하루 종일 태양이 뜨지 않는 날이 지속되는 극북지방에서는 더더욱 그러했다.

1950년대 들어 코체부에 같은 마을들에는 전기가 들어왔다. 그 덕에 이제는 야간에 조종사들이 비행기를 무사히 착륙할 수 있도록 해주기 위해 빙판 활주로에 디젤을 집어넣고 불을 붙인 커피 깡통을 줄줄이 늘어놓을 필요가 없어졌다. 우리는 냉장고를 사서 쓸 수 있었기에 이제는 얼어붙은 땅을 깊이 파서 만든 지하저장고에 먹을거리를 저장하지 않아도 되었다. 아이들은 밤에도 공부할 수 있었기 때문에 학업 진도가 쑥쑥 나갔다.

하지만 그런 마을들을 벗어난 지역들에서는 전과 다름없는 생활이 지속되었다. 200명에서 500명 정도가 사는 일부 마을들의 경우 연방정부가 지어준 인디언사무국 부설 학교와 교사 숙소 같은 곳들에는 자체의 발전기가 있어 밤에도 불을 밝힐 수 있었지만 나머지 사람들은 어둠 속에서 생활했다.

우리를 20세기에 제대로 진입할 수 있도록 도와줄 만한 것으로 마을 전기화 사업만 한 건 다시없었다. 하지만 그 비용을 누가 대줄 것인가? 마을에 사는 사람들이 아직까지도 필요로 하는 물건의 대부분을 물물교환을 통해 조달하는 상황에서 마을에 전기를 끌어들이는 사업비용을 어떻게 마련할 수 있을 것인가?

나는 글솜씨는 좀 있는 편이어서 그 사업을 도와줄 가능성이 있는 몇몇 힘 있는 사람들에게 그 사업에 관한 편지를 써 보냈다. 그랬더니 놀랍게도 알래스카 최초의 연방 상원의원인 에드워드 루이스 바틀릿이 답장을 보내왔다. 그 답장에는 연방정부 내에서 알래스카 마을들에 발전소를 건설할 가능성이 있는지 알아보는 연구가 진행되고 있다는 소식이 적혀 있었다.

그로부터 얼마 지나지 않아 나는 나중에 알래스카마을전기화사업조합이라는 이름이 붙은 사업의 조직위원회에서 일해달라는 요청을 받았다.

가장 큰 문제는 자금을 마련하는 일이었다. 우리는 그 사업의 초창기 몇 년 동안 운용할 자금을 마련하기 위해 연방경제기회보장국에 마을전기화사업청REA으로부터 500만 달러를 대부받아 우리한테 제공해달라고 요청했다. 그러나 극히 낮은 대부연체비율을 자랑했던 REA 당국자들은 그 돈을 선뜻 대부해주려 하지 않았다. 그 기관의 관리들은 알래스카 마을 사람들의 소득수준을 조사해본 뒤 충격을 받았다. 그들은 알래스카 원주민들이 매달 최대 20달러가량 될 전기세를 감당할 능력이 없을 것이라고 봤다.

뉴저지 주 애틀랜틱시티에서 열리는 전국마을전기화사업조합의 연례 회의야말로 REA 사람들의 마음을 바꿀 수 있는 절호의 기회였다. 그 회의에서 나는 REA야말로 알래스카 오지 마을들을 돕기 위해서 설립된 기관이라는 점을 지적하면서 열변을 토했다. 나는, 지금은 1969년이지만 우리 고장에 전기가 들어오지 않을 경우 우리는 아득한 옛 시절과 하등 다를 바 없는 원시적인 생활을 계속해야 할 것이라고 말했다. 나는 미국 최대의 주에서 중앙 통제 방식의 일관설비를 운영하고 유지 보수 담당 직원들이 마을과 마을 사이를 오가며 일해야 한다는 것이 이제까지 없었던 새로운 발상이라는 점은 인정했다. 그러나 나는, 알래스카 원주민들은 정직한 사람들이라 전기설비운용사무소가 800킬로미터 떨어진 곳에 있다 하더라도 전기세를 꼬박꼬박 낼 것이라 주장했다.

그런 주장이 먹혀들었다. 우리가 워싱턴에서 REA 수뇌부 사람들을 만난 뒤 그 기관에서는 우리가 요청한 돈을 대부해주었고 그 덕에 우리는 사업을 진행해나갈 수 있었다. 우리는 각 마을에서 발전소를 건설하기 위해 필요한 노동력을 동원하는 데 투입할 수 있는 예산이 아주 빠듯한 형편이었다. 그런데 우리가 발전소를 세울 곳으로 선정한 최초의 열 개 마을에서 마을 사람들이 발전소를 건설하는 일에 자진해서 참여했다는 것은 흥미로운 일이 아닐 수 없었다. 그들의 관점에서는 자기네의 일상생활에 큰 도움을 줄 전기를 갖는 것이 그만큼 중요했던 것이다.

우리 조합의 리더들은 전기설비의 운용과 운용자들의 훈련, 유지 보수 등의 계획을 세우기 위해 초창기 몇 년 동안 무수히 만났다. 우리는 주정부나 연방정부에서 세운 학교들로부터 전기화사업에 참여하겠다는 약속을 얻어내야 했다. 그리고 우리는 인디언사무국을 설득해서 그동안 인디언사무국 시설들에 늘 전기를 공급해주었던 발전기들을 정지시키고 앞으로는 AVEC로부터 전기를 사들이게 했다. 그렇게 해서 결국 우리는 주 전체를 아우르는 발전 시스템을 만들어낼 수 있었고, 그 덕에 주 전역에 흩어져 있는 오십 개의 큰 마을들에 전기를 공급해주는 데 성공했다. 대략 150여 개에 이르는 그 밖의 마을들의 상당수는 이제 독자적으로 전력을 생산하고 있다.

난방시설이나 실내 상하수도를 포함한 다른 현대적 시설들과 마찬가지로 전기는 알래스카 마을들에서 변화를 불러일으키는 중요한 요소가 되었다. 늘 전기를 사용해온 사람들에게는 스위치 하나를 올리는 것만으로 실내를 환히 밝힐 수 있다는 게 별로 대단치 않은 일로 비칠 것이다. 그들은 전기가 나가서 집 안이 캄캄해지는 경우를 겪기 전까지는 전기에 대해 아무 생각도 하지 않을 것이다. 그러나 전기 없이 생활해온 사람들에게 전기는 실내를 밝혀주는 것 말고도 실내 온수 공급 시설과 하수시설, 새로운 학교, 공항시설, 의료시설, 가로등, 동전으로 돌아가는 전기세탁기 같은 문명의 이기들을 사용할 수 있게 해주기 때문에 기적이나 다름없는 것이 된다. 전기가 없다면 그 모든 건 다 쓸모없는 것들이 되어버릴 것이다.

이렇게 소중한 새 자원을 쓰는 사람들은 매달 우편으로 날아오는 청구서를 받았으며, 알래스카 사람들로서는 이런 시스템이 아주 새로운 것이었다. 우리는 그때까지 저당을 잡혀본 적이 없었고 또 시설을 사용한 대가를 지불하라는 청구서를 받아본 적도 없었다. 우리가 뭘 사야 할 필요가 있을 때는 물물교환을 하거나 소액의 현금을 지불하는 정도에 그쳤다. 워싱턴의 정책 입안자들이 안고 있었던 큰 고민거리는 알래스카 원주민들이 현금도 별로 갖고 있지 못한 상태에서 수백 킬로미터나 떨어져 있는, 얼굴도 본 적 없는 기관 사람들에게 생전 처음 보는 청구서에 적힌 비용을 과연 지불하려 들까 하는 것이었다. 그런데 그들은 지불했고, 지금까지도 그렇게 하고 있다.

앞에서 말한 대로 우리가 전기요금을 지불한다는 것은 여간 어려운 일이 아니었다. 오지 깊숙한 곳에 자리 잡은 발전소들에 연료를 공급해주려면 상상하기 힘들 만큼 엄청난 비용이 들었다. 그런 데다 석유가가 자꾸 치솟는 바람에 발전소에서 쓰거나 저장하는 데 드는 비용이 갤런당 8달러 정도로 오르고 있으며, 앞으로 그 가격은 더 오를 가능성이 있다. 주 당국에서 전기 가격을 낮추기 위해 특별 보조금을 지급하고 있음에도 불구하고 알래스카 가구들치고 다른 데 써야 할 돈을 크게 희생시키지 않고서 전기 값을 낼 수 있을 만한 가구는 거의 없다시피 하다.

이누이트 사람들은 우크스루크(기름)와 얽힌 길고도 복잡한 역사를 갖고 있다. 우리 조상들은 수천 세대에 걸쳐서 기름으로 제 몸을 움직일 수 있는 에너지를 얻었고 개들에게도 기름을 주어왔으며, 물범기름이나 고래기름이나 바다코끼리기름으로 이글루 안을 따뜻하게 유지해왔다. 우리는 뿌리 식물에서 고래지방에 이르는 모든 것을 저장하는 데 물범기름을 쓰고 에스키모의 음식치고 그것이 들어가지 않는 데가 없기 때문에 사실상 물범기름은 우리의 혈관을 타고 흐르다시피 한다. 그리고 우리는 기름을 귀하게 여겼던 바깥 사람들과 얽힌 길고도 복잡한 역사를 갖고 있다.

원래 유럽인들을 그린란드로 끌어들이는 역할을 한 건 연료에 대한 수요였다. 불과 몇백 년 사이에 유럽 해역에서는 고래가 멸종되다시피 했다. 마찬가지로 뉴잉글랜드 출신의 미국 고래잡이 어부들은 대서양에서 태평양, 심지어는 북극해에 이르는 해역들에서 한번 출항하면 삼사 년 정도도 걸리는 기나긴 고래잡이 사냥에 나섰다. 그 고래잡이들은 겨울철만 되면 하와이 해역 일대에서 고래를 잡다가 북극해의 얕고 좀 더 안전한 해역에서 자기네 배를 문자 그대로 얼리는 방법을 터득했다. 이들은 북극해에서 얼어붙은 배에 탄 채 해마다 봄철만 되면 북극해로 회유해 오는 고래를 한참 기다렸다가 사냥했다. 1800년대 말에 이르러 포경선들이 고래와 바다코끼리를 거의 멸종시키는 바람에 알래스카 해안 일대에서 살던 사람들은 심한 굶주림에 허덕이게 되었다.

미국 고래잡이들이 북극해에 등장하면서 그들에게 이누이트 출신 고래잡이들은 소중한 존재들이 되었다. 그리고 당대 백인 여성들이 애용하던 코르셋이나 상의 칼라의 지지대로 흔히 사용되었던 '고래수염'의 가격이 치솟으면서 이누이트 고래잡이들은 한층 더 높은 수입을 올렸다. 그러다 1865년에 이르러 펜실베이니아에서 석유가 발견되면서 포경사업은 급격한 하락 곡선을 그렸으며 이누이트 경제도 같은 운명을 겪어야 했다. 하지만 그 덕분에 고래들은 개체수가 크게 늘어나면서 원래의 숫자를 회복할 수 있는 기회를 얻었다.

열 살 무렵 나는 코체부에 해안에서 모래와 자갈을 작은 캔버스 천 자루 속에 가득 집어넣어 셸 석유회사에 소포로 부치는 일을 한 적이 있었다. 아마 그 회사의 지질학자들은 그 지역에서 석유 개발을 할 만한 가능성이 있는지 알아보고 싶었을 것이다. 하지만 대규모 유전을 발견한 사건은 그보다 훨씬 뒤에 일어났다. 과거 수천 년 동안 이누이트 사람들은 알래스카 북부 연안지역에서 석유가 스며 나온다는 사실을 알고 있었고, 또 그걸 연료로 사용하기도 했다. 하지만 1968년에 이르러서야 비로소 애틀랜틱 리치필드의 탐사자들이 프루도 만의 지하에 100억 배럴의 원유가 매장되어 있다는 사실을 알아냈다.

그 유전을 발견한 일은 우리가 조상 대대로 물려받은 땅에 대한 권리를 얻기 위해 한참 투쟁하던 시기에 일어났다. 우리에게 그 사건은 새로운 문제들과 아울러 새로운 기회들을 제공해주는 것임을 뜻했다. 처음에 석유산업계 사람들과 그 밖의 대부분 사람들은 이 엄청난 양의 새로운 자원을 개발할 때 알래스카 원주민들이 군말 없이 그런 현실을 받아들일 것이라고 예상한 듯하다. 선교사들이 우리를 기독교인들로 만들 때나 헌법제정회의가 원주민들에 대한 어떤 고려도 하지 않은 채 알래스카를 주로 만들었을 때 그러했던 것처럼 말이다.

하지만 이제 우리는 그렇게 간단히 넘어갈 생각이 전혀 없었다. 그리고 결국 그것은 석유업계가 우리의 토지청구권 투쟁에서 우리 편이 될 수밖에 없다는 것을 뜻했다. 이런 현실은 정치가 이상한 동지 관계를 만들기도 한다는 점을 입증해줄 만한 새로운 증거이다. 토지소유권 문제가 원만하게 타결되어 그 땅의 소유권자가 분명하게 정해지기 전까지는 어떤 개발작업도 할 수 없었으니까.

훗날 알래스카 원주민들은 알래스카 횡단 송유관 건설사업을 적극적으로 지원했다. 우리는 그 송유관이 없다면, 그 사업을 통해 주의 금고에 흘러 들어올 세입이 없다면, 알래스카가 학교, 주택, 전기, 공항, 그리고 우리가 절실히 필요로 하는 그 밖의 시설들을 전혀 제공해줄 수 없으리라는 걸 잘 알고 있었다. 개인적으로 나는, 만일 석유회사들이 프루도 만 밑에 묻혀 있던 석유를 발견하고 퍼 올려서 수송하고 판매할 수 없었더라면 알래스카는 부득불 주의 지위를 반납했어야 했으리라 믿고 있다. 주정부가 지속적으로 제 역할을 할 수 있게 해줄 만한 다른 대안이 전혀 없었다. 인구는 너무나 적은데 주민 개개인이 부담해야 할 세액은 너무도 높아 누구도 거기서 살 수 없을 지경이 되었을 테니까.

알래스카를 주로 만든다는 발상은 바로 그 신생 주가 연방정부로부터 넘겨받을 42만 제곱킬로미터의 땅에서 개발할 수 있는 자원들 덕에 살아남을 수 있다는 전제를 바탕으로 해서 나왔다. 또한 주는 알래스카에 있는 그 밖의 연방정부 땅에서 벌일 유전 임대, 벌목, 채광 등과 같은 사업을 통해서 세입의 90퍼센트가량을 거둬들일 수도 있었다. 나는 그런 모든 세입이 없이는 주가 절대로 존재할 수 없으리라고 봤다.

오랜 기간에 걸쳐 우리는 미국의 환경보호 운동과 종종 대립하곤 했다. 예컨대 환경보호론자들은 알래스카 횡단 송유관 건설사업을 맹렬히 반대했다. 1970년대 말, 환경보호론자들은 고래잡이를 중단시켜 '고래를 구하자.'는 카터 행정부의 제안을 열렬히 지지했다. 그러나 고래잡이는 이누이트의 세습 유산에서 빠질 수 없는 한 부분이었고, 오늘날까지도 고래는 알래스카 해안 마을들에서 사는 많은 이들이 꼭 필요로 하는 먹을거리다. 세월이 흐르면서 환경보호 단체 사람들은 알래스카 원주민들과 자연 간에 이루어지는 긴밀한 상호작용의 본질을 이해하게 되어 이제는 우리 사회에서 필수적인 수렵 어로 경제를 지지해줄 때가 많다.

그러나 그 당시에는 그런 이해가 부족했기 때문에 이누이트 사람들은 카터의 정책에 격렬하게 맞섰다. 그들은 과학자들이 잘못된 방식으로 고래의 개체수를 산정하고 있다는 걸 알리기 위한 장기적인 캠페인을 벌이기 시작했다. 그리고 그들은 국제포경사업위원회IWC 회의가 열릴 때마다 꼬박꼬박 참석해서 자기네가 상업적인 이용과는 정반대되는 개념인 공공적인 이용을 목적으로 한 고래 사냥을 할 권리가 있다고 강력하게 주장했다. 얼마간 세월이 흐른 뒤 그들은 IWC와의 관계를 개선하고 그 단체의 정책과 보조를 맞추기 시작했다. 오늘날 이누이트 사람들은 그 단체의 지침을 지키면서 여전히 고래 사냥을 하고 있다.

이누이트 사람들과 그 밖의 알래스카 원주민들은 환경에 관해서 순수한 견해를 가질 수가 없는 입장이다. 우리는 무엇이 우리의 이익과 가장 잘 들어맞는지를 판단하기 위해 실용적인 태도를 갖고 있어야 했다. 자연에 대한 우리의 관점은 다차원적이며, 이것은 상당수의 적극적인 환경보호론자들로서는 좀처럼 포착하기 어려운 개념이다.

우리는 이제 대부분의 미국인들이 원시적인 지역에서 살고 있지 않으며, 과거 미국에 속했던 광활한 야생의 지역은 더 이상 존재하지 않는다는 사실을 잘 알고 있다. 우리는 또 대부분의 미국인들이 단백질을 얻기 위해 짐승들을 죽여 피를 뽑고 깃털을 잡아뜯고 내장을 뽑아내고 가죽을 벗겨내는 광경을 한 번도 본 적이 없다는 사실도 역시 알고 있다. 그들은 그저 슈퍼마켓에서 비닐로 포장된 깔끔한 작은 내용물만 볼 따름이다. 그와는 정반대로 알래스카 원주민들에게는 그런 모든 과정이 일상적으로 보고 행하는 일에 속한다. 그렇게 잡은 동물의 모든 부분, 곧 가죽과 엄니, 발굽, 내장, 위장 등은 우리가 다양한 용도로 쓸 수 있는 아주 소중한 것들이다.

우리 세계에서는 귀중한 자원을 하나도 낭비하지 않으며 기름의 경우에는 더더욱 그렇다. 어떤 동물의 기름이든 간에 모든 기름은 지난 수천 년 동안 우리에게 자양분을 제공해주고 우리 몸을 따뜻하게 해주었으며, 우리의 앞길을 환하게 비춰주었다. 그런 현실은 오늘날에도 여전히 지속되고 있으며, 현대 과학기술은 그런 사실을 아름답게 드러내 보여주었다. 외계에서 지구의 밤 풍경을 찍은 사진들을 보면 강과 해변과 고속도로를 따라 늘어선, 환한 빛으로 가득한 전 세계의 도시들이 마치 아름답게 엮인 진주들처럼 빛난다. 알래스카를 보면 그곳에 있는 마을들은 거의 보이지 않는다. 하지만 좀 더 주의 깊게 살펴보면 그곳에도 아주 작은 빛의 발자국들이 찍혀 있다.

나는 우리의 메시지를 전하기 위해서라면 어디든 가서 누구하고든 가리지 않고 이야기를 나눴다. 1969년, 나는 프랑스 북유럽 연구재단 이사장인 장 말로리 교수가 프랑스 르아브르에서 개최한 회의에 초대받았다. 그는 이누이트 문제들을 다루기 위해 유럽과 북아메리카의 경제학자, 대학교수, 인류학자들을 비롯한 백여 명의 전문가들을 그 자리에 불러 모았다. 거기 모인 이들 가운데는 북아메리카와 그린란드의 이누이트 사람들 몇 명도 포함되어 있었다.

알래스카 이누이트 사람들과 그린란드 이누이트 사람들은 공통된 기원과 언어와 문화를 갖고 있기는 하지만 그린란드 이누이트 사람들이 몇천 년 전에 알래스카에서 갈라져 나온 이래 알래스카 이누이트 사람치고 그린란드 출신 사람들을 만나본 이는 극히 드물었다. 그러나 몇천 년 전 우리 선조들이 같은 공간을 공유한 이래 수많은 세월이 흘렀고, 또 우리가 아주 멀리 떨어져 지내오기는 했지만 나는 마치 바로 곁에 사는 이웃들을 만난 것만 같은 기분이었다. 만나자마자 우리 사이에서는 즉각 보이지 않는 유대감이 자리 잡았다. 찬사와 인정과 이해의 불꽃이라 할 만한 것이. 수천 년 동안 떨어져서 지내왔음에도 불구하고 우리는 공통된 문화와 역사에 의해서 서로 연결되어 있었다. 우리의 언어들도 닮은 점이 아주 많았다.

물론 차이점들도 있었다. 18세기 들어 그린란드가 덴마크의 식민지가 되는 바람에 그곳에 살던 사람들은 당연히 덴마크어와 덴마크 문화에 깊은 영향을 받으면서 유럽의 일원이 되었다. 프랑스에서 그린란드 사람들을 만나고 보니 내가 좀 촌뜨기 같다는 느낌이 들었다. 그들은 아주 국제화된 사람들 같았고 또 대부분이 몇 개 국어를 유창하게 구사할 줄 알았다.

그러나 그런 차이에도 불구하고 나는 우리의 뿌리가 같다는 점을 깊이 의식하게 되었다. 그 당시 그린란드 사람들은 학교와 행정부 내에서 덴마크어를 쓰도록 하라는 엄청난 압력에 맞서서 자기네 언어를 지키기 위한 싸움에 많은 관심을 쏟고 있었다.

나는 그 회의석상에서, 우리는 지난 수천 년 동안 154만 제곱킬로미터에 달하는 알래스카 땅을 보유해왔음에도 불과 2제곱킬로미터의 땅에 대한 소유권만을 갖고 있다. 주정부의 지위에 관한 법령이 우리의 원초적 권리와 뿌리 깊은 갈등 상태를 조성해놓아 이제는 미국 의회만이 이 갈등을 풀 수 있다고 말했다. 이어서 나는 이렇게 말했다.

"우리는 미국 정치 시스템을 테스트하고 있습니다. 그 시스템이 지금까지는 그런대로 반응을 보여주고 있기에 우리는 희망을 품고 있습니다. 우리는 우리나라가 아메리카 인디언과 상대해온 역사를 잘 알고 있으며, 부디 그 마지막 장을 피와 속임수와 불의로 쓰지 않기를 바라 마지않습니다. 우리는 대안을 모색하고 있는 중입니다. 우리는 열악한 복지 시스템 때문에 비참하고 굴욕스러운 처지로 떨어지는 일 없이 좀 더 오래, 좀 더 품위 있게 살 수 있기를 바랍니다."

이어서 나는 경고했다.

"만일 우리가 공정한 해결책을 얻지 못한다면, 미국은 과거에 저지른 온갖 잘못을 바로잡아 미국 최초의 공정한 교섭을 할 수 있는 기회를 영영 잃어버리고 말 것입니다."

그 회의가 끝난 뒤 한자리에 모인 원주민들에 관한 '전문가들'의 위원회는 우리의 토지 문제 해결책을 그들이 제시한 아홉 가지 권고 사항의 하나로 포함시켜주지 않았다. 그들은 유럽에서 오랫동안 작동해온, 비원주민들이 주체가 된 온정적 시스템의 전형을 보여주었다. 그들은 자기네 정부 덕에 출세한 사람들이었기에 우리가 과거 수천 년 동안 그래 왔던 것처럼 우리 두 발로 꿋꿋하게 설 방법을 찾고 있다는 진실을 볼 능력이 없었다. 그러나 그들은 우리의 견해들을 다뤄줄, 우리가 꼭 필요로 했던 공개토론회는 제공해주었다. 그때의 경험 덕에 우리는 우리 앞에 얼마나 엄청난 도전 과제가 가로놓여 있는가를 좀 더 깊이 이해할 수 있었다.

당시 미국 대통령이었던 리처드 닉슨이 알고 있던 단 한 명의 아메리카 원주민은 닉슨이 캘리포니아 휘티어 대학교에 다닐 때 그 대학의 미식축구 팀 감독이었던 사람으로, 닉슨은 그 사람을 무척이나 존경했다고 한다. 닉슨은 그 사람이 인디언만 아니었더라면 미국의 유수한 대학 팀들에서 얼마든지 감독을 할 수 있었을 것이라 여겼다. 닉슨의 최측근 상담역들 중의 하나였던 존 에를리츠먼을 포함한 몇몇 백악관 보좌관들은 닉슨이 자기네의 신성한 땅들을 되찾으려는 뉴멕시코 타오스푸에블로 인디언들의 투쟁을 지지해준 것 때문에 언론으로부터 큰 호평을 받았던 걸 깊이 의식하고 있었다. 아마 그 보좌관들은 우리의 토지청구권 문제도 그처럼 대통령의 인기를 높여줄 만한 기회로 여기지 않았나 싶다.

이유야 어찌되었든 간에 우리는 닉슨행정부로부터 미처 예상하지 못했던 호의 어린 반응을 얻어냈다. 나는 그 역설을 생각하면 늘 마음이 흥거워지곤 했다. 닉슨 씨의 조상들인 캘리포니아 휘티어 출신의 퀘이커교도들은 '영혼을 구해주기' 위해 바로 알래스카의 우리 고향에 와서 우리의 언어를 뿌리 뽑고, 우리의 관습을 바꾸고, 우리 아이들을 부모의 품에서 떼어내기 위해 아주 열심히 일했던 사람들이니까 말이다. 요컨대 그들은 우리 민족을 우리의 문화적 뿌리로부터 단절시키려고 무진 애쓴 사람들이었다.

닉슨행정부의 부통령이었던 스피로 애그뉴 역시 뜻하지 않은 우군이었다. 1967년, 존슨 대통령은 나를 인디언 지원을 위한 국가회의의 첫 알래스카 원주민 위원으로 지명해주었다. 그 기관은 존슨 대통령이 아메리카 인디언들이 직면하고 있는 빈곤과 그 밖의 문제점들을 해결하는 데 초점을 맞춰서 창설한 기관이었다. 닉슨이 대통령으로 당선된 뒤에는 애그뉴가 그 회의의 의장직을 물려받았다. 그때 그 회의에서는 경제기회보장국 국장 도널드 럼스펠드, 노동부 장관 조지 슐츠 등도 위원으로 활동하고 있었다.

그것은 우리 메시지를 널리 전파하기에 더없이 좋은 기회였다. 매 회의 때마다 최소한 여섯 명 이상의 장관들이 참석했다. 그들은 다양한 집단의 대의들을 강력하게 밀어줄 수 있는 힘을 지닌 사람들이었다. 나는 부통령과 그 장관들 앞에서 발언할 기회를 가질 때마다 우리의 원주민 토지청구권을 지지해달라고 거듭 요청했다. 우리 모임이 백악관 옆에 자리 잡은 구 정부청사 안의 인디언협정실에서 열린 것은 어찌 보면 당연한 일이기도 했다. 과거 이백여 년에 걸쳐서 미국인들이 그 방에서 속임수나 사기 같은 수법을 동원해 인디언들의 땅을 얼마나 많이 빼앗아갔는지는 신만이 아실 일이다. 나는 그저 알래스카 원주민들이 담요 몇 장이나 에이커당 몇 센트에 해당하는 푼돈만 받은 뒤 제 땅을 포기하고 그 땅의 아주 작은 일부에 불과한 보호구역들로 쫓겨났던 수많은 인디언 부족들의 전철을 밟지 않기만을 바랐다.

여러 일간신문 사설들, 교회단체들, 민권운동 단체들이 전례가 드물 만큼 우리의 대의를 열렬히 지지하고 나섰다. 다른 한편으로 석유회사들은 결국 피할 수 없는 현실을 깨닫기 시작했다. 우리의 토지청구권이 주정부가 42만 제곱킬로미터의 적절한 땅을 선택하는 일뿐만 아니라 길이 1,300킬로미터에 달하는 알래스카 횡단 송유관 건설부지에 해당하는 긴 회랑지대를 마련하는 것도 가로막고 있었기에 그 송유관을 건설하고자 했던 석유회사 컨소시엄은 하루빨리 그 문제가 타결되기만을 고대하고 있었다. 그리하여 결국 그들도 '공정한' 원주민 청구권 타결 법안을 통과시키려 애쓰는 이들의 대열에 합류했다.

환경보호 단체들도 역시 이 법안을 지지할 경우 많은 이들이 보고 즐길 수 있는 수백만 에이커의 땅을 보존할 기회를 얻을 수 있다는 사실을 깨달았다. 그리고 그들은 원주민들에게는 별 관심이 없었지만 우리를 지지해줄 경우 이에 편승해서 자기네가 지향하는 목표도 함께 밀어붙일 수 있다는 걸 알았다. 알래스카에서 사업하던 이들은 입법기관들이 알래스카 원주민들의 권리를 짓밟아 주지 않을 것이라는 사실을 깨닫고는 결국 우리와 맞서서 싸우겠다는 생각을 버렸다.

우리는 개별 지역들의 특수한 필요성들을 조심스럽게 조정해나감으로써 원주민 권력 구조들 내에서 일던 대립과 갈등을 해소하려고 무진 애썼다. 우리는 언어도 역사적 배경도 다르며, 텍사스주의 두 배 반이나 되는 드넓은 지역에 흩어져 사는 크고 작은 원주민 집단들의 의견을 참고하여 토지와 돈을 적절히 배정하는 데 초점을 맞춘, 모두에게 공정한 타결안을 마련하려고 노력했다.

이런 모든 진전들과 1971년 봄, 닉슨 대통령이 적극적인 중재에 나선 일이 함께 작용하여 미 의회에서 우리의 요구를 긍정적으로 바라보는 환경이 점차 조성되어갔다. 그다음 다섯 달 동안에 상원과 하원은 내용이 각기 다른 알래스카 원주민 청구권 타결 법안을 통과시켰다. 전쟁은 아직 끝나지 않은 것이다. 상하원 협의

회가 두 법안을 조정하는 과정에서 우리의 요구 사항은 축소되는 결과를 빚었다.

결국 하나의 법안이 통과되고 닉슨 대통령이 거기 서명했다. 그 법은 알래스카 원주민들에게 알래스카 땅의 16퍼센트에 해당되는 17만 8천 제곱킬로미터의 땅을 배정해주고, 그 나머지 땅에 대한 청구권을 포기하는 대가로 9억 6천2백5십만 달러의 돈을 지급하라는 내용을 담고 있었다. 아울러 적법한 자격을 갖춘 알래스카 원주민들로 이루어진 마을 주식회사와 지역 주식회사 시스템을 발족시켜 그 회사들이 땅과 돈을 적절히 관리할 것을 요구했다.

5년 전 우리는 우리의 전통적인 땅들에 대한 어떤 권리도 인정받지 못한 상태에서 알래스카 원주민들과 더불어 그 투쟁을 시작했다. 그리고 이제 우리는 이 나라의 최고위 당국자들이 서명을 하여 양도한 10억 달러 가까운 돈과 17만 8천 제곱킬로미터의 땅을 갖게 되었다. 그것은 모든 알래스카 부족의 희생과 열정과 참여가 이루어낸 결과였다.

그 결과에 모두가 다 만족한 것은 아니었다. 우리가 더 많은 것을 요구해야 했다고 생각한 이들도 있었다. 그러나 닉슨 대통령이 그 법안에 서명하기 전에 알래스카원주민연맹에서 그 타결 법안을 투표에 부쳤을 때 찬성 511표, 반대 56표라는 결과가 나왔다. 그 결과가 마음에 들든 들지 않든 간에 아무튼 우리는 그 투쟁에서 승리했다.

우리 부족 사람들은 그곳을
이리츠이소우트라 부르며
그것은 산의 끝자락을 뜻한다.
백인들은 그곳을
베어드 산맥이라 부르는데,
나는 그들의 그런 관행을 접할 때마다
울화가 치밀었다. 외지인들은 늘,
여기서 수천 년 동안 살아오면서
중요한 모든 지형지물을
상세히 파악하고 있는 이들과는
아무 상관도 없는 이름들을
박아 넣곤 했다.

11
이리츠이소우트―산의 끝자락

첫 번째 결혼 생활이 끝났을 때 나는 오랫동안 매달려온 원주민 청구권 투쟁에서 결국 승리했을 때와 마찬가지로 세상에 홀로 동떨어진 것 같은 외로움을 느꼈다. 그리고 생전 처음으로 내가 실패자라는 느낌에 빠져들었다. 나는 다른 모든 이들은 쉽게 해내는 것 같은 일을 제대로 해내지 못했다. 최종적인 토지청구권 타결 법안이 통과되기 몇 달 전인 1971년 여름, 나는 코체부에로 돌아가 은거했다. 나는 아주 우울한 기분에 빠져들었다. 이럴 때는 정신과의사를 만나는 게 좋다는 걸 나는 미처 알지 못했다. 내 곁에는 정신과의사를 만나본 사람이 전혀 없었다. 나 자신도 그런 사람을 만난 적이 없었고. 나는 내 힘으로 견뎌내야 했다.

내가 스스로 생각해낸 치료법은 시를 쓰는 것이었다. 전에는 시를 써본 적이 전혀 없었다. 하지만 시를 쓰는 것만이 내가 아직까지도 살아 있고 대지와 연결되어 있다는 걸 스스로에게 입증할 수 있는 유일한 길인 것만 같았다. 그중 한 편은 토지청구권 타결 법안이 통과된 뒤 코체부에에 사는 한 백인 여성 친구와 잠시 대면한 일이 계기가 되어서 썼다. 그때 그녀는 자신이 소수민족의 일원이 된 것 같은 느낌이 들기 시작한다는 얘기를 했다. 그리고 화려한 옥양목 파카를 입은 동네 여자들 몇이 해변 길에서 맞바람을 거스르면서 천천히 걸어가는 광경을 본 것도 이 시를 쓰는 데 영향을 미쳤다. 나는 이 시에 '변화'라는 제목을 붙였다.

오늘 코체부에서
우리는 변화에 대한
두려움을 느낀다

검은 눈들이 새로움과
맞서기 위해 재빨리
앞을 쏘아본다

뗏집과 눈밭 시절에
대포들이 쿵쿵 울릴 때
벌거벗은 에스키모들이
무방비 상태로 서 있었던 것처럼
또다시 여러 가지 어려운 과제가 닥쳐오고
많은 이의 기도가 합쳐져
냉철한 사상을 빚어낸다

이제 근심 어린 푸른 눈들이

살아남은 부족에게 입장을 바꿔
과거에 본인들이 느꼈던 두려움을
느껴보라고 애원한다

쓸쓸한 극지 바람으로부터의
탈출을 위협하는 개들 사이에서
부지런히 움직이는 시계추를
되돌리는 것은 불가능하다

바람은 결빙된 슬픔만 남겨놓고
잦아든다
세월에 의해 빛이 바랜 양피지 위에
깊은 크레바스들이
새겨진다

거듭 밀려오는 잔파도들이
코체부에의 유서 깊은 해변을 어루만질 때
두건 쓴 사람들이
새로이 이는 바람을 맞아
고개 숙인다

나는 이런 창작 시도를 통해서 다시 기운을 되찾았다. 그저 코체부에에 있는 것만으로도 내가 발 디딜 터전을 되찾는 데 적지 않은 도움이 되었다. 나는 주노로 되돌아간 뒤 얼마 지나지 않아 애비게일 라이언을 만났다. 그때 그녀는 내 친구들 중의 한 사람인 알래스카 주 상원의원의 비서로 일하고 있었다. 그녀는 환한 웃음이 돋보이는 사람이었고 내가 농담을 할 때마다 잘 웃어주었다. 그리고 대부분의 사람들이 나를 골수 선동가로 생각한 것과는 달리 나를 낯선 이방인 취급 하지 않았다. 나는 그녀가 키우는 개 자크도 좋아했다. 우리는 완벽한 트리오였다.

애비의 외조부모인 앨린 스트루츠와 루이스 스트루츠는 사람들이 알래스카 개척자들로 일컫는 이들이다. 그들은 워싱턴 주의 조지 라이트 요새에서 처음 만났다. 앨린은 몬태나 출신이었다. 1919년, 군 당국은 루이스를 알래스카로 보냈고 그 이듬해에 앨린은 그를 따라 알래스카로 갔다. 그들은 거기서 결혼했다. 그 후 루이스는 알래스카 철도 회사의 전신인 엔지니어링커미션 사의 직원으로 일했다.

애비의 어머니 게일은 그 부부가 낳은 육 남매 중의 한 사람이었다. 게일은 십크리크 어귀에 위치한 에마즈캐너리 사에서 일하던 중에 애비의 아버지 제임스 라이언을 만났다. 스트루츠 부부의 집에는 게일 말고도 딸이 셋이나 더 있었다. 그래서 부산스러운 작은 도시 앵커리지에 사는 젊은이들은 무리를 지어 스트루츠의 집을 뻔질나게 들락거렸다. 제임스 라이언의 친구였던 월터 하이클도 그런 젊은 구혼자들 가운데 하나였다. 그는 게일의 막내 여

동생 어말리에게 잔뜩 반해 있었다. 월터 하이클은 독서 장애자요 싸움하기 좋아하는 정열적인 청년이었다. 그는 캔자스 소작농의 아들로 1940년에 단돈 37센트만 갖고 알래스카에 왔다.

제임스 라이언은 배관공이 되었다. 그는 게일과 결혼한 뒤 그 시절의 풍습을 따라서 여름철 건설 시즌이 되면 아내와 함께 알래스카에 왔다가 앵커리지 뒤에 우뚝 솟아 있는 추가치 산에 시즌이 끝났다는 걸 알려주는 첫눈이 내리면 남쪽으로 내려갔다. 그들은 캘리포니아 새크라멘토 시 북쪽에 있는 오로빌에서 오래된 돌집을 구입했고, 그 집에서 제임스 라이언은 약간의 소들을 키웠다. 그 집에는 오렌지, 레몬, 그레이프프루트, 포도가 자라고 온갖 꽃들이 화사하게 피어난 작은 과수원이 딸려 있었다. 그곳은 작은 에덴동산 같았다.

한편 월터 하이클은 어말리 스트루츠와 결혼한 뒤 건설업계의 거물이자 호텔 주인이 되었다. 그는 또 열성적인 공화당원이 되었고, 알래스카를 주로 승격시키자는 운동을 열렬히 지지했다. 1966년, 우리의 원주민 토지청구권 운동이 이제 막 시작될 무렵 그는 간발의 차이로 주지사에 당선되었다. 1968년에 프루도 만에서 석유가 발견되자 그는 우리의 청구권 주장과 정면으로 맞설 수밖에 없는 입장이 되었다. 그는 그 석유자원을 이용해서 주정부의 빈약한 재정 상태를 해결하고자 했기 때문에 자연히 우리의 주장을 분쇄하려고 무진 애썼다.

그가 처음에 그렇게 난리를 치던 때의 일들은 내 기억 속에 선명하게 각인되어 있었다. 그래서 내가 주노에서 애비와 데이트를 하기 시작한 뒤 애비가 하이클의 처조카딸이라는 걸 알고 나는 무척이나 놀랐다. 하지만 애비의 아버지는 속속들이 민주당 물이 든 분이었다. 나는 그분이 사업을 잘 해낼 수 있는 분이라면 나 역시 그럴 수 있는 사람이라 생각했다. 그리고 얼마 지나지 않아 나는 애비에게 청혼했다.

그 무렵 나는 주의원으로 근 팔 년간 활동해왔던 터라 주의원이 받는 박봉으로 정상적인 생활을 한다는 게 얼마나 어려운 일인가를 너무나 잘 알고 있었다. 나는 그렇게 근근이 연명하는 생활에 아주 익숙했지만 애비는 그렇지 않았다. 그래서 1974년, 나는 앞으로 새로운 진로를 밟는 데 도움이 되리라는 생각 반, 내가 이길 수 있으리라는 생각 반이 작용해서 연방 하원의원 선거에 출마하기로 결정했다.

내 선거운동은 한마디로 말해 푼돈으로 치른 선거운동이라 할 수 있었다. 나는 선거운동 매니저인 캐런 헤들룬드와 연설 원고 대필자이자 다재다능한 비서인 고든 파커 단 두 사람만 고용해서 선거를 치렀다. 우리는 빌 에건 주지사 밑에서 알래스카 주 법무장관을 역임한 존 해블록과 민주당 예비선거에서 맞붙어 승리하기 위해, 그리고 가을에는 현직 하원의원과 맞붙어 치열한 선거운동을 벌일 것이라 예상하면서 열심히 뛰었다. 그것은 우리 세 사람 모두가 평생 잊을 수 없는 짜릿한 경험이었다. 그것은 주 전체를 무대로 한 선거에서 알래스카 원주민 후보가 비원주민 후보에게 정면으로 맞붙은 드문 사례 중의 하나였다.

7월 4일이 다가올 즈음 우리 팀은 내가 수어드라고 하는 작은 도시에 가야 한다는 결정을 내렸다. 수어드는 해마다 퍼레이드, 마라톤 산 달려 올라가기 같은 이벤트들이 곁들여진 흥겨운 축제를 벌이는 전통을 갖고 있었고 그때마다 많은 인파가 모여들었다. 수어드는 산들과 피오르드들이 아름답게 어우러진 빼어난 경관을 배경으로 해서 자리 잡은 알래스카 남쪽 도시다.

그날 나는 아침 일찍 일어나 고든과 만나기 위해 곧장 기차역으로 갔다. 열차는 기관차에서 맨 뒤의 승무원 전용 차에 이르기까지 술을 마시며 흥청대는 사람들로 가득 차 있었다. 내 텔레비전 광고를 찍어줄 촬영 팀도 그 열차에 탔다. 우리는 수어드에서 내린 뒤 환영식을 가질 계획이었다.

내게 그것은 새로운 영역이었다. 우리는 내 고향 지역에서도 선거운동을 벌였지만 그리 요란하게 하지는 않았다. 그러나 나는 도시에서는 그렇게 언행을 조심하지 않아도 된다는 걸 알았다. 도시에서는 '본인'이라는 말을 빈번히 사용해가며 그동안 내가 이룬 업적들을 침이 마르게 늘어놓아야만 했다. 그간 내가 자란 환경에서는, 네가 세운 업적들을 굳이 내세울 필요가 없다, 네가 올곧은 마음을 가진 사람이라는 느낌이 들기만 하면 사람들이 알아서 너를 뽑아줄 것이라는 믿음이 널리 통용되고 있었다.

하지만 나는 새로운 방식을 받아들이기로 결심했다. 그래서 바쁘게 뛰어다니면서 선거운동을 했다. 우리는 열차를 누비고 다니면서 거기 탄 모든 사람과 악수를 나누고 배지를 나눠주었으며, 촬영 팀은 그런 내 모습을 줄곧 영상 필름에 담았다.

열차가 수어드 시에 진입할 때 나는 '헨슬리를 의회로'라는 표지판을 든 지지자들을 볼 수 있었다. 나는 몇 명 되지 않는 우리 일행과 함께 열차에서 내려 설레는 마음으로 지지자들 쪽으로 걸어갔다. 오늘은 분명 빛나는 하루가 되리라. 내 직감은 내게 그렇게 말해주고 있었다.

중심가를 향해 가는데 어느 곳에 사람들이 잔뜩 몰려 있었다. 거기서는 이 인조 통나무 톱질 경연대회가 진행되고 있었다. 그 광경을 보는 순간 경쟁하기 좋아하는 내 본능이 금방 작동하는 바람에 나는 내 지지자 한 사람과 함께 톱의 양쪽을 잡고서 지름 60센티미터쯤 되는 통나무를 켜기 시작했다. 태양은 문자 그대로 이글이글 타오르고 있었다. 그 바람에 톱질을 마쳤을 때 나는 땀투성이가 되었고 물을 몹시 마시고 싶었다. 그때 누군가가 내게 와인 잔을 건네 나는 그걸 받아들고 정신없이 두 모금을 들이켰다. 그건 엄청난 실수였다!

나는 사람들과 악수를 나누고 퍼레이드에 참가하기 위해 중심가를 향해 걸어가기 시작했다. 그런데 갑자기 눈앞의 풍경이 한쪽으로 기우뚱해지더니 머리가 지근지근 패기 시작했다. 그리고 이내 속이 울렁거렸다. 나는 얼른 골목길로 달려 들어가 먹은 것을 토했다. 머리는 여전히 지끈거렸지만 나는 한시라도 빨리 정상 상태를 회복해서 선거운동을 계속해야 했다.

과거 나는 숙취에 시달리던 사람들이 속을 풀기 위해 아침에 해장술을 마시는 광경을 본 적이 있었기에 나도 그렇게 하는 게 좋을지도 모르겠다고 생각했다. 그래서 나는 관광객 두 사람 말고는 텅 비어 있는 어느 바 안으로 살그머니 들어가 보드카 토닉을 주문해서 마셨다.

아무 효과가 없었다. 나는 다시 화장실로 달려가야 했다. 화장실의 침침한 빛 속에서 잠시 앉아 있었더니 차츰 속이 가라앉기 시작했다. 나는 선거운동을 계속해야 했기에 화장실에서 나왔다. 그리고 내가 햇살이 환한 거리로 다시 나왔을 때 고든 파커가 나를 발견하고 황급히 달려왔다.

"젠장, 어디 갔었어요? 큰일 났어요!"

그러면서 그는 침을 튀겨가며 속사포처럼 말을 갈겨댔다. 내 친구 존 시벌리가 수어드 경찰서에 전화를 걸어 본인이 지금 애비를 차에 태우고 앵커리지 프로비던스 병원으로 달려가는 중이다, 애비는 첫아이를 낳기 직전이고 내가 빨리 와주었으면 한다고 이야기했다는 말을. 그리고 수어드 경찰서에서는 7월 4일 기념 퍼레이드 행사장에 온 리 매키너니 시장에게 전화를 걸어서 그 내용을 전했고, 그 여시장은 마이크로, "윌리 헨슬리가 어디 있는지 아는 분 계시나요? 그분의 부인이 지금 아기를 낳고 있어요!"라고 말했다 한다.

그 소식을 듣고 행사장에 모인 사람들은 내 행방이 묘연함에도 불구하고 요란하게 환호하면서 박수갈채를 보냈다.

고든과 나는 정신없이 사방으로 전화를 걸어본 끝에 술에 취하지 않은 조종사 한 사람을 간신히 찾아냈다. 그는 수상용 비행기에 나를 태우고는 앵커리지로 날아가 후드 호에 나를 내려주었다. 거기서 나는 병원으로 미친 듯이 달려갔다. 그리고 한 시간 반쯤 뒤에 프리실라 노운라레이크 앨린 헨슬리가 태어났다.

프리실라는 훌륭한 두 분의 이름과 정신을 이어받을 아이였다. 개썰매 여행을 하던 중에 태어난 이누피아트 여성 노운라레이크, 그리고 앵커리지가 천막촌 정도에 지나지 않았던 시절에 그곳에 온 알래스카 개척민 출신의 앨린 스트루츠의 이름과 정신을.

그로부터 이 년 뒤 내가 최소한 두 군데 이상의 빨간 신호등을 무시하고 미친 듯이 알래스카 원주민 병원을 향해 달려간 뒤에 메리 린(몰리)이 태어났다. 나는 그 아이에게 우리 어머니 노운라레이크의 언니인 오우르비크의 이름을 붙여주었다.

몰리가 태어나고 나서 삼 년이 지난 뒤에는 제임스가 태어났다. 나는 노운라레이크를 양녀로 받아들여줘 그분의 목숨을 구해주는 역할을 한 자식 없는 여성 시이치에이크의 남편을 기리는 뜻에서 제임스에게 우미이비크라는 이름을 붙여주었다.

우리 집 막내가 태어났을 때는 우리 누나 세이굴리크-프랜시스를 기리는 뜻에서 그 이름을 붙여주었다. 언니들의 머리가 부드러운 빨강 머리인 데 반해서 엘리자베스 프랜시스 세이굴리크 헨슬리의 머리는 나를 닮아 까맣고 뻣뻣하며 숱 많은 검은 머리였다. 나는 늘 사람들에게, 내게 남은 모든 걸 막내에게 다 주었기 때문에 그렇게 되었다고 말하곤 했다.

1974년 7월 4일에 일어났던 일로 이야기를 되돌려보도록 하자. 프리실라가 태어나고, 내가 극적으로 병원에 도착한 일은 내 선거운동의 하이라이트 중의 하나가 되었다. 그 이튿날 〈앵커리지 타임스〉는 그 일화를 일면 톱기사로 다뤘으며, 내가 프리실라를 안고 있고 애비가 내 어깨 너머로 아기를 들여다보는 사진은 그 기사를 완벽하게 보완해주는 역할을 했다.

나는 결국 민주당 예비선거에서 존 해블록을 이겼다. 그리고 본선거에서 공화당의 후보인 돈 영과 민주당의 후보인 나는 오늘날 아주 일반화된, 인신공격과 흑색선전이 난무하는 지저분한 선거운동과는 달리 아주 깨끗하고 공정한 선거운동을 통해서 맞붙었다. 11월이 되었을 때 우리의 지지율은 백중지세였다. 심지어 나는 돈 영이 낙선하리라 생각하고 이력서를 쓰고 있다는 소문을 듣기까지 했다.

그러나 투표함을 열고 보니 나는 44퍼센트의 표만 얻었을 뿐이었다. 돈 영은 다시 워싱턴으로 돌아갔으며, 오늘날 그는 하원에서 열여덟 회기 동안 일해오고 있는 중이다. 돈 영과 그의 아내 루는 지금까지도 내 좋은 친구들이다. 그리고 나는 그때 그가 이겼던 것을 다행으로 여긴다. 나는 정치를 좋아하고, 또 미국에서는 열정과 의욕을 가진 사람이라면 누구나 다 정치에 참여할 수 있다는 게 마음에 든다. 그러나 나는 공직이 자신의 정체성을 규정해주는 건 아니라는 사실을 깨달았다. 그 선거에서 패배한 일은 아마도 지금까지 내게 일어났던 일들 중에서 가장 잘된 일 중의 하나일 것이다. 그 덕에 나는 그때까지 내게 재능이 있으리라 전혀 생각하지 못했던 다른 분야의 일들에 손을 댈 수가 있었다.

원주민 청구권 타결 법안 덕에 12개의 지역 주식회사들과 226개의 마을주식회사들이 탄생했으며, 그 모든 회사의 주인은 주식을 가진 알래스카 원주민들이었다.

나는 1966년에 토지소유권을 연구한 덕에 알래스카 원주민들이 지역 경제 체제에서 대체로 소비자나 노무자, 연방자금을 끌어들이기 위한 인간 자석 이외의 어떤 역할도 하지 않았다는 걸 강하게 의식하고 있었다. 우리는 생계를 유지하는 데 필요한 전통적인 공급원들에다 모피와 생선을 팔거나 여름철 노동을 해서 번 현금으로 그 부족분을 보충해가며 겨우 생존을 유지하는 선 정도에 머물러 있었다. 우리 대부분은 은행과 거래해본 적이 드물어서 금융계와 접촉한 경험이 거의 없다시피 했다. 사실, 내가 1975년에 생전 처음으로 우리 집을 은행에 저당 잡혔을 때 나는 내가 그 집에서 반드시 삼십 년 동안 살아야 하는 줄로만 알았다!

1971년 이전만 해도 적어도 북극권 지역에서 거주했던 원주민들의 경우에는 마을 상점에 아주 많은 걸 의지하고 있었다. 장사꾼들은 물건들을 갖고 있었고, 우리는 물건이 필요할 때마다 그들이 부르는 가격을 군말 없이 지불했다. 그들은 우리가 가끔씩 외상값을 갚고 또 어느 정도의 한계를 넘어서지 않는 한 겨울철 내

내 외상으로 물건을 내주었다. 내가 장사와 거래라는 것의 본질에 어느 정도 눈을 뜨기 시작할 즈음 이런 식의 거래 방식은 이미 오십 년 동안이나 지속되어오고 있었다.

그런데 하루아침에 모든 게 변했다. 의회는 1971년 12월 18일 이전에 태어난, 알래스카 원주민 자격이 있는 모든 사람에게 마을 회사나 지역회사 주식 백 주를 주게끔 하기로 결정했다. 그 바람에 알래스카 원주민들은 하루아침에 미국식 법인단체 생활에 직접적으로 뛰어들었다. 그리고 원주민들은 과거에 무수히 그래 왔던 것처럼 새로운 질서에 적응하고, 그 질서가 우리한테 유리하게 작용하도록 하는 방안을 강구하는 과정을 밟기 시작했다.

그로부터 여러 해가 지난 뒤 틀링기트 족의 한 지도자는 원주민 회사들의 출현을 어른으로 태어나서 걷기와 말하기를 배워야 하는 사람의 처지에 비유했다. 우리는 아주 짧은 기간 동안에 놀라우리만치 많은 걸 배웠다. 우리는 시초에 아무것도 모르는 상태에서 시작했기 때문에 사업의 본질 자체를 파악해야 했다. 그리고 회사의 임원이나 직원, 주주로서 어떤 책임을 지고 있는가를 이해해야 했다. 우리는 전략을 세우고, 아이디어를 짜내고, 그 아이디어를 현실에서 구현하고 조정해나가는 나날의 업무에 숙달되어야 했다. 그러는 과정에서 우리는 과거에는 전혀 신경 쓰지 않았던 주제들, 즉 화폐 가치 절하, 종신 물권 주식(소유자가 죽은 뒤에는 상속되지 않고 회사에 돌려주어야 하는 주식), 외환 파동 등에 관해서도 배워야 했다.

그러나 우리는 해냈다. 얼마 지나지 않아 우리의 노력은 가시적인 성과로 나타나기 시작했다. 우리는 우리 주주들을 고용해줄 호텔업, 건설업, 외식업, 보험업과 같은 사업을 시작했다. 원주민 회사들은 보유 자본을 각기 다른 방식으로 투자해서 각기 다른 수준의 성공을 거두었다.

내 친구들의 상당수는 삼십 대 말에서 사십 대 초반의 나이에 접어들었을 때 나처럼 사업가나 정치가가 되어 회사나 자치단체, 혹은 그 밖의 기관들에서 일했다. 이제 우리는 생존하기 위해 사냥을 할 필요는 없었지만 그래도 여전히 사냥하는 걸 좋아했다. 우리는 조상 대대로 먹어온 음식들을 즐겨 먹었고, 더불어 추적할 때의 동지애 같은 것을 사랑했다. 우리의 이런 면은 지금까지도 지속되고 있으며 앞으로도 늘 그럴 것이다.

어느 해 노동절 주말, 구월답게 완벽하게 쾌청한 날에 우리 일행 다섯 명은 데니스 티펠먼의 커다란 제트보트를 타고 코부크 강을 거슬러 올라 코체부에서 3백 킬로미터가량 떨어진 데로 갔다. 우리는 북미순록들이 남쪽에서 겨울을 나기 위해 브룩스 산지에 나타날 때를 노려 우리의 겨울철 먹을거리를 장만할 계획이었다. 우리는 야외에서 일주일가량 지낼 수 있는 장비와 먹을거리를 지참했다. 왕복 6백 킬로미터를 달릴 수 있는 연료, 텐트, 침구, 눈이 내릴 경우를 대비한 파카나 장갑 같은 방한용구들을. 브룩스 산지 근방에서는 여름철에도 가끔 눈이 내렸다.

우리는 미리 정한 어느 지점으로 갈 작정이었다. 그곳은 산지 내의 사방 몇 킬로미터를 훤히 굽어볼 수 있는 유리한 지점이라 거기에 참호 같은 것을 파고 들어앉아 있으면 북미순록 떼가 겨울을 나기 위해 노스슬로프 지역을 떠나 저 아래 남쪽을 향해 천천히 이동하는 광경을 볼 수 있다. 오십여 만 마리나 되는 그 북미순록 떼는 지난 수천 년 동안 이누피아트 사람들에게 단백질과 방한복을 제공해왔다.

데니스는 우리 지역의 부족 업무를 처리하는 비영리 지역단체인 마니일라크의 회장이었다(마니일라크는 '무보수'를 뜻하며, 이는 또 1800년대 초반에 코부크 강가에서 살았던 유명한 예언자의 이름이기도 했다). 우리 일행에는 내 평생 친구인 아노울라크타크(척 그린)도 포함되어 있었다.

데니스의 제트보트 선체는 알루미늄으로 만들어졌다. 길이 9미터가량 되는 그 보트에는 큼직한 제트엔진이 장착되어 있어서 우리가 많은 양의 식량과 장비, 연료를 가져왔음에도 불구하고 아주 빠른 속도로 달릴 수 있었다. 우리는 코체부에를 떠나 로크하트 곶을 향해 가다 얼마 후 파이프 스피트 곁을 지나 키티클리크라고 하는 코부크 강 어귀들 중의 하나에 이르렀다. 그리고 코부크 강 본류에서 한참 떨어져 있는, 육지 안쪽으로 깊숙이 들어간 작은 만에 닻을 내리고 하룻밤 묵어가기로 했다. 그 배는 덩치가 커서 우리 다섯 모두가 갑판 위에 침구를 펴고 잘 수 있었다.

이튿날 아침식사를 하고 있을 때 나무배 한 척이 다가와 우리

배 곁에 정박했다. 그 주인인 바두라고 하는 사람은 커피를 끓여 마신 뒤 우리 배보다 작은 자신의 배를 몰고 먼저 떠났다.

잠시 후 우리의 큰 배도 역시 그곳을 박차고 떠나 160킬로미터가량 떨어진 데 있는 우리의 사냥터를 향해 빠르게 내달려갔다. 우리 배가 긴 물굽이를 돌아가자 저 앞에 바두의 배가 보였다. 그는 장대로 배를 밀면서 앞으로 나아가고 있었고, 우리는 그걸 보고 이상하게 여겼다. 우리는 우리 배가 코부크 강 본류 가까운 곳에 있는 수로에 와 있다고 판단하고 그 수로의 수면을 요란하게 가르며 나아가게 했다. 우리 모두는 뱃머리 쪽에 있는 계기판 곁에 모여 서 있었다. 데니스는 타륜을 쥐고 배를 조종했고, 나는 다른 친구들의 뒤에 서 있었다. 바두는 장대로 배를 밀면서 힘들게 가고 있는데 우리는 쏜살같이 수로를 타고 내달려가다니 참 염치도 없다는 생각이 들어 우리는 서로를 쳐다보며 씩 웃었다.

그 순간 갑자기 우리 배가 보이지 않는 엄청난 장애물과 충돌한 것 같았다. 그 장애물의 정체는 모래톱이었다. 이제 그 '수로'의 수심은 불과 십 센티미터도 채 되지 않아 우리 배는 모래톱과 충돌하면서 모래톱을 수십 센티미터가량 파고들면서 멈춰 섰다. 그 충격 때문에 밧줄로 묶어놓지 않은 150리터짜리 연료 드럼통이 우리 쪽으로 날아와 우리 일행의 맨 뒤에 선 나와 충돌했다. 내가 그 드럼통의 일차 충격을 받아주는 쿠션 역할을 해주는 바람에 내 친구들은 모두 무사했다.

나로서는 꼭 트럭과 정면충돌한 것 같은 느낌이었으며, 충돌 순간에 내 몸이 으깨진 것 같았다. 나는 뱃머리 갑판에 쓰러져 고통으로 온몸을 뒤틀면서 이대로 죽나 보다 생각했다. 아노울라크타크가 달려와 내 몸을 움켜잡았을 때 나는 "아리이, 아리이!(아파, 아파!)" 하고 소리쳤다. 다른 친구들이 배를 밀어 간신히 모래톱에서 빠져나오게 하는 데 성공한 뒤 우리 일행은 코부크 강을 따라 십여 킬로미터 올라간 곳에 있는 키아나 마을로 배를 몰았다.

나는 그 마을의 보조간호사 집까지 쩔뚝거리며 간신히 걸어갔다. 그 마을 사람들 대부분이 노동절 휴가를 맞아 사냥을 하러 멀리 떠났지만 다행히도 그녀는 집에 있었다. 그녀는 내 소변에 피가 섞여 있다는 걸 알고 내상을 입었을까 염려가 되어 나를 비행기에 태워 코체부에로 후송했다. 코체부에의 병원에서 검진을 해본 결과 갈비뼈가 두 대 나갔다는 사실을 알 수 있었다.

내 친구들은 사냥을 계속했다. 나는 그때의 경험을 통해서 겨울철에 먹을 고기를 마련하기 위해 사냥하러 나갈 때 부득불 친구들에게 의지해야 하는 처지에 빠지는 것보다 더 고약한 일은 다시없다는 걸 알았다. 코부크 강 일대에 사는 사람들은 타리이르미이트(바닷가 사람)들이 수심이 고르지 않은 민물 수로에 관해서 얼마나 무지한가, 그리고 사냥하러 나갈 때는 상황이 얼마나 빨리 악화될 수 있는가를 보여주는 좋은 예로서 그 사건을 아직까지도 기억하고 있다.

대부분의 사냥 여행은 그보다 훨씬 더 나았다. 이십오 년 전 7월에 우리 일행이 우그루크를 사냥하러 갔을 때의 기억은 아직까지도 선명하게 남아 있다. 그때 우리는 길이 7미터가량 되는 보스턴훼일러 호를 몰고 코체부에 해협으로 나갔지만 물범들 가까이 다가갈 수 있는 기회를 좀처럼 얻지 못했다.

점심식사를 한 뒤에는 내가 타륜을 잡았다. 나는 몇 번에 걸친 기나긴 겨울철들을 통해 형성되어 베링 해에서 북극해 쪽으로 둥둥 떠가는 두텁고 큼직한 유빙들 사이로 배를 몰았다. 우리 배가 빙산 하나를 빙 돌아갔을 때 불과 백 미터쯤 떨어진 곳에서 네 마리의 거대한 바다코끼리가 한가롭게 해바라기를 하고 있는 광경이 눈에 들어왔다.

바다코끼리는 법의 보호를 받는 종이다. 하지만 동물보호법은 예외 규정을 둬서 이누피아트 사람들이 먹고살기 위한 목적으로 바다코끼리를 사냥하는 건 허락해주고 있다. 우리는 코체부에 근방에서는 좀처럼 보기 힘든 바다코끼리들을 발견하고는 그만 황홀경에 빠졌다. 나는 바다코끼리들이 해바라기를 하고 있는 유빙을 향해 가급적 소리 내지 않고 살그머니 배를 몰려고 애썼다.

어느 한순간 그들은 우리를 발견하고는 바다를 향해 허겁지겁 기어가기 시작했다. 두 정의 라이플이 거의 동시에 불을 뿜었고 두 마리의 바다코끼리가 움직임을 멈췄다. 우리는 겨울을 나기에 충분하다 할 만큼 많은 양의 고기와 지방, 그리고 사람들이 무척이나 탐내는 엄니 몇 대를 얻었다. 이누피아트 예술가들은 그 엄니를 이용해도 좋다는 허락을 받은 터여서 그것으로 아주 다양한 형태의 아름다운 조각품들을 만들어냈다.

그리고 우리는 우시크도 얻었다. 예전에 이누피아트 사람들이 우시크라는 말을 입에 올릴 때는 대개 남들이 듣지 못하게 소곤소곤 주고받았다. 하지만 오늘날에는 날로우르미트가 그 말을 수시로 사용하는 바람에 좀 크게 말하는 것도 어느 정도 허용되고 있는 편이다. 바다코끼리 수컷이 대단히 왕성한 정력을 타고난 건 사실이다. 그리고 꼬리 근처에 잘 숨겨져 있는 수컷의 생식기 속에는 길이 45센티미터에서 60센티미터에 이르는 영구적인 뼈가 하나 들어 있는데, 그것이 바로 우시크이다. 그것을 둘러싸고 있는 질긴 살 조각을 떼어낸 뒤 잘 말리면 그 뼈는 빛이 날 정도로 말끔해진다. 사람들은 가끔 거기에 조각을 하기도 하고 그걸 보여주면서 아주 인기 좋은 대화 재료로 삼기도 한다.

알래스카 유일의 연방 하원의원인 돈 영은 상임위원회 회의를 주재할 때 가끔 바다코끼리 우시크를 의사봉으로 써서 환경보호론자들을 겁주었다고 한다.

1980년대 말 9월 어느 날, 내 조카 조지와 나는 북미순록 사냥을 하러 가기 위해 내 배인 스포츠맨 호에 장비와 휘발유를 실었다. 그때는 9월이 거의 다 끝나갈 무렵이라 아직 얼음이 얼지는 않았어도 날이 제법 쌀쌀했다. 그리고 그때가 되면 여름철에 노스슬로프의, 나무 한 그루 없는 초원에서 풀을 뜯던 북극권 서부의 북미순록 떼가 겨울을 나기 위해 남쪽으로 이동했다.

조지와 내가 함께 사냥길에 나선 건 그게 처음이었다. 하지만 나는 운이 좋아 큼직한 수확물을 거둘 경우에 대비해서 건장한 체격을 지닌 십 대 남자아이를 자주 데리고 다녔다. 우리는 북쪽으로 배를 몰아 코체부에서 24킬로미터가량 떨어진 데 있는 리틀 노아타크 강 어귀로 간 뒤 시글로우크(식량 저장소) 쪽으로 방향을 틀었다. 우리는 그곳에 이른 뒤 배를 정박시키고는 한동안 내륙으로 걸어 들어가서 순록 떼를 찾을 수 있을지 알아보기 위해 언덕 위로 올라갔다.

우리는 그 언덕 꼭대기에서 많은 호수와 지류가 있는 노아타크 강 삼각주를 한눈에 훤히 굽어볼 수 있었다. 나는 그 일대를 이리저리 살펴보다가 저 멀리 보이는 큰 호수 건너편에서 점 하나를 발견했다. 나는 쌍안경을 가져오지 않았지만 그 점이 큰사슴임이 분명하다고 생각했다. 큰사슴 시즌은 아직도 계속되고 있어 조지와 나는 배를 하구 쪽으로 몰고 가서 예전에 우리 가족의 뗏집이 있었던 곳 근방에 정박시키기로 했다. 그런 뒤 우리는 그 호수 쪽으로 걸어가서 큰사슴이 나타날 때까지 기다리기로 했다.

한 시간이 채 지나지 않아 우리는 라이플을 겨눈 채 그 호숫가에서 무성하게 자라는 오리나무와 버드나무 군락들을 향해 다가갔다. 나는 그 근방에서 주위를 지켜보기에 적당한 마른땅을 찾아낼 수 있을 것이라 생각했다. 바로 그때 키가 이 미터가 넘고 머리에 거대한 뿔을 이고 있는 초대형 큰사슴이 불과 몇 미터 떨어진 곳에 있었지만 우리는 그걸 미처 알아차리지 못했다. 그래서 우리가 별 생각 없이 무성한 숲 속으로 발을 들여놓는 순간 갑자기 큰

사슴이 후다닥 튀어나오더니 호수 쪽으로 돌진해갔다. 큰사슴은 놀라서 얼이 쏙 빠진 우리 두 사람을 피하기 위해 마치 호수 수면 위를 그대로 질주할 작정이기라도 한 것처럼 미친 듯이 네 다리를 놀리면서 맹렬히 내달려갔다.

큰사슴의 동작이 워낙 재빨라 하마터면 총도 쏘지 못하고 끝날 뻔했지만 나는 이내 정신을 수습하고 녀석이 호수로 뛰어들기 직전에 간신히 한 발을 쏘는 데 성공했다. 내가 총을 쏜 뒤에도 사슴은 계속 내달렸다. 하지만 나는 정통으로 맞췄다는 걸 알았다. 사슴은 곧 호숫가에서 25미터쯤 떨어진 수면에 둥실 떠올라 꼼짝도 하지 않았다.

문제는 녀석이 빙산 같다는 점이었다. 녀석의 머리와 뿔, 그리고 복부의 일부가 보였지만 나머지 90퍼센트는 물속에 잠겨 있었다. 무게가 230킬로그램 가까이 되는, 기름기 적고 싱싱하고 감칠맛 나고 스테로이드가 없는 고깃덩어리가 우리 눈앞에 있었다. 그러나 그 거리는 너무 멀었다. 어떻게 저걸 호숫가로 끌어오지?

바람은 싸늘했고 호수의 수온은 그보다 더 낮았다. 그것은 내가 큰사슴이 있는 데까지 헤엄쳐 갔다간 저체온증에 걸릴 우려가 있다는 걸 뜻했다. 이십 년 전만 해도 나는 그런 상황에서 쓸 수 있을 만한 장비들을 어느 정도 갖추고 다녔다. 이를테면 내 나크마르비크(사냥 자루) 속에는 길고 튼튼한 줄 끝에 달린, 날카로운 가시들이 박혀 있는 나무토막 같은 것이 들어 있어 오리와 거위와 사향뒤쥐 같은 것들이 물가에서 너무 멀리 떨어진 물속에 빠졌을 때 그 도구를 이용해서 얼마든지 회수할 수 있었다.

  나는 그런 기능을 할 수 있는 도구를 즉석에서 만들어보기로 했다. 묵직한 낚싯바늘을 하나 찾아내서 나일론줄로 묶은 뒤 큰사슴이 있는 곳으로 던져봤다. 하지만 바늘은 가볍고 바람은 너무 거세어 힘껏 던져봤지만 몇 미터밖에 날아가지 않았다. 조지와 나는 한 시간여 동안 그 방법을 거듭 시도해본 끝에 중단하고는 커피를 마시면서 적당한 방법을 생각해보기로 했다.

  우연히도 때마침 또 다른 친척 빌리가 노아타크 강으로 올라왔다가 내 배를 발견하고는 사냥이 잘되나 보려고 우리 있는 데로 왔다. 빌리는 가슴까지 올라오는 방수장화를 갖고 있었다. 나는 그 사슴 가까이 접근하는 데 그게 도움이 될 거라 생각했다. 그래서 나는 그걸 착용하고 물속으로 걸어 들어가기 시작했다. 그러나 한 걸음씩 옮길 때마다 발이 뻘 속에 자꾸 더 깊이 빠져 들어가는 통에 호수 안쪽으로 더 멀리 들어갔다간 발이 너무 깊이 빠져 몸을 빼낼 수조차 없게 되는 게 아닌가 싶어 자신이 없어졌다.

  이제 어떻게 하지? 나는 그 사슴을 회수하려고 애쓰느라 벌써 세 시간이나 허비했다. 이누피아트 사람들에게 사냥한 짐승을 썩도록 그냥 내버려두는 것은 생각도 할 수 없는 끔찍한 일이었다. 결국 나는 작은 손도끼를 들고 강가로 갔다. 거기서 조지와 나는 몇 그루의 작은 나무들을 베어내고 잔가지들을 잘 다듬은 뒤 호숫가로 끌고 왔다. 나는 나일론줄을 이용해서 내가 겨우 올라탈 수 있을 정도의 폭을 가진 작은 뗏목을 하나 만들었다.

나는 빌리의 긴 장화를 다시 착용하고 즉석에서 만들어낸 그 뗏목 위에 올라앉아 두 다리를 뗏목 양쪽의 물속에 늘어뜨린 채 몸의 균형을 잘 잡을 수만 있다면 계속 수면에 떠 있을 수 있으리라 판단했다. 나는 배에서 갈고리를 찾아내 가는 밧줄로 묶은 뒤 무릎 위에 올려놓고는 가문비나무를 노 삼아 저으면서 큰사슴 쪽으로 나아갔다. 조지와 빌리는 호숫가에서 지켜봤다. 나는 그렇게 하다가 물속에 빠지기라도 했다 하면 그 소문이 알래스카 주의 모든 사람 귀에 들어가 죽을 때까지 그 오명을 씻어낼 수 없으리라는 걸 잘 알고 있었다. 우리 이누피아트 사람들은 우리 지도자들이 망신스러운 일을 겪은 끝에 제 분수를 깨닫는다는 식의 이야기들을 무척이나 좋아했다.

나는 큰사슴이 떠 있는 곳으로 조심스럽게 노 저어갔다. 다행히도 큰사슴은 죽은 게 확실했다. 나는 갈고리를 내던져 그것이 큰사슴의 귀 밑 부분을 꿰뚫고 들어가게 하는 데 성공했다. 그런 동작을 하다가 뗏목과 내 몸이 심하게 흔들리는 바람에 하마터면 물속에 거꾸로 처박힐 뻔했지만 다시 몸의 균형을 잡았다. 나는 천천히 노를 저어 호숫가로 되돌아왔다. 결국 우리는 큰사슴을 회수했다. 하지만 그건 예고편에 불과했다.

얼음같이 싸늘한 물속에서 큰사슴을 해체하는 일은 과히 유쾌한 일이 못 된다. 그 작업을 하다 보면 금방 두 손이 얼어붙는다. 큰사슴의 지방이 너무 매끄러워 칼 손잡이를 제대로 움켜쥐고 있기가 어렵다. 그리고 굵은 척추와 육중한 살덩어리들을 칼로 절단

해야 한다. 하지만 우리 셋이 모두 달려들어 그 사슴의 가죽을 벗겨내고 거기서 2백 미터쯤 떨어진 곳의 우리 배 있는 데까지 가져가기 좋게끔 여러 토막을 냈다. 빌리는 우리가 준 뒷다리 한 짝을 받아들고 순록 사냥을 하러 다른 데로 떠났다.

우리는 자정 무렵이 되었을 때야 비로소 고깃덩어리들을 배에 싣는 작업을 마쳤다. 심신이 몹시 피곤했지만 기분은 아주 좋았다. 나는 어둠 속에서 천천히 배를 몰고 강을 따라 내려갔다. 사방이 캄캄해서 가끔 항로를 이탈해 이리저리 돌기도 했지만 결국은 무사히 집으로 돌아왔다. 그 겨울철에 우리는 큰사슴고기를 즐겨 먹었다. 맛이 아주 그만이었다.

네 친구와 함께 북미순록 사냥을 하러 떠났다가 고약한 사고를 당하고 나서 몇 년쯤 지난 뒤 아르나라크와 나는 순록 사냥을 하기 위해 노아타크 강을 거슬러 올라가보기로 했다. 아르나라크는 내가 세 살 때 나를 놈에서 데려왔던 형이다. 이즈음 그는 육십 대 후반이 되었고, 심한 흡연으로 이미 폐 한쪽을 잃었다. 내 조카 조니도 함께 데려갔는데 우리는 내 보스턴훼일러 호에 연료 한 드럼, 작은 텐트 한 조, 식량과 장비를 실은 뒤 노아타크 강 어귀를 향해 출발했다.

우리 식구들은 그 강 일대의 수심을 잘 파악하고 있었기 때문에 나는 그들 중의 한 사람과 함께 사냥하러 나갈 때면 늘 마음이 편했다. 한데 이번에는 얼마 지나지 않아서 배가 얕은 곳에 좌초하고 말았다. 그 바람에 나는 물길을 안내하는 역할을 맡았던 아르나라크에 대한 믿음을 좀 잃었다.

결국 우리는 노아타크 강을 따라 구릉지대로 진입한 뒤 협곡을 지나 브룩스 산지의 서쪽 끝자락에 이르렀다. 우리 부족 사람들은 그곳을 이리츠이소우트라고 부르며 그 말은 '산의 끝자락'을 의미한다. 날로우르미트들은 그곳을 베어드 산맥이라 부르는데, 나는 그들의 그런 관행을 접할 때마다 울화가 치밀었다. 외지인들은 늘, 여기서 수천 년 동안 살아오면서 중요한 모든 지형지물을 상세히 파악하고 있는 이들과는 아무 상관도 없는 이름들을 박아 넣곤 했다.

우리가 이리츠이소우트에 도착하고 보니 두세 척의 다른 배들이 벌써 와 있었다. 그래서 우리는 배를 세우고 그 배들을 타고 온 사냥꾼들과 차를 함께 나눴다. 우리는 그들 모두를 잘 알고 있었다. 그들 가운데는 허먼 바저와 그의 아들 몇 명도 끼어 있었다. 허먼은 나이가 아르나라크보다 훨씬 더 아래였고 코체부에 해변의, 우리 누나 애니의 집 근방에서 평생을 살아오다시피 한 사람이었다.

커피를 마신 뒤 우리는 저 멀리 노아타크 강으로 흘러드는 작은 지류 위쪽에서 오십 마리쯤 되어 보이는 순록 무리를 발견했다. 다른 사냥꾼들 대부분은 구릉지대와 숲들을 가로질러 가야 하는 그 어려운 여정을 택하고 싶어 하지 않았다. 하지만 나와 허먼, 그리고 그의 아들 중의 하나는 순록 무리가 있는 곳에 가보기로 하고 구릉지대로 올라갔다.

순록 무리가 우리와 반대쪽으로 이동하고 있어서 우리는 애초에 예상했던 것보다 훨씬 더 멀리 걸어가야 했다. 우리는 야영지에서 5킬로미터가량 떨어진 곳에 이르렀을 때야 비로소 총을 쏠 수 있을 만큼 가까이 접근할 수 있었다. 우리가 총을 발사하자 순록 한 마리가 쓰러졌다. 그러나 순록을 잡은 것까지는 좋았는데 그 동물을 실어갈 만한 들것 같은 게 없는 게 문제였다.

우리는 순록의 각을 떠서 다섯 토막을 냈다. 뒷다리 부위 하나, 앞다리 부위 둘, 갈비짝 둘로. 허먼은 꽤 무거운 뒷다리 부위를 잡고 어깨에 들쳐 멘 뒤 양손으로 순록의 양다리를 잡고 갔다. 나는 척추가 붙어 있는 갈비짝 한 쌍을 집어 들어 통나무처럼 양어깨에 둘러멨다. 그러니 허먼과 그의 아들은 갈비짝을 뺀 앞뒤 다리 부위를 맡은 셈이었다. 우리는 그렇게 해서라도 순록고기를 모두 짊어지고 갈 수 있게 된 것에 흐뭇해하면서 야영지로 향했다.

이미 오후 늦은 시각이 되어 기온은 빠르게 떨어지고 있었다. 하지만 우리는 무거운 짐을 지고 중간 중간에 덤불이 늘어서 있는 툰드라 지대를 가로지르느라 땀을 뻘뻘 흘렸다. 짊어진 짐이 엄청나게 무거운 데다 거리는 아주 멀어 여간 고역이 아니었다. 꼭 목뼈가 부서지는 것 같은 느낌이었다. 우리는 몇백 미터쯤 가다가 고기를 땅바닥에 내던지고 휴식을 취한 뒤 다시 떠나는 과정을 반복했다. 마침내 야영지에 되돌아왔을 때 우리는 놀라운 소식을 전해 들었다.

우리가 그렇게 고생고생해가며 야영지로 돌아오는 동안 그 순록 무리가 방향을 돌려 야영지 있는 데로 곧장 걸어 들어왔다는 것이다. 그래서 아르나라크와 조니는 우리 배로부터 몇 미터 떨어지지 않은 곳에서 아무 힘 들이지 않고 순록을 네 마리나 잡았다고 했다!

그날 밤에는 겨울이 슬그머니 쳐들어왔다. 기온이 급격하게 떨어지면서 별이 총총한 밤하늘 아래 강물이 얼기 시작했다. 우리는 텐트를 친 데다 버너, 침낭, 양초 등을 잘 갖추고 있었기 때문에 갑자기 추위가 닥쳐왔어도 별 문제가 없었다. 다른 배들 중의 하나를 타고 온 사람들은 방한장비들을 제대로 갖춰 오지 않아 밤새 화톳불을 피우고 그 곁에 붙어 앉아 있어야만 했다.

이튿날 아침 눈을 떴을 때 날은 아직 어두웠다. 아르나라크는 이미 일어나 있었다. 그가 한쪽 폐로 담배 연기를 빨아들이고 있어 담배 끝의 빨간 불똥이 보였다. 나는 몸을 움직이면서 "알라파아(아. 추워)." 하고 말했다. 나는 어렸을 때 늘 했던 것처럼 파카를 걸쳐 입고 버너를 피운 뒤 커피 물을 얹어놓았다. 얼마 지나지 않아 텐트 안의 공기는 훈훈해졌다. 사십 년 전에 그랬던 것처럼 커피가 끓으면서 커피 향내가 텐트 안에 가득 찼다.

집으로 돌아가려면 강의 얼음을 깨고 가야 하는데 무슨 수로 그렇게 할 수 있을지 아득하기만 했다. 하지만 해가 뜨고 대기가 따뜻해지고 바람이 불면서 얼음이 저절로 깨지기 시작했다. 아르나라크와 조니와 나는 잡은 순록들과 연료가 반쯤 남은 드럼, 장비와 먹을거리를 배에 실은 뒤 강 하류 쪽으로 배를 몰았다.

  싸늘한 강풍이 시속 40-50킬로미터의 속도로 불어왔다. 그 바람 때문에 일어난 커다란 파도들이 하얀 물거품을 날리면서 우리 배에 정면으로 부딪쳐 왔다. 우리 지역의 강들은 대부분 비교적 잔잔하게 흐르는 편이라 강에서 파도가 그렇게 사납게 날뛰는 광경은 생전 처음 봤다. 하지만 우리는 잔뜩 잡은 순록고기가 실린 배를 느긋하게 몰면서 노아타크 강 어귀에 이른 뒤 코체부에 뒤편에 펼쳐진 코부크 호로 들어갔다.

  슬프게도, 아르나라크는 좀처럼 잊을 수 없는 그 사냥 여행을 하고 나서 꼭 이 년이 지났을 때 세상을 떠났다. 그는 수많은 어려움을 이겨내면서 원로가 될 나이까지 살아남았다. 그러나 어느 날 밤 그는 술에 취한 뒤 땅바닥에 쓰러져 얼어 죽고 말았다. 예순다섯 살의 나이에 순록의 꽤 무거운 뒷다리 부위를 짊어지고 툰드라를 오 킬로미터나 걸어갈 정도로 강건한 체력을 지녔던 허먼 바저 역시 우리와 함께 사냥하고 나서 얼마 지나지 않아 사망했다.

  옛 세대에 속한 두 훌륭한 인물은 계속 앞길을 헤치고 나갈 임무를 우리 나머지 사람들에게 맡겨두고 떠났다. 우리는 산맥의 끝자락인 이리츠이소우트까지 함께 여행했다. 그리고 그들은 자기네 삶의 여정의 끝자락인 투미이소우에 이르렀다.

12
푸투크스리룽가―놈에서 찾아온 계시

여러 세대에 걸친 우리 민족을 떠올리자 슬픔이 나를 삼켜버렸다.
나는 나 자신 때문에, 가족과 친구들, 우리 민족과 조상들 때문에
흐느껴 울었다. 술에 만취해 망각의 늪 속에 빠져든 사람들 때문에,
원주민이라는 의식 자체를 상실한 사람들 때문에,
자신의 삶과 맞닥뜨릴 수 없어서 삶을 끝장낸 사람들 때문에 울었다.

 지난 일만 년 동안 수어드 반도 남쪽으로 노턴 만을 따라 펼쳐진, 나무 한 그루 없는 황량한 해변은 이누피아트 사람들이 뗏집을 짓고 고기 잡고 사냥하던 지역의 일부였다. 그러나 그곳은 코체부에 같은 이누피아트 마을 공동체는 결코 아니었다. 19세기 말, 그 해변에서 황금이 발견되자 잘하면 공동체 의식이 순조롭게 발전해나갔을 수도 있었을 가능성이 완전히 사라져버렸다.

 그 지역에는 크게 한몫 잡으려고 혈안이 된 날로우르미트들이 줄줄이 몰려들었다. 그 당시 세계 전역에서 몰려온 날로우르미트의 숫자는 3만 명에 이르렀다. 금 채굴이 성행하고 그와 연관된 상업이 번성하자 이누피아트 사람들도 자연히 그곳으로 몰려들 수밖에 없었다. 그곳에서 필요한 물건들을 물물교환 할 수 있고 또 그들이 절실히 필요로 하는 현금을 벌 수도 있었기 때문이다.

 개척시대의 서부처럼 흥청거리는 그곳의 유혹에 저항할 수 있는 이누피아트 사람들은 드물었다. 거기서 백인 장사꾼들은 이누피아트 사람들에게 술뿐만 아니라 바가지를 씌워서 팔아먹을 수 있을 만한 것은 뭐든 다 팔았다. 황금 열풍에 힘입어 성장한 도시인 '놈'은 항상 식민지 변경 같은 분위기를 물씬 풍겼으며, 그 초창기부터 우리 민족을 개종시키고 자기네 법과 규칙을 통해서 우리 민족의 삶을 통제하려는 노력의 중심지였다.

내가 주 의원 선거에 출마해서 어쩔 수 없이 놈에 들러야 했을 때 이상하게도 거기만 가면 늘 골치가 아팠다. 1980년 겨울에 홀로 해변을 거닐기 전까지만 해도 나는 그 이유를 알지 못했다. 그즈음 금은 거의 다 사라져서 그 도시의 인구는 3천 명 정도로 줄어들었다. 큰 바위들로 이루어진 방파제가 겨울폭풍으로부터 그 해변을 지켜주고 있었다. 거기에는 술집이 많았고 교회도 최소한 열 군데가 넘었다. 그리고 킹 섬 사람들로만 이루어진 마을도 하나 있었다. 그 사람들은 인디언사무국이 킹 섬에 있던 학교를 폐쇄하는 바람에 그 섬에서 그리로 이주해 왔다.

나는 그 해변을 따라 걷다가 아마 내가 생애 최초의 기억을 갖게 된 오두막 터가 그 근처에 있었을 것이라 생각했다. 그 일대의 풍경은 과히 아름답지 않았다. 아르나라크가 나와 내 누이를 비참한 생활에서 구해내어 코체부에로 데려간 지도 벌써 삼십오 년이 흘렀다.

내 동료들 중의 많은 사람들이 그랬듯이 나 역시 우리 작은 세계의 떠돌이 가운데 하나였다. 해변에 떠밀려 온 표류물과 비슷한 존재. 우리 어머니는 나를 버렸고 우리 아버지는 나를 아들로 인정하지 않았으며, 인생의 황혼기를 맞은 인자한 양어머니가 나를 키워주었다. 나는 우리 이누피아트 문화를 무가치한 것으로 여기는 공식 교육을 받았으며 육십 년대의 혼란 속에서 자아를 찾으려 몸부림쳤다.

1964년에 내가 조지워싱턴 대학에서 사귄 과 친구의 집을 찾아갔던 때가 기억난다. 그 친구는 필라델피아 교외의 부자 동네에서 살고 있었다. 바로 그날 리히터 지진계로 진도 8.4에 해당하는 대지진이 알래스카의 많은 지역을 초토화시켰다. 그날 과 친구의 아버지는 내게 평생 잊을 수 없는 말을 툭 던졌다. 내가 이누피아트 사람이요 알래스카 사람이라는 사실을 잊고 사는 게 좋을 거라고.

그가 무슨 생각에서 그런 말을 했는지는 잘 모르겠다. 하지만 그 말을 들은 순간 내가 그 전에 원주민이 아닌 알래스카 사람들로부터, 후진적이고 야만적인 생활 방식을 버려야 마땅한 지저분하고 무능하고 게으른 원주민들에 관해서 들은 온갖 얘기가 한꺼번에 떠올랐다. 설령 그런 생각을 말로 직접 내뱉지는 않는다 해도 그들의 행위와 법률은 그들이 우리 문화를 거의 무가치하게 여긴다는 점을 분명히 드러냈다.

그해 겨울, 놈의 해변에서 나는 강렬한 통찰의 순간을 경험했다. 생전 처음으로 나는 세상에서 존재가 가장 희미한 지역들에 사는 사람들 사이에서, 우리의 정신과 영혼 속에서 일어나고 있던 인간 고통의 전모를 한순간에 통찰했다. 생전 처음으로 나는 정체성과 문화와 인간관계의 본질에 관한, 세계 전역의 국가들이 자국 내 소수민족들의 정신을 말살하기 위해 써먹었던 조직적인 방법들(특히 종교와 교육 과정을 통해서 자기네 것을 주입하는 방법)에 관한 깊은 진실들을 이해하기 시작했다.

우리 민족이 우리 땅을 잃어버릴 위기에 처해 있다는 깨달음이 벼락처럼 나를 내리친 날부터 이때까지 십오 년 동안 나는 쉬지 않고 달려왔다. 나는 주의회를 통해서, 북서알래스카원주민연합과 알래스카원주민연맹을 통해서, 알래스카마을전기화사업조합과 토지청구권대책위원회를 통해서 우리 민족의 삶의 질을 높이기 위해서 혼신의 힘을 다해왔다. 그사이에 나는 결혼을 했다가 이혼했고, 그 후 재혼한 뒤 아내와의 슬하에 네 아이를 두었다.

내 동료들과 나는 우리 자신과 우리 가족들, 우리 민족의 생활을 향상시키기 위해 우리가 마땅히 해야 한다고 여긴 일들을 하는 데 모든 걸 다 바쳤다. 우리는 정치가들이 아니었지만 정치가들이 되었다. 사업가들이 아니었는데 사업가들이 되었다. 경영자들이 아니었는데 경영자들이 되었다.

그러는 과정에서 우리가 받은 하중은 어마어마했다. 지난 십오 년간 우리는 우리 땅을 되찾고, 청구권 타결 법안의 규정들을 이행하기 위해 지역사업체들을 설립하고, 우리 민족을 비참한 경제 상황에서 헤어나게 하기 위해 우리가 할 수 있는 모든 걸 하는 데 전력을 기울였다. 우리는 더 따뜻한 집을 짓고, 전기와 안전한 물을 공급해줄 수 있는 시스템을 만들고, 위생 상태를 개선했다. 병원과 마을학교를 세우고, 지역 노동자들에게 수입을 가져다줄 수 있는 사업들을 시행했다. 요컨대, 우리는 단 한 세대 안에 한 민족 전체를 빈곤의 구렁텅이에서 건져 올리고, 삶의 모든 측면에 영향을 미칠 법과 정책들을 만드는 일에 그들을 참여하도록 하는 기념비적인 결과를 성취하기 위해 애써왔다.

그런데 이제 나는 막다른 골목에 이르렀다. 그곳은 교차로가 아니었다. 나는 지난 십오 년간의 모든 정치적, 경제적 활동이 우리 민족에게 더 나은 삶을 가져다주지는 못했다는 사실을 아주 분명하게 깨달았다. 물론 우리는 과거처럼 배를 곯거나 추위에 떨지는 않았고, 우리의 병원시설들도 점점 더 좋아지고 있었다. 하지만 우리 앞에는 시커먼 구덩이가 입을 벌리고 있었고, 혼신의 노력을 다하고 있음에도 불구하고 우리는 그 구덩이를 향해 곧장 미끄러져 내려가고 있었다. 우리는 알코올 중독자나 난폭한 사람들이 되어가고, 툭하면 자살을 하고, 자녀 양육을 소홀히 하고, 아내를 구타하고, 전보다 훨씬 더 많은 사람들이 감옥에 가고 있었다.

우리 집안은 민족 전체가 안고 있는 문제의 축소판이었다. 노운라레이크와 아크파유크의 아들 오울레니크는 알코올 중독 치료를 받으러 앵커리지에 갔다가 한데에 노출되는 바람에 얼어 죽었다. 세이굴리크와 나를 놈에서 구해준 아르나라크는 술에 만취해서 땅바닥에 쓰러진 뒤 얼어 죽었다. 내 생모 마크피이크도 알코올 중독으로 죽었다. 내 사촌 엘리자베스는 결국 암으로 죽기는 했지만 그 전에 이미 알코올 중독자가 되었고 두 남편을 병으로 잃었다. 조카인 불 헨슬리는 자신의 토사물에 코를 박고 죽었다. 베니의 아내인 아이린 헨슬리도 여덟 아이를 뒤에 남겨놓은 채 그와 비슷하게 죽었다. 내 조카들 중의 하나는 술에 만취한 상태에서 라이플로 자신을 쏘려 했으나 요행히도 총알이 빗나가는 바람에 살아남았다.

나는 형들이 술을 마신다는 소식을 들을 때마다 어머니가 집을 나가버리곤 한다는 걸 어렸을 때부터 이미 눈치챘다. 결국 어머니는 아들들 중의 하나가 공개적인 자리에서 술주정을 한 죄로 체포된 뒤 보석금을 내기 위해 가족의 집을 팔아먹는 바람에 집도 없는 상태에서 교회에서 돌아가셨다.

뭔가가 엄청나게 잘못되었는데도 그 원인에 손을 대려는 이는 아무도 없었다. 나 자신도 프루도 만에 고형 폐기물과 오수 처리 시설을 세우고, 유나이티드뱅크알래스카와 알래스카유나이티드드릴링을 설립하는 등의 사업을 추진하는 NANA의 업무에 모든 에너지를 쏟느라 남편이나 아버지로서는 실격자가 되고 말았다. 그 시절, 내가 매일 빡빡한 스케줄에 맞춰 정신없이 바쁘게 뛰어다니는 통에 우리 어린 자식들은 자기네한테는 아버지가 없는 거나 마찬가지라고 생각했을 것이다. 나는 일에만 온 정신이 팔려 있어서 남편 구실도 제대로 못 했다.

그러나 놈에서 보낸 그날 밤, 나는 마침내 우리 민족의 집단적인 체험과 아울러 나 자신이 처한 상황의 본질을 명확하게 통찰하기 시작했다.

우리 모두는 빙하시대에서 오늘날에 이르는 만여 년 동안 존재해온 민족적 연속체의 일부였다. 그러나 이백 년도 채 되지 않는 기간 동안에 우리 세계는 엄청난 변화의 소용돌이를 겪었다. 그 변화는 최초의 러시아인들이 알류트 사람들이 알리에스카라고 부르던 땅에 주목하고 그 땅과 바다가 품어 안고 있는 부를 얻기 위해 엄청난 노력(알류트 사람들을 살해하거나 노예로 만들어 자기네를 위해 사냥하게 하는 등의)을 기울이면서 시작되었다.

1867년의 할양 조약 뒤 미국이 국무 장관 윌리엄 H. 수어드의 '바보짓'(러시아에 720만 달러를 주고 알래스카의 통치권을 얻은 일)이 사실은 대단히 지혜로운 투자였음을 입증하려고 노력했을 때 그런 변화는 한층 더 가속되었다. 그들은 이누피아트, 유피아트, 알류트, 아타파스카, 틀링기트, 하이다 사람들의 원주민 문화를 의도적으로 파괴하면서 해달, 고래, 물범, 바다코끼리, 각종 물고기, 모피동물들에 대한 무차별 공격의 강도도 높여갔다.

클론다이크와 놈 해변에서 금이 발견된 일은 사태를 더 악화시켰고, 그 때문에 북서 알래스카는 회복 불가능한 변화를 겪었다. 이 지상 전역에서 수많은 사람이 그곳으로 몰려왔다. 원주민 생활의 기반이 되어주었던 동물들의 생존은 한층 더 심각한 위협을 받았다. 날로우르미트들을 따라 들어온 질병들, 그중에서도 특히 유행성감기, 디프테리아, 수두, 홍역, 결핵은 수많은 원주민의 목숨을 빼앗아갔다.

우리를 상대로 한 문화 투쟁은 훨씬 더 치명적이었다. 우리 민족은 여러 세대에 걸쳐 자질이 부족하고 열등하니 우리가 아닌 다른 어떤 존재로 변모되어야 한다는 얘기를 거듭 들어왔다. 그들은 우리의 옛 종교를 탄압했다. 우리 언어를 사실상 사용 금지 시키다시피 했다. 우리의 춤을 이교적이고 죄받을 것으로 매도했다. 우리 이름을 즉석에서 바꿔버렸다.

물론 나는 청소년 시절에 이런 현실들을 알지 못했다. 열등감 때문에 내 무지 상태는 더 심화되었다. 나는 아버지 없는 자식이요 혼혈이었고, 우리 가족은 가난했고, 나는 항상 더러웠으며, 따뜻한 옷을 한 번도 입어본 적이 없었다. 나는 날로우르미트들이 '원주민'에게 꽤나 생색을 내는 걸 느낄 수 있었다. 그리고 그들이 법원과 복지 시스템과 학교를 운영하고 장사를 하면서 무언중에 우월감을 풍기는 모습과 자주 맞닥뜨렸다.

그러나 나는 나이 마흔에 이르러 마침내 놈에서 우리의 가족들과 우리 공동체들 내에서 일어나고 있던 단절의 본질을 깨닫기 시작했다. 나는 우리 민족의 영혼을 구하겠다는 좋은 뜻을 품은 선교사들이 연방정부와 전혀 성스럽지 않은 동맹을 맺고 알래스카 원주민들을 자기네가 바라는 이미지대로 개조하는 일에 보조를 맞추고 있다는 사실을 생전 처음 깨달았다.

그들이 구사한 주요한 도구는 교회와 교실이었다. 매시간, 매일, 매년, 미 본토에서 수백만의 이주민들과 수십만의 아메리카 인디언들을 아주 효과적으로 동화시켜온 교육 시스템은 알래스카 원주민들의 내면을 속속들이 파고들었다. 그리고 그 시스템은 우리를 부양해온 소중한 땅에 관한 경험과 관찰을 통해 배우면서 만여 년을 살아온 우리 민족의 지식을 사정없이 내몰았다.

19세기에서 20세기로 접어들 무렵 날로우르미트들은 해마다 9월에서 이듬해 6월까지 원주민 아이들을 맡아서 교육했다. 이런 교육 시스템은 장로교 선교 조직자 출신으로 알래스카 교육 시스템의 총책임자로 임명받은 셸든 잭슨이 정착시켰다. 어느 역사가가 '알래스카의 문화와 교육 전반을 관장한 미국 정부의 나폴레옹'이라고 묘사한 바 있는 잭슨은 본인이 쓴 다음과 같은 글에서 자신의 신념을 이렇게 밝혔다.

> 알래스카 원주민들이 영어를 배우고 선교사들에 의해 기독교의 영향을 받게 되고 그 지역에 적합한 산업 훈련을 받는다면, 훗날 미국 이주민들로 이루어진 알래스카의 백인들이 의당 그들을 고용할 수 있을 것이다. 백인들은 광산업, 수송업, 식품생산업 방면의 산업체들을 운영할 때 그들을 보조 노동력으로 적절히 활용할 수 있을 것이다.

1889년과 1907년 사이에 셸든 잭슨이 건설한 시스템 속 어디에서도 원주민들이 인간 삶의 가장 기본적인 요소들에 관해 뭔가 한 마디라도 하는 것을 허용해주는 장치 같은 건 눈 씻고 찾아볼 수가 없었다. 턱수염 기른 그 작은 '나폴레옹'은 오로지 막 등장하고 있는 다수의 백인들을 위해 일해줄 노동력을 만들어내는 일에만 관심이 있었다.

1960년대 말, 내가 윈 항공사의 매표구 직원이 되었을 때 근무 첫날에 내가 맡은 일은 해마다 자기네 마을을 떠나 코체부에를 통해서 집에서 멀리 떨어진 인디언 학교로 가려는 수백 명의 어린 학생들에게 표를 끊어주는 일이었다. 이 학교들은 그 학생들의 정체성을 강화시켜주는 게 아니라 파괴할 목적으로 세워진 학교들이었다. 교육 권력자들은 자기가 누구인지를 잘 알고 있고 자기 민족의 언어와 가족사, 자기 민족을 떠받쳐주는 가치들을 잘 아는 균형 잡힌 사람들이 아니라 수학, 영어, 미국사, 경제학 훈련을 받고 장차 기계공이나 비서, 목수, 실내장식업자가 되려는 사람들을 얻고자 했다.

우리 가족은 다른 사람들이 자식들한테 하는 것을 보고 그대로 따라서 했다. 그들은 그 새로운 교육 방식이 자녀들을 더 나은 삶으로 이끌어줄 것이라 믿었다. 그들은 사실, 우리가 정처 없이 표류해가고 있고 최선을 다해 우리가 나아갈 길을 스스로 찾을 수밖에 없는 상황으로 내던져졌다는 진상을 알 길이 없었다. 우리는 우리를 안내해줄 부모도 없는 상황에서 문화적 변화로부터 비롯된 온갖 갈등과 마찰에 시달렸다. 우리는 속마음을 털어놓을 수 있는 상대가 전혀 없는 상태에서 십 대의 온갖 문제들과 직면했다. 우리는 조언을 해줄 사람이 전혀 없는 상태에서 온갖 유혹과 맞닥뜨렸으며, 누구도 재정적인 지원을 해주지 않는 상태에서 학업을 계속해나가려 애썼다.

교과서나 책 속에서 우리는 우리 민족의 과거 삶 속에 나름대로 가치 있는 게 있다는 암시 같은 것조차도 본 적이 없었다. 교사들은 아이들이 속한 풍요로운 문화에 관해서 아는 게 전혀 없었다. 그러다 얼마 지나지 않아 우리가 우리 자신과 우리 민족의 가치에 관해 궁금증을 갖기 시작한 것은 전혀 놀라운 일이 아니다.

1995년과 1996년에 노스웨스트 아크틱버러 교육구에 속한 고등학생들은 〈누르비크 노인들〉이라는 출판물을 만들기 위해 구술 역사 자료들을 모았다. 그 노인들이 들려준 이야기들 속에서 우리는 교사들이 학생들을 협소한 영어 사용 패러다임 속에 집어넣기 위해 얼마나 열심히 일했는지를 분명히 알 수 있다.

  밀드레드 이글루루크 샘슨은 여든두 살 때 그 학생들과 만났다. 그녀는 코체부에 남쪽에 있는 금광 마을인 디어링에서 태어났다. 하지만 한 퀘이커교 선교사가 많은 마을 사람들을 설득해서 광산촌의 난잡한 환경에서 멀리 떨어진, 코체부에 해협 건너편에 있는 누르비크로 이주하게 했다.

  "내가 처음 학교에 가보니 학교가 괴괴했어. 그 학교는 선생들이 입만 열면 공부해라, 조용히 해라 하는 통에 그저 쥐 죽은 듯이 고요했어. 말을 듣지 않는 학생은 벌을 받고 문장 백 개를 써야 했지. 가끔 선생들이 머리끝까지 화가 나서 주먹으로 아이들을 후려갈기기도 했어."

  그 학교에서는 학생들에게 매일 오전 9시에서 오후 6시까지 반드시 영어로 말하라고 요구했다. 이글루루크는 그 점에 관해 이렇게 말했다.

  "나는 제발 그렇게 하지 말아주었으면 했어. 아이들은 에스키모 말을 다들 할 줄 알았어. 하지만 내가 영어를 쓰게 하기 위해서 못 알아듣는 척했어."

  다른 노인들은 그 고등학생들에게 자기네가 어렸을 때 학교에서 우리말을 사용하다가 벌을 받았던 일화들을 들려주었다. 교사들이 학생들에게 서로서로 고자질하도록 부추긴 이야기도 들려주었고.

1926년생인 헬렌 툴루갈릭 웰즈는 자식이 열한 명이나 되는 집안에서 자라나 학교를 6학년까지만 다녔고 그 전에도 동생들하고 같이 엄마를 도와야 했기 때문에 툭하면 결석했다. 하지만 그녀는 그 시절의 일을 선명하게 기억하고 있었다.

"선생들은 아이들이 에스키모 말을 쓰지 못하게 하려고 애썼어. 에스키모 말을 썼다간 파티에 참석하지 못해. 다른 학생들도 감시를 해. 어쩌다 에스키모 말을 쓰면 다른 아이들이 선생한테 일러바쳐. 그럼 파티는 없는 거야."

헤이즐 키티클리일라크 신더도 자식이 열여덟 명이나 되는 집안에서 성장했기에 일 년에 두 달 반 정도만 학교에 다닐 수 있었다고 말했다.

"내가 학교에서 에스키모 말을 쓰면 애들이 선생들한테 '재가 에스키모 말을 썼대요.' 하고 꼭 일러바쳐. 그 바람에 나는 '항상 영어를 쓰겠습니다.'라는 말을 골백번도 더 써야 했어."

이 노인들은 교회와 정부가 쓰는 언어를 배우는 것이 중요하다는 점을 인정했다. 그리고 자기네 교사들의 완고하고 전제적인 행동을 공개적으로 비판하는 것을 삼가는 그들의 그 참을성 있는 발언은 지극히 우리 민족다운 것이었다. 그러나 나는 그렇게 체벌을 가하면서까지 우리 언어와 문화를 모욕하던 행태는 몇 세대 동안 지속되어온 우리의 자기 인식에 부정적인 영향을 미쳤음이 분명하다고 확신한다.

그 시스템이 우리의 젊은이들에게서 우리 언어를 거세시켜버리는 바람에 그 젊은이들이 고향으로 돌아왔을 때 부모나 조부모와 소통하는 것은 점점 더 어려워졌다. 뜻깊은 대화를 나누는 것은 거의 불가능해졌고. 물리적으로나 정신적으로 자기네와 분리된 자식들과 손자들에게 자기네의 감정과 지식을 더 이상 전달할 수 없었을 때 우리의 노인들이 얼마나 슬퍼했을지 나로서는 그저 상상만 할 수 있을 따름이다. 더 나은 삶의 열매는 꽤나 쓴 것이 될 수도 있는 모양이다.

그 때문에 여러 세대에 걸쳐 우리는 세대 간의 소통이 약화되거나 단절되고 유서 깊은 예절과 의무 개념들이 희미해졌을 때조차도 평형감각을 유지하려고 몸부림쳐왔다. 우리 민족의 일부는 편견이나 차별과 맞닥뜨리자 우리의 민족적 정체성을 부정하기 시작했다. 어느 의미에서 보자면 진짜로 사라져가는 것은 우리의 언어와 문화와 지식이 아니라 우리의 정신이라고도 할 수 있었다. 그렇게 오랜 세월 동안 우리를 번성하게 해주고, 자연환경들을 극복해서 살아남을 수 있게 해주었던 정신, 우리가 우미아크와 카약을 타고 대양을 건널 수 있게 해주었던 정신, 우리 민족으로 하여금 가장 단순한 자연의 창조물들을 보고도 기뻐할 수 있게 해주고 공동의 춤과 노래를 만들어 더불어 즐길 수 있게 해주었던 정신이라고도.

1966년 페어뱅크스에서 우리 땅이 위태로우니 그것을 구하기 위해 즉각 행동에 나서야 한다는 계시가 찾아왔을 때 나는 그 문제를 해결하기 위해 정신없이 뛰어다녔으며, 결국은 그 해결책을 찾아내는 데 성공했다.

한데 놈에서 찾아온 계시의 경우에는 얘기가 달랐다. 우리가 영원히 잃어가고 있는 것 같았던 정신, 정체성, 자긍심, 민족적 연속성 같은 내면세계를 생각할 때마다 내 눈에는 그저 막다른 골목길만 보였다. 내게 그것은 단테가 그린 '지옥도'와 비슷한 광경이었다. 압제와 편견, 상상할 수 있는 모든 수단을 다 동원해서 한 민족을 말살하는 끔찍하고 참담한 광경. 그 뒤에는 어떤 탈출구가 있을 수 있을까?

내 생애의 그 시점에서 내가 맞닥뜨린 것은 바로 그런 암담한 미래의 모습이었다. 지금도 그것은 그때 못지않게 생생하게 내 눈앞에서 어른거린다. 그것을 보면서 나는 슬픔의 눈물을 참을 수가 없었다. 그날 밤 놈에서 이런 파국을 체험해온, 여러 세대에 걸친 우리 민족을 떠올리자 그 슬픔은 나를 완전히 삼켜버렸다. 나는 나 자신 때문에, 우리 가족과 친구들, 우리 민족과 조상들 때문에 흐느껴 울었다. 나는 술에 만취해 망각의 늪 속에 빠져든 사람들 때문에, 원주민이라는 의식 자체를 상실한 사람들 때문에, 자신의 삶과 맞닥뜨릴 수가 없어서 삶을 끝장내버린 사람들 때문에 흐느껴 울었다.

나는 그동안 내가 얻으려고 싸워왔던 모든 게 다 무의미한 일이었다는 생각이 들면서 무력감에 빠져들었다. 내게는 아무 희망도 없었다. 그리고 과거에 모든 상황이 너무나 버겁게 느껴졌을 때 종종 그랬던 것처럼 내 고향 코체부에로 떠났다. 그곳은 내 영혼이 가장 편안하게 쉴 수 있는 곳이었다.

13
퀴에이나크! 시부트문!―울지 말고 나아가라!

이누피아트 일리트쿠세이트로 알려진 것들이 지닌 아름다움은
그것들이 물질적인 게 아니라는 데 있다.
그것들은 정신과 마음, 영혼 속 깊숙이 자리 잡고 있고
또 어디로든 옮겨 갈 수 있다.
우리는 어디에서나 이누피아트 정체성과 특성들을 고스란히 간직할 수 있다.

　내가 코체부에까지 얼마 되지 않는 거리를 비행기로 날아가기 위해 놈 공항으로 갈 때 좋은 친구 한 사람이 차로 나를 그곳까지 태워다주었다. 그녀는 이누피아트 어른 남자가 슬픔을 이기지 못해서 흐느껴 우는 광경을 목격했다. 나는 그녀가 놈에서 내게 어떤 일이 일어났는지, 무엇 때문에 내가 그렇게 격심한 심적 동요를 겪고 있는지 전혀 알지 못했으리라 확신한다.

　그동안 나는 구름 위를 걷고 있었던 게 아닐까? 우리는 이누이트 극지 회의의 창설작업을 완료함으로써 미국 최북단 지역에서 북극권 이누이트 사람들을 하나로 통합시켰다. 우리는 미국 상하원을 움직여 가장 포괄적이고 공정한 아메리카 원주민 토지청구권 타결 법안을 통과시켰다. 우리는 17만 8천 제곱킬로미터의 땅을 기반으로 알래스카 원주민들이 직접 운영하는 열두 개의 지역 회사들을 설립함으로써 알래스카의 기업 지형도를 바꿔놓았다. 우리는 근 10억 달러에 달하는 거액을 투자했다. 노스슬로프 이누이트 사람들은 프루도 만의 석유회사들에게 세금을 매길 수 있는, 미국 최대의 자치도시를 만들었다.

그리고 우리는 일만 년에 걸친 알래스카 역사에서 처음으로 모든 알래스카 원주민을 하나로 결집시킨 알래스카원주민연맹을 조직했다.

그런데 이 시점에서 나는 절망에 빠져 거의 기력을 잃고 있었다. 내가 우선순위를 잘못 매긴 것일까? 우리 민족을 잘못 인도한 것은 아닐까?

비행기가 코체부에 착륙하자 내가 '장군'이라 부르곤 하는 조카 퀴프키냐(존 쉐퍼)가 스노머신을 몰고 마중 나와 나를 태우고 갔다. 우리는 코체부에서 북쪽으로 50킬로미터가량 떨어진 이비크로 향했다. 이비크에는 내 누이 이글루루크(애니), 그녀의 남편 아루투크(존 쉐퍼)와 몇몇 조카들이 살고 있었다.

그 여정의 반 가까이 갔을 때 우리는 이카투크에서 스노머신을 멈춰 세웠다. 이카투크는 내 어렸을 적의 수많은 추억이 어린 곳이다. 우리 가족이 의지하고 살았던 그곳은 이제 우미이비크 형과 오울레니크 형, 사퀴크 형이 묻힌 공동묘지가 되었다. 예전의 뗏집은 무너져 서서히 자연으로 돌아가는 필연의 과정을 밟고 있었다. 퀴프키냐와 나는 우리가 그 툰드라에서 보냈던 즐거운 생활을 떠올리고, 예전 한때 그 집을 휩싸고 돌았던 젊음과 열정을 돌이켜보면서 얼마간 시간을 보낸 뒤 다시 이비크를 향해 떠났다.

이비크는 원래 '풀'을 뜻하는 말이다. 그러니 그 호젓한 작은 만을 따라 펼쳐진 자갈밭 해변 너머로 키 큰 풀이 무성하게 자라고 있는 건 당연한 일이다. 오두막 마을 너머로는 가문비나무들이 산자락에 줄지어 늘어서 있고, 그 완만한 산자락 능선을 따라 올라가면 인디언 산 정상이 나타난다. 해발 몇백 미터 되는 그 산 정상에서는 주위의 땅과 물이 한눈에 내려다보인다. 그 산에는 나무가 없어서 오르기가 쉽다. 그 산은 북미순록을 찾기에 더없이 좋은 곳이라 우리 시대의 여명이 밝아올 무렵 이래 줄곧 사냥감을 찾는 망루 역할을 해왔다.

　내가 이비크에 사는 이글루루크 누나와 그녀의 남편 아루투크를 만났을 때 그들은 별다른 소란을 피우지 않고 그저 담담한 자세로 나를 맞아주었다. 그들은 그 고장을 사랑했다. 그리고 내 삶의 정치적인 측면이 내게 얼마나 큰 압박감과 스트레스를 안겨주는지 그들이 제대로 알고 있었을지는 의문이다. 그들에게 그런 세계는 아주 이질적인 세계였으니까. 이글루루크와 나는 내가 열두 살 때 처음으로 가까운 사이가 되었다. 이글루루크가 내 누나라는 걸 알게 되고, 그 덕에 내가 그저 막연히만 알고 있었던 내 삶의 한 측면, 즉 우리 아버지의 측면을 이해할 수 있는 창구가 열리게 되어 나로서는 여간 기쁘지 않았다. 이글루루크는 가톨릭 수녀들이 운영하는 고아원과 인디언사무국에서 운영하는 기숙학교에서 성장했다. 젊었을 때 이글루루크는 아름다웠고, 체구가 작으면서도 강인했다.

　이누피아트 어머니와 독일인 아버지 사이에서 태어난 매형 아루투크는 잘생긴 데다 강인하고 유능하고 자제심이 강한 사냥꾼의 전형 같은 사람이어서 나는 그를 보기만 하면 늘 기가 죽었다.

아루투크는 아버지를 일찍 잃어버리는 바람에 때 이르게 어머니와 누이들을 부양하는 가장이 되어 원주민의 전통적인 방식으로 사냥을 하고 물고기를 잡았으며, 기회가 있을 때마다 돈을 벌 수 있는 일을 했다. 내가 찾아갔을 즈음 이글루루크와 아루투크는 이미 팔팔한 아이들을 열 명이나 낳아 기르고 있었다. 두 사람 다 자기네 아이들이 새로운 경제체제 속에서 성공하기를 바라고 있었다. 예전에 나는 이글루루크에게 어째서 아이들에게 이누피아크어를 가르쳐주지 않느냐고 물어본 적이 있었다. 그러자 이글루루크는 대답했다.

"그래야 우리가 겪었던 것 같은 꼴을 당하지 않지."

하지만 이글루루크와 아루투크는 내가 다시 현실로 되돌아오는 데 꼭 필요한, 따뜻하고 즐거운 환경과 원기를 돋워주는 그 지역 원산의 먹을거리를 제공해주었다. 나는 지리멸렬한 상태에 빠진 정신을 회복하고 내가 처한 딜레마를 해결할 수 있을 때까지 그곳에 머무를 작정이었다. 나는 그동안 정치와 사업에 내 모든 에너지를 다 쏟아부었지만 그것이 과연 의미 있는 일이었는지는 사뭇 의심스럽기만 한 상황에 처해 있었다. 아무 의미도 없는 행위였다면 이제 나는 어떻게 해야 좋을까?

그다음 주에도 나는 계속 이비크에 머물렀다. 나는 장작을 패기도 하고 산책을 하기도 하면서 내 내면의 혼란을 정리해보려고 애를 썼다.

우리 민족의 정체성과 자긍심, 우리 언어, 우리의 가치들, 우리 문화에 관한 우리 지식에 심각한 훼손이 가해진 이 현실에서 어떤 탈출구가 있을 수 있는가?

이때 내가 주로 직면한 핵심적인 의문은 바로 이것이었다. 내가 보기에는 우리 모두가 다 정처 없이 표류하는 것 같았다. 이제 우리는 뿔뿔이 흩어진 채, 더불어 한다는 것이 더 이상 의미가 없는 세상에서 우리 각자를 안전하게 지켜주고 제정신을 갖고 살게 해줄 만한 구명 뗏목과 닻 같은 것을 찾으려 애쓰는 것이 고작일 터였다.

우리 역사를 더듬어봤을 때 맨 처음 떠오른 내적인 반응은 분노였다. 우리 역사에는 누가 가장 고약한 악당인지를 꼽기가 거의 불가능할 정도로 너무나 많은 악당이 등장했다. 미국 정부는 우리 아이들을 부모들의 품에서 빼앗아가 우리 언어와 문화에 등을 돌리게 했다. 선교사들은 우리 춤을 저주하고 우리 노래를 금지시켰으며, 우리의 정신세계를 무가치한 것으로 매도했다. 탐욕스러운 장사꾼들은 우리 민족을 등쳐먹고, 술과 담배에 빠져들게 함으로써 우리가 힘들게 일해서 번 돈을 신나게 빨아먹었다.

이비크에서 지내는 기간 동안 나는 조용히, 그러면서도 분노에 휩싸인 채 우리 민족에게 가장 깊은 피해를 끼쳤던 주체들의 목록을 작성해나갔다. 미군 병사들은 우리 여자들의 꽁무니를 쫓아다니면서 우리 남자들에게 무력감을 심어주었고, 판사들은 법정 용어들을 전혀 이해하지 못하는 사람들에게 그들의 목숨을 좌우하는 막강한 권력을 휘둘렀다. 워싱턴에는 우리 눈에 띄지 않는 장

막 뒤에서 우리가 가족들을 먹여 살리려면 위반할 수밖에 없는 사냥과 어로에 관한 규칙들을 만든 정치가들이 있었다. 알래스카에는 개척민들이 세운 양로원들에 원주민 노인들은 들어가지 못한다는 규칙을 만들고, '개와 원주민의 출입을 금함'이라는 야비한 팻말을 붙여도 좋다고 허용해준 정치가들이 있었다.

우리가 좋은 시민이 되려고 최선을 다해 애쓰는 동안 우리를 이용하고 속여먹은 압제자들의 숫자는 헤아릴 수 없으리만치 많았다. 하지만 결국 나는 그중에서도 우리 민족에게 가장 큰 피해를 끼친 주체를 꼽을 수 있었다. 그 주체는 바로 인디언사무국과 억압적인 학교 시스템이었다. 그것들은 우리 언어, 우리 문화, 우리 아이들의 정신을 억누르는 주요 무기의 역할을 했다.

물론 이 드라마에서 우리 민족도 한몫을 했다는 사실은 부정할 수 없었다. 아주 오랜 세월에 걸쳐 우리의 부모들과 조부모들은 우리의 언어와 가치들과 역사를, 그리고 결국은 우리의 자긍심과 정체성을 훼손시키는 작업에 고분고분 참여해왔다. 그들은 미국 정부와 선교사들의 말을 액면 그대로 믿었다. 자기네 아이들을 보내주면 앞으로 더 잘살게 될 거라는 말을. 그들은 아이들을 정처 없이 표류하게 함으로써 자기네가 자기네 민족의 문화적 파멸의 씨앗을 뿌리고 있다는 사실을 미처 깨닫지 못했다.

그들보다 더 젊은 우리 세대 사람들에게도 역시 과오가 있었다. 애초에 우리가 우리의 유서 깊은 땅을 되찾기 위해 투쟁하기 시작했을 때 나와 다른 이들에게 강력한 에너지를 제공해준 이념과 비전은 도대체 어디로 간 것일까? 애초에 우리는 우리 조상들이 그 땅과 바다와 하늘의 풍요로운 자산에 의지해서 살아왔던 것처럼 살아갈 수 있도록 하기 위해 그 땅을 되찾고 싶어 했다. 우리는 우리가 계속 이누피아트 사람들로서 살아갈 수 있도록 하기 위해, 우리가 우리의 일을 주체적으로 처리해나갈 수 있도록 하기 위해, 앞으로 현대화를 이룰 수 있는 우리 나름의 방식을 찾을 수 있도록 하기 위해 그 땅을 되찾고 싶어 했다.

이제 우리는 미친 듯이 내달리면서 설계하고 계산하고 투자하고 운영하고 여행하고 있었다. 나와 내 이누피아트 동료들은 스스로 미처 깨닫지 못하는 사이에 우리의 정신과 문화를 급박하게 돌아가는 회사의 문제들과 정치적 쟁점들의 뒷전으로 돌려왔다. 그렇게 함으로써 우리는 애초에 우리가 얻으려고 투쟁해왔던 것들, 곧 우리 민족의 유산과 목표에 대한 자각, 하나의 고유한 문화로서 살아남게 하자는 의도 같은 것들을 몰아내고 있었다. 내가 생각하기에는 우리가 우리의 길을 잃어버리고 우리가 진실로 무엇을 하고 있는지, 어째서 그렇게 하고 있는지 미처 깨닫지 못한 상태에서 미래를 향해 맹목적으로 돌진하고 있는 것 같았다. 우리는 우리 자신의 문화적 무덤을 파고 있었다.

나는 내게 자기 파괴적인 성향이 좀 있다고 할지라도 이럴 때야말로 앞으로 나아가기에 좋은 때였다고 생각한다. 내면 깊은 곳에서 나는 우리 이누피아트 사람들이 투쟁과 맞닥뜨렸을 때 쉽게 포기하는 사람들이 아니라는 걸 잘 알고 있었다. 우리 민족은 북극권 최북단에서 살아왔다. 우리는 추위와 가난과 싸워왔다. 우리는 독창적인 발상을 통해서 돌과 부싯돌, 옥, 엄니, 뼈, 나무 등으로 각종 도구와 공예품을 만들었으며 우리가 생존하는 데 도움이 되는 그 밖의 온갖 유용한 것들을 만들어왔다. 심지어 우리는 눈으로도 집을 만들고, 뗏집을 따뜻한 궁궐로 변모시켰다. 우리 선조들은 많은 시행착오를 거쳐 환경을 다스려왔고, 그렇게 해서 얻은 지식을 오백여 세대에 걸친 후손들에게 전승해주었다.

이비크에서 지내는 동안 나는 어째서 우리가 그런 길을 걸어왔는가를 좀 더 분명하게 자각했다. 하지만 우리의 철학자들은 다 어디로 갔을까? 우리의 정치가들은? "포기와 단념이야말로 우리를 죽음으로 내몬다. 우리는 고유한 가치를 지닌 민족이다."라는 말을 해줄 지도자들은?

퀴프키냐와 내가 스노머신을 타고 코체부로 돌아오는 동안 이런 의문들이 내 머릿속을 온통 차지하고 있었다. 나는 그 해답을 알지 못했다. 그러나 그 해답은 반드시 찾아내야 했다. 그러다 스노머신이 이비크와 코체부에 사이의 어느 지점(이카투크 근방이 아니었을까 싶다)을 지날 무렵, 비난을 하는 것은 우리가 처한 딜레마를 결코 해결해주지 못한다는 걸 깨달았다. 과거 우리가 어떤 길을 걸어왔고 어떤 일들이 일어났는가를 우리 민족에게 분명하게 보여주는 것도 도움이 되겠지만, 그보다 좀 더 중요한 것은 그런 과거를 딛고 우리 앞에 놓인 과제들과 과감하게 맞서는 일이었다. 우리는 지극히 우리다운 방식으로 앞으로 나아가야 하고 우리 민족 고유의 활달한 정신을 살아나게 해야 했다.

지난 십오 년간 이누피아트 사람들은 내가 지도자로 나서도록 허용해주었다. 그리고 지도자는 절망적인 상황에서조차도 희망을 제공해줄 의무가 있는 사람이다. 그리하여 나는 코체부에로 돌아온 뒤 공동체의 주요 인물들을 총망라한 회의를 소집했다. 우리 민족의 복지와 관련이 있는, 부족의 주요 인물들을 비롯하여 노인 집단과 회사들과 교육구들의 주요 인물들 모두를 초대한 회의를. 나는 모든 사람 위에 우뚝 선 사람이 아니었다. 나는 노인도 아니었다. 나는 유일한 지도자가 아니라 여러 지도자들 중의 한 사람일 따름이었다. 나는 우리 민족의 장래를 염려하는 사람일 뿐이었다. 그리고 결국 나는 민족의 장래를 염려하는 사람이 나 혼자만이 아니라는 사실을 발견했다.

공동체의 지도자들은 이번에도 역시 우리가 우리 땅을 잃을 위기에 처한 1966년에 그랬던 것과 똑같이 반응했다. 회의장인 코체부에 시니어센터에는 총 75명이 모였다. 나는 어떤 계획이나 의제도 갖고 있지 않았고, 또 무슨 말을 해야 좋을지도 모르는 상태였다. 나는 그저 문화적 관점을 통해서, 우리가 우리 민족의 정수에 해당하는 특별한 자질들과 우리의 정체성을 보전하려 들지 않을 경우 우리 민족이 살아남을 가능성은 없으리라는 것만 알고 있었다.

내가 알고 있는 한 그때까지 우리 아이들에게나 외부 세계 사람들에게 이누피아트적인 방식의 고유한 특성들에 관해 이야기해준 사람은 아무도 없었다. 우리가 기껏 들은 말이라고는 우리네 삶의 방식은 곧 사라질 운명에 처했고, 우리말은 시대에 뒤쳐진 것이고, 우리네 이름은 바꿔야 할 것들이고, 우리의 춤은 죄받을 것이고, 우리의 집에서는 악취가 나고, 우리 자신도 고약한 냄새를 풍기는 이들이고, 우리의 주술사들 혹은 샤먼들은 긍정적인 면을 하나도 갖지 못한 사악한 존재들이라는 메시지들뿐이었다. 우리는 그런 메시지들에 대해 어떤 반론도 펼치지 않았다. 그리고 우리는 우리를 이해하지 못하는 이들에게 어째서 우리 방식이 소중하고 보전할 가치가 있는 좋은 것인지를 자세히 설명해준 적이 한 번도 없었다.

우리 문화는 훌륭한 장점들을 갖고 있었다. 우리는 우리 아이들이 선악을 제대로 분별할 줄 알도록 키웠고, 어려운 사람들을 도우면서 살아왔고, 서로서로 존경하고, 이웃들의 재산을 존중해주었으며, 압제적인 정부 비슷한 어떤 조직도 없고 경찰력 같은 것도 없는 상태에서 대대로 서로 잘 어울리면서 살 수 있는 능력을 지녔다. 그럼에도 우리는 이런 장점들을 하나하나 꼽아가면서 자랑스럽게 내세운 적이 한 번도 없었다.

나는 시니어센터에서 친구들과 친지들, 동료들, 극소수의 날로우르미트들을 앞에 놓고 어떻게 운을 떼야 좋을지 고심했다. 그때 문득 나를 인도해주는 한 영혼이 내게 그 길을 제시해주었다. 나는 놈에서 찾아왔던 계시를 자세히 이야기하는 것으로 말문을 열었다.

"만일 우리가 이누피아트 사람들로서 살아남기를 원치 않는다면 하나의 민족으로서의 우리는 응당 파멸의 길을 밟아갈 테니 우리가 할 일은 아무것도 없을 겁니다."

나는 그렇게 선언한 뒤 하나의 질문을 던졌다.

"한데 만일 우리가 하나의 민족으로 살아남기를 원한다고 한다면 우리가 가진 장점에는 과연 무엇이 있을까요?"

나는 그렇게 말하고 잠시 뜸을 들였다. 장내는 깊은 침묵 속에 빠져들었다. 나는 다시 물었다.

"우리 민족이 지닌 장점에는 무엇 무엇이 있을까요?"

일찍이 누가 그런 질문을 제기한 적이 있었는지 어떤지 나는 전혀 모른다. 한데 이때 그 질문은 이누피아트인의 혼을 뒤흔들면서 즉각적이고도 강력한 반응을 불러일으켜 사람들은 대대로 우리에게 스며 들어왔던 특성들을 말로 옮기기 시작했다.

사람들이 차례로 발언하면서 이젤 위에 얹힌 종이에 우리 민족의 특성을 하나하나 적을 때마다 나는 그 내용을 메모장에 간략하게 요약했다. 그 방에 모인 노인들에게는 그런 말들과 글귀들이 쉽게 잘 들어왔을 것이다. 하지만 그날 그 방에 모인 젊은 세대 사람들은 모처럼 그것들을 진지한 자세로 깊이 생각해볼 기회를 가졌다. 여러 가지 면에서 그 목록은 이누피아크판 십계명 같은 것이라 할 만했다.

나는 사람들의 발언이 끝날 때까지 계속 적었는데 그 목록은 다음과 같다.

> 우리 고유의 언어를 잘 구사함
> 나눔
> 타인들을 존중할 줄 아는 태도
> 협동심
> 노인들에 대한 존경심
> 아이들을 사랑하는 태도
> 고된 노동
> 족보와 가족 관계를 잘 파악하고 있음
> 싸우기 싫어함
> 자연에 대한 외경심
> 영성
> 유머
> 가족 내에서의 적절한 역할들
> 뛰어난 사냥 솜씨
> 집안일을 하는 뛰어난 능력
> 겸허함
> 부족에 대한 책임감

이비크에서 지내는 동안 나는 우리가 당면한 핵심적인 문제들 중의 하나는 우리가 이제 우리 자신을 하나의 민족으로 여기지 않는다는 점이라는 걸 깨달았다. 우리가 인식이나 행위의 양면에서 점차 낱낱의 개인들로 흩어져감에 따라 우리는 우리 문화권 밖에서 들어온 기관이나 단체 같은 것들과 자신을 동일시하기 시작했다. 그런 경향 때문에 과거에는 전혀 존재하지 않았던 다툼과 대립이 우리 안에서 일어나고 있었다. 예컨대 이제는 이누피아트 공화당원과 민주당원, 이누피아트 가톨릭교도, 침례교도, 모르몬교도 등이 출현했다. 부족, 자치도시, 마을회사, 지역회사, 교육구, 비영리 지역단체 등이 우리의 삶에 크고 작은 영향을 미치고 있었다. 이런 모든 단체들은 삶을 더 복잡하게 만들었다. 그리고 우리에게는 그런 단체들을 우리의 정체성, 곧 이누피아트 민족이라는 정체성과 관련해서 넓은 시각으로 파악하고 이해할 수 있는 방법이 존재하지 않았다.

우리를 집어삼키고 있는 엄청난 변화들과 직면한 상태에서 가장 필요한 것은 우리가 다시 하나로 뭉치는 일이었다. 우리는 우리의 동질성에 대한 감각을 회복해야 했다.

모임이 끝날 무렵 그 방 안에 있던 사람들은 우리가 목록으로 만들어본 덕목들이 곧 이누피아트 민족이 지닌 가장 우수한 자질의 표본이 될 만하다는 것을 분명히 깨달았다. 우리는 우리가 영위해온 남다른 삶의 방식에 내재된 본질을 포착해냈다. 그 모임에 참석한 모든 이들은 이제 자기네와 자기네의 삶과 관련된 단체들을 판단하고 평가해볼 수 있는 하나의 기준을 갖게 되었다. 학교라는 기관을 예로 들어보면, 이제 우리는 학교를 무작정 비난하기보다는 이누피아트의 특성들을 잘 활용해서 학교를 변화시킴으로써 학교가 우리 아이들의 정체성을 강화시켜주는 기능을 하게 할 수 있었다.

이제 우리는 그동안 우리가 빠져들었던 혼란 상태를 좀 더 분명하게 볼 수 있었다. 하지만 우리는 한 줄기 빛도 역시 볼 수 있었다. 이런 혼란 상태에서 빠져나올 수 있는 길을. 우리는 변화와 억압의 폐허 위에 서 있음에도 불구하고 역사상 처음으로 우리가 지닌 많은 훌륭한 특성들을 인식하고 찬미하기 시작했다.

우리는 우리 땅을 갖고 있다. 우리는 풍부한 물고기와 사냥감, 이누피아트 역사가 한데 어우러진 8천 제곱킬로미터 이상의 영역을 확보하는 데 성공했다.

우리는 우리말을 갖고 있다. 학교 시스템이 우리말을 말살시키려 했고 우리 중의 많은 사람들이 더듬거리면서 사용하는 정도에 지나지 않긴 하나 우리말의 풍성함은 여전히 살아남아 있고 또 우리 자식들과 손자들에게도 얼마든지 전수해 줄 수 있다.

우리는 현대의 어느 민족들에게서도 예를 찾기 어려울 만큼 서로 긴밀하게 연결되어 있다. 외부의 피가 다소 뒤섞이기는 했지만 대체로 우리의 혈연 의식은 아주 강하며, 오늘날의 신세대 사람들조차도 유서 깊은 일라부트(가족)의 결속을 소중하게 여기고 있다.

우리의 미술과 음악, 춤도 여전히 살아남아 있다. 선교사들은 즐기기 위해 춤추고 북으로 삶을 찬미하는 것을 죄악으로 여겼지만 우리의 춤은 그들보다 더 오래 살아남았다.

가장 중요한 것은 코체부에서 열린 모임을 통해 확연히 모습을 드러낸 소중한 특성들을 우리 모두가 기꺼이 받아들일 만한 것들로 여겼다는 점이다. 우리는 우리가 참여한 많은 기관들이나 단체들 때문에 낱낱이 분열되었던 상태를 넘어섰다. 우리는 그것들이 우리의 핵심적인 특성들이요 우리 민족이 지닌 최고의 특성들이라는 것을 만장일치로 받아들였다. 우리는 바로 그런 것들 덕분에 북극권에서의 삶이 안겨주는 엄청난 시련과 도전을 이기고 살아남을 수 있었다. 그런 특성들은 현재의 세대뿐만 아니라 미래 세대들에게도 꼭 필요하다. 우리는 그것들 덕분에 우리의 정체성을 크게 훼손시키지 않으면서 옛 세계에서 현대 세계로 순탄하게 넘어갈 수 있었다. 또 우리는 그 덕분에 격동하는 신질서 속에서 살아남을 방법을 모색하면서도 옛 세계의 가장 좋은 것들을 그대로 보전할 수 있었다.

나는 이누피아트 일리트쿠세이트(이누피아트의 정신 혹은 소중한 특성들)로 알려진 것들이 지닌 아름다움은 그것들이 물질적인 것들이 아니라는 데 있다고 봤다. 그것들은 정신과 마음, 영혼 속 깊숙이 자리 잡고 있고 또 어디로든 옮겨갈 수 있다. 우리는 세계 어디에서 살든 간에 이누피아트 정체성과 특성들을 고스란히 간직할 수 있다. 우리는 우리 조상들이 자랑스럽게 여길 만한 이누피아트인이라는 정체성을 그대로 간직한 채 최고학부의 학위를 얻기 위해 공부할 수도 있고 빌 게이츠만큼이나 부유한 사람이 될 수도 있다.

시니어센터에서의 모임은 우리에게 기쁨과 안도감을 안겨주고 이누피아트 정신을 새롭게 되살려낼 기회를 제공해주었다. 우리는 이제 우리의 옛 특성들을 학교 교육 과정 속에, 부족과 회사가 사업을 하는 방식들에, 교회와 그 밖의 단체들이 전하는 메시지 속에 포함시켜야 한다는 데 동의했다. 이제 우리는 우리의 정체성을 강화해줄 수 있는 수단을 얻었다.

우리는 코체부에서의 경험을 공유하기 위해 지체 없이 마을 회의를 소집하는 일에 착수했다. 우리 지역에 있는 열한 개 마을의 원로들과 지도자들이 각 마을에서 열린 회의에 참석했다. 이누피아트의 정신문화위원회들은 각 마을의 특성에 맞는 문화 부흥 프로그램을 개발하기 시작했다.

알래스카 원주민 공동체에서 오랜 세월 일해오는 동안 내가 해낸 일들 중에서 가장 힘들고도 가장 보람 있었던 일은 바로 그것이었다. 우리의 정체성과 정신, 언어, 소중한 특성들을 되살려내는 작업에서는 지름길도 만병통치약도 없다. 그저 혼신의 힘을 다한 노력만 필요할 따름이다.

수녀와 수사와 사제가 바른 삶의 길에서 벗어나지 않으려고 매일, 매해 기도와 묵상에 집중해야 하는 것처럼 우리 민족도 언어와 음악, 미술, 우리 땅에 관한 지식, 우리 민족을 고유한 민족으로 만들어주는 소중한 특성들에 깊은 관심을 기울여 민족의 연속성을 보전하는 작업에 자신의 모든 걸 다 바쳐야 한다.

1980년, 나는 알래스카원주민연맹회의에서 NANA 대표자 자격으로 거기 모인 이천 명의 대의원들에게 내가 놈에서 겪었던 체험을 들려줄 기회를 얻었다. 처음에는 깊은 절망에 빠졌다가 결국은 다시 일어나 우리가 우리 자신과 우리 민족에게 새 기운을 불어넣을 방법을 찾은 이야기를. 그때 이래 많은 마을과 지역이 정신문화 캠프를 만들고 이누피아트 고유의 특성들을 지침으로 삼아서 자기네의 정신을 새롭게 고양해왔다. 어떤 캠프들에서는 옛 춤들과 즐거운 노래들을 사람들에게 다시 알려주는 일에, 또 어떤 캠프들에서는 언어나 자기네 지역의 풍부한 역사와 지리를 연구하는 일에 초점을 맞췄다.

NANA에서 우리는 캠프 시부우니이르비크(미래를 기획하는 곳)를 세웠다. 캠프 시부우니이르비크는 이누피아트 청년들이 우리의 언어와 문화를 유지하기 위해 애쓰는 곳으로, 그리고 인디애나 주만큼 넓은 땅에 흩어진 열한 개 마을의 젊은이들이 서로서로 만나는 곳이었다. 여기서 그 젊은이들은 노인들과 친밀하게 어울리면서 물고기를 잡고, 물범을 도살하고, 이누피아트 전설을 들었다. 우리는 또 로제타스톤 사의 '사라질 위기에 처한 언어 살리기 프로그램'과 힘을 합쳐 우리말을 배우는 데 관심이 있는 이들이 사용할 수 있는 이누피아크어 시험판 시디를 개발하기도 했다. 알래스카 만 일대의 추가츠 지역(1800년대에 러시아인들이 지배했던 지역) 사람들은 누체크라고 하는, 사람이 살지 않는 마을에 정신문화 캠프를 세워 아이들과 어른들이 여름철 몇 달 동안 사용할 수 있게 했다.

 우리가 당면한 가장 큰 과제의 하나는 이누피아트 사람들이 학교의 학습 내용을 바꾸는 일에 적극적으로 나서게 하는 일이다. 말하자면 학교 측에 우리 아이들이 자기네 고향 땅과 그 지역 역사와 친숙해지도록 돕는 일에 우리 노인들이 지닌 지식을 활용하게 해달라고 요구하는 등의 일을 하게 하는 것.

 젊은 시절 내 내면에서 들끓었던 분노는 역사에 대한 무지에서 비롯되었다. 나는 식민지를 경영하는 이들의 사고방식과 정신 구조를 이해하지 못했다. 나는 종교가 정신적인 면을 넘어서는 영역들에서까지 사람들을 지배하고 통제하는 역할을 한다는 것을 전혀 알지 못했다. 우리 민족의 경우를 예로 들자면 기독교는 가족의 결속을 방해하고 우리의 언어와 문화적 관습을 훼손시켰다. 나는 경제적 탄압과 이권에 관해 전혀 알지 못했다. 나는 계급 체제와 속물근성도 알지 못했다. 나는 교실이 문화적 정체성과 전통적인 지식을 말살하는 역할을 한다는 것을 눈치채지 못했다.

 결국 우리는 자기가 살고 있는 시대를, 자기에게 영향을 미칠 만한 결정을 내리는 이들의 정신 구조를 잘 알아야 한다. 선교사들의 활동 동기가 된 것은 열광적인 자기 정당성과 노골적인 경제적 이득이었다. 공정하게 말하자면, 그들은 우리에게 보건시설과 공중위생시설을 제공해주기 위해, 그리고 우리를 자기네가 천국으로 가는 길이라고 여긴 길로 들어서게 하기 위해 열심히 일했다. 그러나 그들은 우리를 제대로 알지 못했고 연방정부의 사주를 받아 우리 민족이 내렸어야 마땅한 결정을 자기네가 내렸으며, 자기네가 지닌 권력을 이용해서 우리 민족의 자치 능력을 억눌렀다.

우리 부모들과 조부모들은 이런 모든 현실을 묵묵히 따랐으며, 우리에게 더 나은 삶을 제공해주는 것이라는 믿음을 갖고서 우리를 그런 시스템에 '넘겨주었다'. 한데 우리 부모들은 우리가 우리 영혼과 정체성, 문화를 그대로 보전하면서도 서구적인 방식들을 채용해서 새로운 질서 속에서 얼마든지 번영할 수 있다는 걸 미처 알지 못했다.

내 눈을 열어준 것은 이누피아트 일리트쿠세이트였다. 이제 우리는 새로운 관점으로 우리의 지속적인 투쟁을 바라보게 되었다. 우리 땅에 대한 권리를 주장하는 것만으로는 충분하지 않았다. 우리는 우리에게 맞는 사고방식과 행동 방식, 삶의 방식을 요구하고 나서야 했다. 우리 어머니 노운라레이크와 그분의 친구들, 친척들이 내게 가르쳐준 방식들을. 그런 방식들은 내게 참을성을, 자기 연민에 빠지지 않고 고통과 궁핍을 견뎌낼 수 있는 능력을, 더불어 일할 때 으레 따라오는 동지애를 심어주었다. 바로 그런 것들이야말로 우리 민족의 참된 정신이요, 새롭게 되살아나고 있는 정신이었다.

우리는 주변 환경이 우리에게 제공해주는 것들을 취하고 그것들을 통해서 번영하는 법을 배운 사람들의 후예들이다. 우리 가족들과 씨족들, 부족들, 민족을 이끌어준 정신은 바로 그것이었다. 그것은 일종의 정신력으로서 우리 민족의 내면 깊숙이 자리 잡고 있다. 그것은 알래스카 전체가 원주민들에게 속했을 때와 마찬가지로 현재 우리가 거주하는, 급속하게 변모하고 있는 세계에서도 아주 중요하다.

우리의 정체성과 정신이 강해지면 강해질수록 우리가 미래 세대들을 위해 우리 땅을 지킬 수 있는 가능성도 더 높아진다.

이누피아트 일리트쿠세이트가 사라지게 해서는 안 된다. 우리의 노인들과 후손들의 운명은 우리의 노력 여하에 달려 있다.

맺는말
이누피아트 일리트쿠세이트―이누피아트 정신

예상할 수 없었던 변화가 거듭 일어나는 어지러운 시대를 살아오면서
언제나 내게 든든한 버팀목이 되어준 것은
나를 키워준 어머니 노운라레이크와 그 가족의 따뜻한 사랑,
그리고 어렸을 때 내 마음속에 깊이 아로 새겨진
그 소우주의 자연환경이었다.

옛날에 내 생모 마크피이크가 비행기가 처음 날아왔을 때의 이야기를 들려준 적이 있었다.

하늘이 아주 청명한 어느 겨울 오후에 사람들이 마을에서 평소처럼 일하거나 쉬고 있을 때 어떤 사람이 하늘 높은 곳에서 오후의 햇살을 받아 번쩍이는 은빛 물체 하나를 발견했다. 마을 사람들이 다 함께 주시하고 있는 가운데 그 물체는 점점 더 환해지고, 가까워지고, 커져갔다. 과거에 이런 걸 본 사람은 아무도 없었다. 눈이 부시도록 휘황한 그 물체는 사람들이 주님에 관해서 들은 이야기를 떠올리게 했다. 언젠가 지상에 돌아와서 선한 사람들은 하늘로 올라가게 해주고 악한 사람들은 불타는 지옥으로 떨어뜨린다는 절대자에 관한 이야기를. 사람들은 기겁을 하듯 놀라서 "아치캉! 투쿠네이크투구트! (아, 무서워! 우린 죄다 죽을 거야!)" 하고 울부짖으면서 사방으로 달아났다.

백조보다 백 배나 더 커 보이는 그 물체가 사람들이 생전 들어본 적이 없을 만큼 엄청난 굉음을 발하면서 급강하해서 마을 밑에 있는 강의 얼음판 위에 착륙했을 때 모든 사람은 이것으로 세상이 끝장난 거라고 생각했다. 그러다 미풍이 버드나무나 큰 나무들의 이파리들을 가볍게 살랑거리게 하는 소리를 제외하고는 사방이 갑자기 쥐 죽은 듯이 고요해졌다.

육중한 옷을 입고, 머리에 찰싹 달라붙는 모자를 쓰고, 눈에 큼직한 고글을 쓴 사람 하나가 그 물체에서 걸어 나와 사방을 두리번거렸다. 이때 용감한 사람들이라고는 아이들뿐이었다. 아이들은 살금살금 그 물체로 다가가 대체 어떤 것이 그것을 날게 하는지 알아보려고 물체 안을 유심히 들여다봤다. 그 아이들 가운데서 여자아이 하나가 물체 앞에 있는 계기판들을 몇 분 동안 열심히 들여다보다가 이윽고 용감하게 소리쳤다.

"투크투크투우라트! 투크투크투우라트! (시계들이 이걸 날게 해!)"

이누피아트 사람들은 이내 그걸 타고 드넓은 우리 고향 땅 상공을 날고 싶다는 생각을 했는데 그 점에서는 나도 예외가 아니었다. 놈에서 코체부에로 가는, 잊을 수 없는 첫 비행을 경험한 이래 나는 같은 행동을 반복해왔다. 비행기가 코체부에 가까이 이르면 나는 코체부에 만과 호덤 후미(코부크 호)로 둘러싸인 길이 64킬로미터의 반도에서 끝나는 코체부에 사람들의 고향 땅을 구경하기 위해 고개를 잔뜩 빼고 아래를 내려다보기 시작한다. 나는 비행기가 북극권 상공에서 요동을 하는 바람에(조종사들이 관광객들을 즐겁게 해주려고 펼치는 곡예비행) 속이 울렁거리는 것도 무시하고 셀라웍, 누르비크, 키아나 같은 마을들을 유심히 살펴보고 코부크 강, 노아타크 강, 셀라윅 강, 이비크, 파이프 스피트, 옛 교역소였던 시소울리크 같은 그 밖의 지형지물들을 식별해내려 애쓰곤 한다. 그중에서도 내가 특히 열심히 찾아보는 곳은 어린 시절을 보냈던 이카투크이다. 이런 곳들이야말로 내 마음속에 깊이 아로새겨진 고향 땅이다.

고향으로 날아가는 비행기에는 사랑하는 이의 장례식에 참석하러 가는 이가 한둘은 꼭 끼어 있다. 나도 그런 적이 몇 번 있었으며, 스스로 잘 믿기지 않지만 이젠 나 자신도 노인이 다 되었다. 이제까지 아크파유크, 노운라레이크, 우날리이쿠타크, 틸리이크타크, 이르발루크, 우미이비크, 사쿼크, 오울레니크, 닝고우가그라크, 아르나라크, 세이굴리크, 마크피이크를 비롯한 많은 이들이 영원의 세계로 들어갔다.

우리 지역 마을들에 사는 사람들은 거의가 이런저런 인연으로 서로 긴밀하게 얽혀 있다. 죽은 이들 중에는 몇십 년 동안 타향에서 산 이들도 있지만 그들도 죽은 뒤에는 대개 마지막 작별 인사를 나누기 위해 고향으로 실려 온다. 그들의 장례식장에는 노인들과 친척들뿐만 아니라 고인을 잘 모르는 이들도 찾아와 조의를 표하고, 바위처럼 단단한 영구동토층에 무덤 파는 일을 거들고, 함께 노래하고, 이런저런 의견을 내고, 문상객들이 먹을 순록 스튜가 든 그릇들을 나른다. 그런 풍습이야말로 내 눈시울을 뜨겁게 하는, 우리 세계가 지닌 아름다움 중의 하나다.

우리 지역에서는 묘지를 오래 보전하기가 어렵다. 대개, 영원히 얼어 있는 땅속에 무덤을 마련하기는 하지만 지표 가까이 자리 잡고 있어 녹았다 어는 과정이 반복되며, 무덤임을 알려주는 작은 울타리와 십자가도 결국은 한쪽으로 기울었다가 쓰러진 뒤 썩어서 흩어지고 만다.

옛 시절에는 고인의 시신을 나무로 만든 단 위에 그냥 올려놓고, 고인이 생전에 썼던 연장들과 사냥도구들을 그 주위에 늘어놓는 풍습을 따랐다. 그렇게 해두면 결국 유해는 자연계로 돌아가고 사랑하는 이에 관한 기억은 살아 있는 이들의 가슴속에 고이 간직되었다. 시신을 땅속에 매장하고 오래도록 버틸 수 있는 기념물을 세우는 풍습은 우리 세계의 다른 많은 풍습들과 마찬가지로 비교적 최근에 생겨났다.

미처 예상할 수 없었던 변화가 거듭 일어나는 어지러운 시대를 살아오면서 언제나 내게 든든한 버팀목이 되어준 것은 나를 키워준 어머니 노운라레이크와 그 가족의 따뜻한 사랑, 그리고 어렸을 때 내 마음속에 깊이 아로새겨진 그 소우주의 자연환경이었다.

나는 오늘날의 기준으로 볼 때 궁핍하다고 할 수 있는 집안에서 성장했다. 1940년의 미국 국세조사를 기준으로 해서 따져볼 때 우리 집안 사람들이 소유한 값나가는 물건들로는 가로세로가 5미터와 5.5미터가량 되는 통나무집(250달러), 그물 세 장(15달러), 덫 열 개(7달러), 개 열 마리(20달러) 정도였다. 온 가족이 일 년 동안 벌어들이는 돈은 5백 달러 정도 되었다. 그리고 우리 식구들이 먹기 위해 저장해둔 물범, 야생딸기, 오리, 연어 등의 값어치는 375달러가량 되었다. 이 모든 것들을 합산하면 1,347달러 정도가 되었다.

그러나 물질적인 궁핍에도 불구하고 우리는 아주 짜릿한 삶을 살았다. 어느 하루도 어제와 같은 날이 없었다. 우리 식구들은 서로서로, 그리고 다른 가족들과도 긴밀하게 상호작용 하면서 끊임없이 움직였다. 우리는 그 땅의 필수적인 한 부분을 이루고 있었고 계절의 순환, 자연이 주신 선물들의 이동 경로를 따라 끊임없이 옮겨 다녔다. 우리는 우리를 번성하게 해주는 자연의 피조물들 근처에 머물렀다. 우리는 먹고살기 위해 일해야 했고, 그것은 쉽지 않은 과제였다. 자연은 자주 우리에게 등을 돌렸고, 그럴 때마다 계절이 바뀌고 순록과 물고기와 물범이 돌아올 때까지 지속될 힘겨운 투쟁이 시작되었다.

그 땅과 가족, 수천 년간 연속되어온 동질성의 힘은 마치 우리 조상들이 돌아다녔던 땅으로 우리를 낚아채는 보이지 않는 고무줄 같은 게 존재하기라도 하듯 아직까지도 우리를 고향으로 잡아끈다. 괴로운 기억들에도 불구하고, 굶주림과 추위와 고되고 지루한 노동이 우리 중의 많은 이들을 좀 더 편한 삶으로 내몰고 있다는 사실에도 불구하고, 옛 시절 삶의 방식이 지닌 순수함은 우리의 감각들 속에 영원히 아로새겨져 있다. 자신이 놓친 큰 사냥감, 멋지게 표적을 맞춘 행운의 한 발, 내가 참고 견딘 최악의 폭풍설, 새하얀 순록, 야생딸기가 풍성하게 열린 해, 첫아기의 탄생, 어머니가 사향뒤쥐 모피로 만들어주신 근사한 파카, 식구들이 나를 혼내주기 위해 담요로 나를 헹가래 치는데 누군가가 붙잡고 있던 담요를 놓친 일 등등.

이제 달콤한 새먼베리, 진하고 풍부한 맛이 나는 아쿠투크(에스키모식 아이스크림), 미프쿠크(말린 물범고기)와 함께 곁들여 먹는 감칠맛 나는 신선한 물범기름, 상큼한 오리고기 수프, 마크타크를 맛보도록 하라. 그 모든 먹을거리와 그것들을 함께 나눌 식구들과 친구들의 모습을 떠올리는 것만으로도 당신의 눈에는 금방 눈물이 글썽거릴 것이다. 그런 음식을 함께 나누면서 이런저런 하릴없는 소리나 농담을 늘어놓고 말장난을 하면서 흥겨운 시간을 보낸 추억들도 떠오를 것이다.

당신이 바깥세상에서 무엇을 하면서 지내왔든 간에 이런 세계에 들어오면 당신은 옛날의 그 사람으로 돌아간다. 당신은 돈 버는 법을 체득했을 수도 있고 고향 땅을 떠나서 지내는 동안 스키넥터디(미국 뉴욕 주 동부에 있는 도시)에서 가장 힘 있는 사람이 되었을 수도 있다. 하지만 이곳에 오면 당신은 옛날 그 사람이 된다. 이곳 사람들은 당신의 인간 됨됨이, 이 지역에서 오랫동안 높이 쳐온 자질들을 기준으로 해서 당신의 성공 여부를 평가한다. 이곳 사람들은 아직까지도 겸허함과 협동심, 너그러움, 좋은 의도 같은 것들을 부와 학문적 성취, 정치적 힘 같은 것들보다 훨씬 더 소중하게 여긴다.

언어가 지닌 결속력, 문화적 연대감의 공유, 지리와 동식물에 대한 공통된 이해 같은 요소들은 아직까지도 우리 민족을 규정해주는 주요 특성들에 해당한다. 이런 특성들이 사라져갈 때 하나의 민족으로서의 우리도 사라져가기 시작할 것이다. 우리는 우리 땅에서 이방인들이 될 것이다.

우리가 러시아인들에게서 처음으로 담배와 커피, 차, 단지와 냄비, 성냥, 칼, 망원경 같은 걸 받아들인 이래 우리는 줄곧 변화해왔다. 고래잡이들이 술과 총을 들여왔을 때 우리는 변했다. 유행성감기, 디프테리아, 결핵 같은 질병들이 우리 마을들을 휩쓸었을 때 우리는 변했다. 골드러시가 밀어닥쳐 왔을 때 우리는 변했다. 선교사들과 미국 정부가 한통속이 되어 우리 가족들과 문화, 우리의 정신을 통제했을 때 우리는 변했다. 우리는 비행기, 모터, 전화기, 텔레비전이 들어오면서 변했다. 우리는 알래스카가 주가 되면서 변했다. 연방정부와 주정부, 원주민 토지 소유자들이 우리의 자연계를 나눠먹고 회사들이 생겨나면서 우리는 변했다.

과거 나는 정체성 및 자신의 입지와 관련된 이런 모든 혼란을 겪는 사람이 나 혼자뿐이라고 내심 생각했다. 나는 옛 시대의 삶에서 튕겨져 나와 생소한 강에서 물살을 거스르며 헤엄쳐야 하는 입장이었다. 많은 세월이 지나면서 나는 내가 혼자가 아니라는 걸 깨닫기 시작했다. 나는 알래스카와 아메리카에 존재하는 소수민족의 하나인 우리가 어떻게 해서 스스로 규칙을 만들지 못하고 남들이 만든 규칙에 따라 살아야 하는 존재가 되었는가를 알았다.

우리가 처한 상황은 우리에게만 국한된 것이 아니었다. 정복자 집단들은 낯선 지역의 해안에 상륙해서는 자기네가 과거에 그곳의 원주민들이 차지했던 땅을 지배할 권리가 있다고 태연히 주장했다. 그런 상황은 새로운 고장에 침입해 들어온 외래종 동식물들의 경우와 별로 다르지 않다. 모든 생물체들의 경우와 마찬가지로 외래 민족의 침략을 받은 뒤 배척당하는 문화는 살아남기 위해 스스로를 변화시켜야만 한다. 예컨대 미국 초창기 때, 인디언들은 결국 총을 가진 사람들의 법에 맞춰 살아야 하는 처지로 전락했다. 그들은 우리에 갇힌 민족, 예속된 민족이 되었다.

나는 어떻게 해서 새로운 지식과 새로운 사고방식이 원주민들이 과거 수천 년 동안 많은 시행착오를 거쳐서 얻어낸 지식을 몰아냈는가 알았다. 옛 지식이 공동체 의식이나 공동의 복지에 대한 헌신 같은 요소들과 더불어 사라지자 혼란이 일어나기 시작하고 있다. 사람들은 점차 자기네 언어나 문화와 단절되어가고 가족 관계도 날로 약화되어가서 결국은 낱낱이 동떨어진 섬들처럼 살아가고 있다. 일부 사람들은 그것을 자유라 부른다.

하지만 내가 어렸을 때만 해도 우리 공동체들에서는 사람들이 낱낱이 흩어져 자기 일에만 열중하는 것을 막으려는 뚜렷한 움직임이 있었다. 자칫하면 사람들 상호 간의 긴밀한 접촉과 따뜻한 관계, 북극권 같이 험악한 환경에서 제정신을 갖고서 힘 있게 살아가는 데 꼭 필요한 자질들을 상실할 위험성이 있다는 것을 우리 문화가 제대로 알고 있었다고 나는 생각한다.

나는 고국 땅에서 가난과 지나친 통제, 탄압, 공포정치에 시달리다가 새로운 삶을 살기 위해 이 드넓은 나라로 건너온 수많은 이민자들에 관해 생각해봤다. 이 경우, 그들은 스스로 원해서 변하고자 하는 결정을 내렸다. 많은 이들이 기꺼이 그렇게 했을 것이다. 하지만 또 어떤 이들은 자기네를 고유한 존재로 만들어주는 정신이나 특성들을 최대한 고수하려 하기도 했다. 그랬을 때 그들은 즉각 과거에 인디언들이 받았던 것 같은 취급을 받았다. 누군가가 그들에게 좀 더 부르기 쉬운 이름들을 붙여주었다. 그들은 자기네의 전통과 풍습을 버리라는 권고를 받았고 영어를 배우라는 조언을 들었다. 그들은 삽이나 대걸레를 받아 일했고, 고된 노동을 하면서도 돈은 쥐꼬리만큼밖에 받지 못했다. 다른 한편으로 이주민들은 그들을 차별했고, 투표하는 법을 가르쳐주었고, 온갖 고약한 별명으로 그들을 불렀다.

내가 어른이 되어 이 모든 것을 이해하게 되자 비로소 모든 현실이 제대로 아귀가 맞아 돌아가기 시작했다. 나는 우리한테 일어났던 일들을 마뜩찮게 여겼다. 하지만 그런 재난을 겪은 이들이 우리뿐만이 아니라는 사실을 알고 어느 정도 위안이 되었다. 어느 날 문득, 나는 시대의 흐름과 새로운 풍습이 우리 민족과 우리의 전통을 초토화시키기는 했지만 우리가 지옥 속에서 사는 게 아니라 여전히 지상천국에서 살고 있다는 사실을 깨달았다.

우리의 옛 세계는 거칠고 혹독하지만 그럼에도 불구하고 대단히 근사하며, 오늘날에도 그 놀라운 원초의 세계는 우리 민족의 우수한 자질들과 마찬가지로 그대로 존재하는 게 분명하다. 아메리카 대륙 어디를 가 봐도 알래스카 같은 곳은 다시없다. 알래스카에서는 앞으로도 댐 같은 것이 영롱한 빛을 발하며 흐르는 맑은 강과 시내들을 막아설 일이 없을 것이고, 드넓게 펼쳐진 골짜기들에 고속도로나 맥도날드 간판 같은 게 들어설 일도 없을 것이다. 그곳은 수많은 지형들이 의미로 충만하고 오늘날에도 같은 곳에 거주하는 사람들과 연관이 있는 유서 깊은 이름들을 간직하고 있는 고장이다.

이와는 대조적으로 나는 낸터컷이나 마서즈비니어드(둘 다 매사추세츠 주 앞바다에 있는 휴양지 섬들이다) 같은 곳들에 들를 때마다 오늘날 거기 살고 있는 사람들에게 아무 의미도 전해주지 않는 멋진 인디언식 옛 지명들과 만나곤 한다. 그런 지명을 붙인 사람들이 이미 오래전에 사라져버렸기에 연인들의 다툼, 부족 간의 전쟁, 교역 의식, 경기, 종교적 의식 같은 인간 행위와 드라마의 세계가 존재했다는 사실은 이제 전혀 사람들의 주목을 끌지 못한다.

나는 가끔, 우리가 사백 년 전에 제임스타운에서 시작된, 우리 동료 원주민들(미국 본토의 인디언들)이 겪었던 엄청난 재난들에 관해서 좀 더 자세히 알고 있었더라면 우리 세계에서 과연 어떤 일이 일어났을지 궁금해지곤 한다.

우리의 증조부들이 우리 땅을 직접 다스리고 우리 땅 내에서 통용될 규칙들을 만들려고 애썼을까? 우리 삶이 좀 더 나아졌을까? 질병과 술, 굶주림, 그리고 우월 콤플렉스를 지닌 사람들이 안겨주는 부정적인 효과들을 제대로 물리칠 수 있었을까? 지금쯤 우리가 복지의 분배, 상속법, 풍속을 해치는 이들에 관한 규제, 사냥과 어로에 관한 규칙 등과 관련된, 우리의 전통적인 방식들과 잘 어우러진 규칙과 법을 갖게 되었을까? 우리가 우리의 전통을 우리 아이들의 미래에 아무 도움이 되지 않는다고 해서 그냥 물리쳐버리는 대신에 대대로 우리 민족의 마음속에 아로새겨진 지식에 바탕을 둔 교육을 제공해줄 수 있었을까? 우리의 통제를 벗어난 땅들에서는 이제 다국적 기업들이 그곳의 자원으로 엄청난 수익을 얻고 있는데 만일 그 수익이 고스란히 우리한테 들어왔다고 한다면 어떤 일들이 일어났을까?

현재 우리는 드넓은 알래스카 땅의 16퍼센트만을 갖고 있다. 하지만 그 16퍼센트는 아주 소중하다. 우리가 우리 미래 세대들을 위해 우리 존재를 뒷받침해줄 만한 영역을 간직하고 있으며, 앞으로도 영원히 간직할 가능성이 있다는 것을 아는 것만으로도 큰 힘이 된다.

여기서 가장 중요한 것은 우리의 정체성, 우리의 소중한 특성들, 우리의 정신을 잘 유지, 보전하는 일이다. 그런 목표를 이룰 수 있게 해주는 열쇠는 우리가 지켜주려고 열심히 애써온 각 개인들, 가족들, 씨족들, 노인들이 쥐고 있다. 우리 각자에게는 저 나름의 노운라레이크가 있다. 자기네가 가진 모든 걸 우리한테 준 이들이. 우리는 우리를 길러준 분들의 기억을 소중하게 간직하고, 생전에 그분들을 부양해준 땅을 잘 보호하고 보전해야 한다는 과제를 안고 있다.

우리 가족이 이브룰리크에서 겨울철을 지낼 때면 우리 어머니 노운라레이크는 온 세상이 싸늘하게 얼어붙은 미명의 어둠 속에서 일찍 깨어 일어나 한기로부터 몸을 보호하기 위해 재빨리 파카를 걸쳐 입으셨다. 그런 다음 어머니는 순록가죽 매트 위에 조용히 앉은 뒤 먼 곳을 망연히 응시하면서 깊은 생각에 빠져들곤 했다. 물론 그럴 때 어떤 생각을 했는지는 한 번도 말씀하신 적이 없었다.

여름철에도 어머니는 하루 온종일 우리를 부양하기 위해 온갖 일을 다 하다 저녁 나절이 되면 해변 가까운 곳에서 침묵한 채 만 건너편에서 기울고 있는 붉은 태양을 묵묵히 지켜보셨다. 이때도 역시 어머니의 정신은 일상 세계로부터 멀리 벗어난 곳에 계신 듯했다.

나는 이럴 때마다 어머니가 기도를 하신 게 아닐까 생각한다. 어머니는 코체부에서 퀘이커교도들의 인도를 받아 기독교로 개종한 첫 세대에 속한 분이었으니 아마 기독교 신에게 기도를 드렸을 것이다. 하지만 어머니는 또 우리말로 날씨를 창조한 자연의 힘들을 뜻하는 실라에 관해서도 말씀하시곤 했다. 이렇게 묵상하는 동안 아마 어머니는 이누피아트 우주의 영들인 위대한 영들에게도 기도를 드렸을 것이다.

현재의 내가 어머니, 아버지와 이야기를 나눌 수 있다면 얼마나 좋을까. 그분들이 아직까지도 살아계셨다면 나는 그분들이 생전에 경험했던 변화들에 관해 어떻게 느꼈는지를 직접 들어보려 했을 것이다. 그분들이 많은 영들을 받들던 옛 세계에서 그리스도에 대한 믿음을 중심으로 한 새 세계로 이동해 갔을 때 어떻게 느꼈는지 알고 싶어 했을 것이다. 선교사들과 학교, 장사꾼들, 정부 관료들, 당신들의 자녀들과 우리 민족의 미래에 관해 진실로 어떻게 생각하셨을지 자세히 알고 싶어 했을 것이다.

그분들의 세대는 우리 민족을 둘러싸고 있는 새 세계를 이해하려고 애쓴 첫 세대였다. 물어볼 수만 있었다면 나는 그분들에게서 아주 많은 것을 배울 수 있었으리라.

하지만 이것만은 그분들에게 물어보지 않고도 그냥 알고 있다. 어머니와 아버지, 그리고 옛 세계에 속한 다른 분들의 영혼이 과거 그분들이 늘 그래 왔던 것처럼 지금도 나를 품어 안고 든든하게 떠받쳐주고 있다는 것을. 내가 고향에서 멀리 떨어진 곳에 가 있을 때조차도. 내가 열다섯 살 때 코체부에를 떠난 이래 줄곧 그랬다. 우리 옛 세계의 노인들은 우리에게 무조건적인 사랑을 베풀었고 그 사랑 덕에 우리는 제대로 사람 노릇을 할 수 있었다. 나나 내 또래 세대의 젊은이들이 우리에게 덮쳐오는 변화의 폭풍을 느끼기 시작했을 때 든든한 바닥짐 역할을 해준 것도 바로 그런 사랑이었다.

그분들은 오랜 시간을 두고 나날의 활동을 통해 우리한테 가르침을 주셨다. 그분들은 우리에게 많은 이야기를 들려주셨고, 아낌없는 격려를 베푸셨다. 그분들은 제아무리 심신을 지치게 하는 상황에서도, 때로 빙원과 툰드라를 끝없이 걸어가야 하거나 도움과 먹을 것을 필요로 하는 식구들을 보살펴야 하는 상황에서도 늘 변함없이 참을성과 끈기를 보여주셨다.

나는 어머니가 하던 일을 멈추고 가죽 매트 위에 앉아서 묵묵히 허공을 응시하거나 해변에서 일몰의 태양을 응시하면서 영들의 세계 속에 들어가는 모습을 아직까지도 선연하게 볼 수 있다. 나는 우리가 처한 환경이 제아무리 격심하게 소용돌이친다 해도 우리 민족이 때때로 한 번씩 하던 일을 멈추고 그처럼 영들과 소통하는 시간을 가졌으면 한다. 오백 세대에 걸쳐 우리를 긴밀하게 연결시켜주어온 그런 깊은 유대감을 새로이 되살아나게 했으면 한다.

감사의말
아토우치쿠오우크—하나가 되어

과거 수천 년 동안 북극권에서 살아온 사람들은 자기네가 너그러운 마음으로 서로 협조하지 않고서는 살아갈 수 없다는 것을 잘 알고 있었다. 내 삶에서도 그것은 진실이다. 이 책은 많은 사람들의 도움과 지원이 없었다면 결코 태어나지 못했을 것이다.

내 직계가족, 곧 내 아내 애비와 네 아이(프리실라, 몰리, 제임스, 엘리자베스)는 늘 나를 사랑하고 격려해주었으며, 내가 밤중에도 툭하면 깨워서 방금 전에 쓴 원고를 낭독해도 싫어하는 기색 없이 잘 들어주었다. 내 형제 짐 아크파유크 라벨은 틈틈이 시간을 내서 내 이야기를 기꺼이 들어주었다. 딕 밀러와 오팔 밀러 부부는 청소년기에 나를 여러 가지로 보살펴주었다. 에디스 블록은 내가 조지워싱턴 대학에 들어가기로 결심했을 때 나를 격려해주고 일자리도 제공해주었다. 제이 라비노위츠 판사는 내게 헌법학을 가르쳐주었고, 또 알래스카 원주민 토지청구권에 관해 연구할 기회를 제공해주었다. 레바 울프 셔슬과 루비 탠시 존은 알래스카 대학에서 내 얘기를 귀담아 들어주었고 알래스카 원주민들에게 토지를 청구할 권리가 있다는 사실을 믿어주었다. 에밀 노티는 우리가 알래스카원주민연맹을 조직하고 원주민들의 토지를 보호하려고 애썼을 때 초창기에 밀어닥친 여러 가지 어려움을 나와 함께 나눴다. 스튜어트 우달은 내무부 장관으로 일할 때 의회가 토지청구권 타결 법안을 통과시키기 전까지 알래스카에서의 토지 거래를 동결시키는 조처를 일관되게 밀고 나가는 기백을 보여주었다.

앨리스 로고프 루빈스테인은 내 이야기를 책으로 출간하라고 강력하게 권했다. 수전 머캔데티는 내가 쓴 초고를 읽고서 적절한 비평을 해주고 격려를 해주었다. 메릴 맥러플린은 그녀 특유의 조용한 방식으로 이 책의 틀을 만들어냈다. 내 출판 에이전트인 크리스 달은 이 책이 출판할 가치가 있다고 믿어주었다. 에드나 아지크 맥린은 이 책에 나오는 이누피아크어들을 교열해주었다. 배로에 사는 내 친구 올리버 아비이가나 리비트는 내게 통찰력을 제공해주었다. 내 조카 피트 타루크 쉐퍼와 그의 아내 폴리 아르니크 쉐퍼는 번잡한 인파에서 멀리 떨어진 이비크에서 내게 순 우리 음식과 편안한 잠자리를 제공해주었다. 이 책의 편집자 새러 크리츠턴은 독자들이 미국에서 별로 알려지지 않은 지역의 이야기를 들어야 한다고 믿고 이 책을 출간하는 모험을 하기로 결심함으로써 나를 놀라게 했다.

옮긴이의 말

툰드라에서의 서정적 삶과 전투적 서사

　어렸을 때 제2차 세계대전을 소재로 한 할리우드 영화를 보다 보면 가끔 짜증이 났다. 항상 미군이 주인공으로 나오고 독일군은 좀 잘나가는 듯싶다가도 끝에 가서는 꼭 패하기 때문이었다. 그런 영화들을 계속 보다 보니 나중에는 노상 독일군이 안쓰러웠고 어디 독일군이 이기는 영화 없나 하는 생각만 났다(내가 신나치나 스킨헤드라서 그런 게 아님은 물론이다). 어느 쪽의 대의명분이 더 설득력 있는가는 둘째 치고, 예정된 결말은 항상 지겹기 때문이다.

　이 지상에서 예정된 결말은 할리우드판 전쟁영화 말고도 또 있다. 지리상의 발견 시대 이래 원주민들이 거주하던 지역을 침략한 백인들과 원주민들의 싸움이 그 대표적인 예다. 다 잘 알다시피 이 지상 어디에서나 원주민들은 항상 압도적인 물질문명을 자랑하던 백인들에게 노상 패해 모든 것을 다 빼앗겼다. 아메리카 원주민들의 역사는 온통 패배의 이야기로 점철되어 있다. 어디 패배뿐인가. 백인들의 침략, 강탈, 배신, 속임수, 거짓말, 말 뒤집기, 무차별 대학살 등등.

그런데 이 책에서는 그 수많은 패배의 역사에서 참으로 드문 승리의 이야기가 나온다. 그것도 원주민들이 훌륭한 대의명분을 이루면서 물리적으로나 정신적으로 끝내 승리한 이야기가. 그리고 미국 백인들도 패배하지 않았다. 둘 다 승리했다. 우리에게는 비교적 생소하다 할 수 있는 알래스카 이누이트 혹은 에스키모들이 그런 놀라운 역사를 이루어냈다. 그런 점에서 이 책은 희귀한 기록이다.

그 승리는 놀랍게도 한 개인이, 그것도 일개 대학원생에 불과한 한 청년이 계시와도 같은 통찰을 얻고 각성하는 데서 출발한다. 그 청년의 각성은 다른 이누이트들의 각성을 불러일으켜 수천 년 동안 조상 대대로 살아왔던 알래스카 땅을 미국 백인들에게 송두리째 빼앗길 뻔했던 위기에서 이누이트 동포들을 구해낸다. 그는 이때의 감격을 이렇게 이야기한다.

"5년 전 우리는 우리의 전통적인 땅들에 대한 어떤 권리도 인정받지 못한 상태에서 알래스카 원주민들과 더불어 그 투쟁을 시작했다. 그리고 이제 우리는 이 나라의 최고위 당국자들이 서명을 하여 양도한 10억 달러 가까운 돈과 17만 8천 제곱킬로미터의 땅을 갖게 되었다. 그것은 모든 알래스카 부족의 희생과 열정과 참여가 이루어낸 결과였다."

그는 여기서 더 나아가 빈곤과 추위 속에서 늘 생존의 위기에 허덕이던 원시 부족의 물질적인 삶의 질을 크게 향상시킨 것은 물론이요, 더 나아가 백인들에게 민족혼을 빼앗기고 방황하던 민족으로 하여금 정신적으로 각성하게 하여 자기네의 정신과 언어, 가치관, 문화를 되찾기 위해 노력하게 한다.

이 책은 위와 같은 역사를 이루어낸 한 인물 개인의 기록이자 그가 속한 이누이트 인들이 백여 년간에 걸친 백인들의 물질적, 정신적 침탈에 시달리다가 막판에 놀라운 역전을 이루어낸 기록이다. 이 책의 전반부는 저자 자신이 어렸을 때 살았던 모습을 통해서 이누이트 중에서도 알래스카 북부에 거주하는 이누피아트가 수천 년간 물고기를 잡고 짐승을 사냥하면서 살아온 반유민적인 삶의 모습을 고스란히 재현해주는 서정적인 장면들로 가득하다. 이런 장면들을 통해서 우리는 어디에서도 좀처럼 보기 힘든 이누이트인들의 아름다운 삶의 전모를 소상히 볼 수 있다.

후반부는 알래스카 이누이트들이 그렇게 서정적이고 아름다운 세계를 미국 연방 정부나 주정부에게 모조리 빼앗길 위기에 처했을 때, 그리고 순박한 이누이트들이 그런 위기가 닥쳐온 것도 거의 눈치채지 못하고 있을 때 저자가 작은 신문기사 하나를 보고 소스라치게 놀란 뒤 이누이트 민족 전체가 당면한 이 위기를 돌파해나가기 위해 이후 뜻있는 동료들과 몇십 년간 동분서주하는 이야기로 이루어져 있다.

이렇게 쓰다 보니 저자가 대단히 터프하고 영웅적이고 야성적인 모습을 가진 사람으로 비칠 수도 있겠다. 하지만 전 세계의 모든 원주민들이, 그리고 특히 인간 상호 간의 협동 정신과 생명과 자연에 대한 경외심으로 가득한 이누이트들이 대체로 그러하듯 저자는 무척이나 겸허하고 신중하고 합리적이며, 인내심이 많은 이다. 저자는 제국주의 시대의 무식하고 노골적인 지배와 침탈 대신 얼핏 부드러워 보이면서도 훨씬 더 은밀하고 광범위하게 파고 들어가는 신자유주의적 경제적 잠식이 대세를 이루는 이 시대에 더 잘 어울리는 리더일지도 모르겠다.

백인들이 흔히 에스키모라 부르는 '이누이트'는 러시아, 알래스카, 캐나다, 그린란드의 극북지역에 사는 비백인 원주민들을 아우르는 말이다. 그리고 이 책에 빈번히 등장하는 '이누피아트'는 '참된 사람들'을 뜻하는 말로서 주로 알래스카 북부의 이누이트 사람들을 지칭할 때 쓰는 말이다. 그리고 '이누피아크'는 이누피아트어를 뜻하기도 하고 이누피아트와 관련된 사물이나 사건을 지칭할 때 쓰는 수식어이기도 하다. '이누피아크 가족' 같은 경우가 그 한 예다. 하지만 번역본에서는 혼동을 줄 우려가 있어서 대체로 '이누피아크'가 아니라 '이누피아트'로 옮겼음을 밝혀둔다.

옮긴이가 People이라는 용어를 우리말로 옮길 때는 좀 신경이 쓰였다. 사실, 저자가 속한 이누피아트는 민족이라기보다는 부족에 더 가깝다. 이런 부족들은 알래스카에서만 해도 이누피아트 외에 유피아트, 알류트, 아타파스카, 틀링기트, 하이다가 있고, 러시아령 극북지방에 사는 이들, 그린란드에 사는 이들, 캐나다에 사는 이들이 있다. 이들에게 민족이라는 개념이 형성되기 시작한 것은 1800년대에 들어 백인들의 침탈이 본격화된 뒤부터가 아닌가 한다. 좀 더 정확하게 이야기하자면 자기네 정신문화를 되찾기 위해 애쓰기 시작한 극히 최근의 일이고.

  따라서 현대의 이누이트는 넓은 의미의 민족으로, 현대의 이누피아트는 알래스카 북부에 거주하는 좀 더 좁은 의미의 민족으로 이해해주었으면 좋겠다. 서구 근세 역사에서 외세의 침입이 있었을 때 비로소 민족 내지 민족주의라는 개념이 형성되었다는 사실이 어느 정도 참고가 될 것이다.

  이 책을 옮기기 전까지 나는 알래스카를 그저 북미 최고봉 매킨리 산이 있고 원시의 자연이 상당 부분 보존되어 있고 엑손 발데스 호의 원유 유출 사건이 일어난 지역 정도로만 알고 있었다. 그러나 나무도 자라기 어려운 더없이 추운 그 땅에도 생명과 자연을 사랑하며, 제국주의 침탈의 역사를 통해 자기 땅과 정체성, 언어를 되찾기 위해 고투해온 사람들이 살아 있다는 사실은 놀랍게 다가왔다. '이 세상을 좀 더 사람 살기 좋은 곳으로 만들기 위해' 애쓰는 이들은 지상 어디에든 있나 보다.

  그들이 참으로 유연하고 지혜롭게 목표를 이루어나가는 과정은 바람직한 리더십의 한 전형이라 할 만하다. 그리고 그것이 바로 서구 문명의 패러다임이 아니라 그들 본래의 패러다임에서 나왔다는 것도 흥미로웠다. 찌는 듯이 무더운 칠팔월의 서귀포 바닷가에서 한빙의 알래스카에 둘러싸인 채 모처럼 시원하게 일했다.

제주 위미에서, 김 훈

이레이그루크 (윌리엄 헨슬리)

"알래스카는 나의 본향이요 본질이요 삶의 이유."라고 말하는 이레이그루크는 북극권에서 북쪽으로 46킬로미터, 날짜 변경선에서 동쪽으로 80킬로미터 떨어진, 베링 해의 바람과 파도에 의해 형성된 코체부에 만 해안에서 태어났다.

"나는 고어텍스가 사향뒤쥐와 늑대 가죽으로 만든 모피 파카를 밀어내고 스노부츠가 물범가죽 장화를 밀어내기 전에, 스노머신 대신 에스키모개들이 썰매를 끌고 싶어 안달이 나서 길게 울부짖던 시절에 그곳에서 살았다. 나는 보트 외부에 장착하는 엔진이 등장하기 전 카약과 가죽배가 수면 위를 고요히 미끄러져 가곤 하던 시절에, 양초와 콜맨랜턴이 우리가 필요로 하는 모든 빛을 제공해주던 시절에 그곳에서 살았다. 전화기가 등장하기 전이라 사람들이 직접 만나고서야 비로소 자기네의 삶과 꿈을 이야기할 수 있었던 시절에, 텔레비전이란 게 생겨나 사람들이 가족들의 연대기와 전설들을 두고두고 이야기하는 걸 방해하기 전 시절에 나는 그곳에서 살았다."

자신이 '석기시대의 황혼'이라 부르곤 하는 어린 시절에 이레이그루크는 북극권의 황야에서 애정 어린 이누피아트 가족 안에서 자랐다. 그는 이 행성의 맨 꼭대기 부근 지역에 널리 퍼져나가 인간이 살기 어려운 혹독한 기후 속에서도 만여 년간 생존하고 번성해온 자기 민족의 삶의 방식을 배우고, 또 그에 따라 살았다. 그러다 그는 열다섯 살 때 자신이 잘 알고 사랑하던 모든 것과 모든 사람을 뒤에 남기고 현대 세계로 떠났다. 그가 다시 고향으로 돌아왔을 때 갓 탄생한 미국 정부는 그의 민족이 수천 년간 물고기를 잡고 짐승을 사냥해왔던 삶의 터전 몇십만 제곱킬로미터를 차지하려 하고 있었다. 그는 그 땅을 구하기로 결심하고 "우리 땅을 되찾고 우리 삶을 되찾자!"는 취지의 운동을 이끌었다.
이 운동은 알래스카의 역사, 그의 동료 이누피아트 족 사람들과 알래스카에 사는 다른 부족들의 역사를 영원히 뒤바꾸어놓는 결과를 빚어냈다.
이제 이레이그루크는 자신이 어느새 이누피아트 족의 원로가 되어 있는 걸 깨닫고 은근히 놀라곤 한다. 현재 그는 또다시 알래스카에서 이누이트의 정신을 되살려내고 가르치는 일을 거들고 있다. 그리고 그는 자신이 성장한 북극권 황야 부근에 땅을 마련했으면 하는 바람을 갖고 있다.
〈내일로부터 80킬로미터〉는 그의 첫 작품으로 뉴욕타임스, 워싱턴포스트, 워싱턴타임스, 퍼블리셔 위클리 등의 북리뷰로부터 드물게도 여러 차례에 걸쳐 높은 호평과 찬사를 받으며 화제의 책으로 자리매김되었다.